우리가 이렇게
말하는 데는
다 이유가 있어

우리가 이렇게 말하는 데는
다 이유가 있어

1판 1쇄 인쇄 2025. 1. 9.
1판 1쇄 발행 2025. 1. 27.

지은이 발레리 프리들랜드
옮긴이 염지선

발행인 박강휘
편집 이혜민 디자인 유향주 마케팅 이유리 홍보 이아연
발행처 김영사
등록 1979년 5월 17일(제406-2003-036호)
주소 경기도 파주시 문발로 197(문발동) 우편번호 10881
전화 마케팅부 031)955-3100, 편집부 031)955-3200 | 팩스 031)955-3111

값은 뒤표지에 있습니다.
ISBN 979-11-7332-070-5 03700

홈페이지 www.gimmyoung.com   블로그 blog.naver.com/gybook
인스타그램 instagram.com/gimmyoung   이메일 bestbook@gimmyoung.com

좋은 독자가 좋은 책을 만듭니다.
김영사는 독자 여러분의 의견에 항상 귀 기울이고 있습니다.

좋은 말, 나쁜 말,
이상한 말에 대한
고정관념을 뒤엎는
언어 이야기

우리가 이 렇 게

말하는데는

다 이유가 있어

발레리 프리들랜드
염지선 옮김

김영사

왜 우리는 누군가가 이유가 있어 선택한 언어를
그토록 빨리 평가절하해버릴까?

차례

그렇게 좀 말하지 마!

10대 아들에게 미래형으로 말할 때 '~할 예정이다going to'보다 '~할 것이다will'를 쓰는 게 더 나은 이유를 설명하면 돌아오는 건 한숨뿐이다. 그러고는 심드렁하게 말한다.

알았다고요, 꼰대.

내가 지금껏 쌓아온 지혜와 지식을 노인네 잔소리 취급한다. 다른 건 몰라도 언어에서만큼은 아들에게 더 이상 롤 모델이 될 수 없다는 것을 깨닫는 순간이다. 좋든 싫든 아들에게는 시대를 초월한 의식, 바야흐로 사춘기가 시작되었다. 아들의 말투가 썩 마음에 들지는 않지만 어쨌든 메시지는 확실하다. 나이

들며 피부만 늘어지는 게 아닌 모양이다. 언어도 세월의 풍파를 맞아 탄력이 줄어든다. 의외로 교육 수준이 높고 경제적으로 부유할수록 언어는 더욱 경직된다. 그리고 스스로 롤 모델이라도 된 듯 생각하며 날이 갈수록 괴팍해진다.

언어 문제 중 많은 부분은 언어를 한 가지 관점으로만 보는 데서 기인한다. 특히 자신이 생각하는 언어적 '반듯함'에 거슬리는 부분이 있으면 더욱 그렇다. 영어 수업에서 흔히 보던 '빨간 펜' 관점 말이다. 그러나 정말로 펜이 칼보다 강하다면 어째서 세대가 바뀔 때마다 이전 언어를 거스르는 새로운 형태와 양식이 등장하는 걸까? 앞으로 찬찬히 살펴보겠지만 일단 이 질문에 먼저 답변하자면, 언어 변화는 자연스러운 일이며 언어 체계 자체에 내재된 특성이지 10대들이 부모를 괴롭히려고 일부러 그러는 건 아니다. 나 역시 부모로서 아들이 나를 "어이, 친구dude" 하고 부르거나 대화 중 "엥huh?" 하는 반응을 보여 입을 꾹 다물고 참아야 했던 경험이 수없이 많다. 그러나 언어에 일어나는 획기적인 변화를 보며 여러모로 유용하다고 생각하든('구글하다', '트윗하다', '페이스북하다'처럼 새로운 동사를 만들어 쉽게 표현하기), 쓸데없는 일이라고 생각하든(괜히 '음um…', '그니까like…', '어uh…', '알지you know…' 같은 말 붙이기) 변화 자체를 피할 길은 없다. 그럴 바에는 차라리 변화가 어디서 비롯되는지, 그것은 어떤 의미이며 우리는 왜 변형된 언어를 사용하는지 이해하는 편이 낫다.

·····

나 자신의 언어적 발현은 어린 시절 경험에서 비롯되었다. 어릴 때는 우리 부모님의 억양이 특이하다는 것을 몰랐다. 두 분은 벨기에와 몬트리올 출신이다. 집에서는 메기 튀김과 옥수수빵(내 고향인 테네시주 멤피스에서는 이것을 프랑스식 고급 요리라고 생각한다)이 아니라 코코뱅coq au vin(레드 와인에 닭고기를 조려 채소를 넣고 요리하는 프랑스 가정식―옮긴이)을 요리해 먹었다. 하지만 그렇다고 부모님 억양이 특별히 다른 사람들과 다르다고 생각하지는 않았다. 두 분이 논쟁을 벌이거나 냉장고에 아이스크림이 있는지 없는지 같은 중대한 문제에 대해 의논할 때, 그리고 자식 교육에 관련된 토론을 할 때 빼고는 말이다. 그럴 때 부모님은 프랑스어로 이야기했다. 특히 디저트나 이런저런 벌칙에 대한 말이 오갈 때면 언어는 일종의 게임 같았고 해독이 필요한 암호처럼 느껴졌다. 그래서 나도 프랑스어를 배웠다. 부모님 대화 속 비밀의 문을 열고 싶었고, 학교에서 남들 몰래 쓸 욕을 배우고도 싶었다.

그러다 조지타운대학교에 다니던 시절, 언어에 대해 다시 각성하게 된 계기가 있었다. 중국어를 전공하려고 등록하긴 했지만 내 생각대로 되지 않았다. 중국어 성조가 내 남부 지방 콧소리와 어울리지 않았다. 실제로 나를 담당했던 교관(남들은 교수라고 불렀다)은 내 중국어가 마치 중국 경극 배우가 노래하는 것 같다고 했다. 칭찬은 아니었다. 그럼에도 나는 굴하지 않고 전진했다. 학위 과정에서 여섯 개 언어 과목을 수강해야 했는데, 별생각 없이 '언어와 젠더'라는 과목을 등록했다. 솔직히 다른 수업에 비해 나에게 썩 맞는 과목은 아니었다(혹시 여기 저 말고도 전산 언어학이나 의미론 이론 좋아하는 분, 계신가요?). 그래서 이 한 과목 때문에 내가 세상을 보는 방식이 바뀔 거라고는 전혀 예상치 못했다.

이 수업에서는 말이 성별과 이데올로기를 결정하고 또 그에 따라 다시 언어가 결정된다는 개념에 대해 첫날부터 깊이 있고 진지하게 고찰했다. 남자아이들은 'fuck'이라는 욕 대신 'f××k'이라고 쓰는데 여자아이들은 'fudge'라고 더 순화해서 말하는 이유, 권력과 언어가 어떻게 긴밀히 연결되는지, 그리고 왜 이 문제가 단순히 아이들 놀이터를 넘어 기업 회의실의 협상 테이블에서도 문제가 되는지에 대해 숙고했다. 그때까지는 사회적 조건이 어떻게 언어적 차이를 만드는지 한 번도 생각해본 적이 없었다. 나이와 성별, 인종, 경제력, 심지어 정치 성향이 말하는 방식과 말투에 미치는 영향에 대해서도 생각해본 적이 없었다. 이 수업에서 역사와 현재, 그리고 지금까지 존재하는지도 몰랐던 나 자신의 모습을 거울 보듯 바라볼 수 있었다.

자아가 불안정하던 열여덟 살 시절의 나는 이 첫 번째 언어학 수업을 통해 그 당시 내 말투가 왜 그랬는지, 그리고 그것이 단지 내 출신 지역(이 부분은 누구나 꽤 빨리 알아채곤 한다) 때문만

이 아니라 나 자신의 정체성과 사회에 적응하는 방식을 결정하는 방법 중 하나라는 점을 이해하게 되었다. 예를 들어 나는 누군가에게 무언가를 부탁할 때 지나치리만큼 공손하게 사과하는 버릇이 있다. 현대인 중 누군가는 이를 보고 못마땅해할 수도 있겠지만 이 말버릇은 19세기 전반에 걸쳐 예의의 형태가 바뀌었다는 사실을 반영한다. 또 내가 명령조로 '~해야만 한다must'라고 하는 대신 '~해야겠다I've got to'라고 표현하는 것은 21세기 들어 의무를 강조하는 어형 변화, 즉 서법이 광범위하게 축소된 현상을 드러내기도 한다.[1] 음운론이나 통사 형태론 이론의 본질에 관해서는 나중에 따로 이야기하겠다.[2]

언어적으로 괴이하거나 신기해 보이는 점이 있으면 그 뒤에 숨은 흥미로운 역사적, 과학적 설명을 찾아냈다. 그렇게 나는 중국 경극 배우가 되는 대신 언어학자로서의 빛나는 앞날에 한 발을 내디뎠다. 그 결정을 후회한 적은 없다. 내 과학적 호기심에 더해 실제로 매일같이 언어를 사용하며 살아가는 사람들에게 신성한 상아탑 밖에서 배운 것을 전달하고자 하는 욕구를 충족하기에 완벽한 방식이었다.

대학 초년생 시절부터 셀 수 없을 만큼 언어학 강의를 했고 글도 황당할 정도로 많이 썼다. 언어학자가 아니라면 대부분 읽다 잠들 만한 글이다. 그렇지만 나는 처음 언어학의 장막을 들추어보았던 때나, 내가 아무리 해도 프랑스어 'deux' 또는 'tu' 같은 단어에 들어가는 전설 원순 모음(전설 모음front vowel: 혀의 앞

부분을 경구개 쪽으로 향하면서 발음하는 모음 / 원순 모음rounded vowel:
입술 모양을 둥글게 해 발음하는 모음—옮긴이)을 완벽하게 발음할
수 없었던 것을 음성 과학으로 설명할 수 있다는 사실을 불현
듯 깨달았을 때 느낀 전율을 잊을 수 없다. 솔직히 어머니에게
내가 그 발음을 하지 못하는 것이 과학적으로 타당하다는 점을
이해시키는 데는 시간이 조금 걸렸다. 그러나 프랑스인이던 어
머니가 /th/ 발음을 /z/로 한다는 점(어머니는 /the/를 /ze/로 발음
했다)을 지적하면서 결국 우리는 합의점에 다다랐다. 이 두 가
지 언어의 경우, 나와 어머니가 모국어로 삼은 각 언어의 음운
체계에는 상대방 언어에만 존재하는 소리, 즉 음소音素(언어의 음
성 체계에서 단어의 의미를 구별 짓는 최소의 소리 단위—옮긴이)가 있
다. 우리는 모국어의 소리 체계를 아기 때부터 습득하기 때문에
나이가 들면 다른 나라 언어에는 있지만 모국어에는 없는 소리
를 배우기가 무척 어렵다. 일본어를 모국어로 하는 사람들이 영
어의 /r/과 /l/ 발음을 구분하는 데 어려움을 겪는 것 역시 이
와 비슷한 언어학적 이유 때문이다. 일본어에 이 두 가지 소리
가 모두 있긴 하지만 영어에서처럼 서로 다른 두 소리로 존재
하지 않고 같은 소리의 변형으로 취급하므로 구분하기 힘들다.[3]
이런 사항들은 오류나 잘못이 아니며 언어 사용자의 개념 체계
와 사회 체계가 함께 작동해 우리를 한 언어의 '원어민'으로 만
들어주는 방식을 잘 보여준다.

나는 언어의 사회적 측면에 특히 흥미를 느껴 사회언어학자sociolinguist가 되기로 결심했지만 막상 강연에서 '사회언어학자'라고 자기소개를 할 때 혀가 꼬여 불편할 때가 있긴 하다. 사회언어학자는 사람들이 하는 말의 특징을 경험적으로 분석한다. 앞으로 이 책에서 다룰 내용 외에도 미묘한 말투의 차이같은 것이 사회적으로 어떻게 기능하는지 구체적으로 연구한다. 예를 들면 'Wha…(뭐…어…)?'와 'What(뭐라고)?'의 차이 등이다. 그런데 언뜻 사소해 보이는 이런 문제까지 꼭 신경 써야할까?

그러나 이런 미세한 차이로 사회적 정체성이 형성되고, 어떤 언어를 선택해 사용하는지에 따라 다른 사람들이 나를 바라보는 인식이 달라진다. 이런 점을 고려하면 사소한 선택이지만 영향력은 놀랄 만큼 막대하다. 앞에서 언급한 what이라는 단어에서 /t/ 발음이 변형되는 예를 살펴보자. 영어에서 이 소리를 인식하는 가장 일반적인 방식은 세 가지다. 우선 뒷부분에서 공기를 내뱉으며 /what-hh?/ 하고 완전히 발음하는 방법이 있다. 두 번째는 그보다 좀 더 부드럽게 발음하는 방식으로, 혀끝이 입천장에 닿은 후 /what?/ 하고 끝내며 공기는 뱉지 않는다. 마지막으로는 성문음이라는 유형으로, /wha…?/로 발음한다. 일반적으로 상류층에서는 많이 사용하지 않는 발음이다. 더 잘 알려진 단어로 예를 들자면 'butter'를 /bu'ah/로 발음하는 식이다.

어떤 발음을 선택할지는 보통 언어학적 원칙보다 개인의 사회적 배경과 대화의 목적에 따라 결정된다. /what-hh/은 분노, 짜증, 조급함(버릇없는 아이가 "엄마, 엄마, 엄마" 하고 몇 번이나 소리치는 장면을 생각해보자)을 표현할 때 종종 쓰이며, 별로 친하지 않은 사람과 대화할 때나 직장에서는 덤덤하게 /what/이라고 한다. 그에 반해 /wha?/라고 발음할 때는 편하고 친근한 상황(친구가 나를 이상하게 쳐다본다거나)일 때가 많다. 특정 집단의 말투일 때도 있고 영어 방언 중 하나인 경우도 있다(코크니 방언[동부 런던 지역의 방언—옮긴이]도 그렇고 캘리포니아주 어린애들도 이런 식으로 말한다). 어떤 경우든 영어의 음운 체계에서는 개념적 의미를 바꾸지 않고도(어떻게 발음하든 what의 뜻은 하나다) 사회적, 문체론적 기호를 반영하는 의미를 전달할 수 있는 't'가 존재한다.[4] 한 연구에 따르면 스스로를 모범생이라고 여기는 여학생은 숨을 뱉듯 발음하는 /t/(what을 발음할 때 공기를 조금 내뿜으며)를 자주 사용해 똑 부러지는 '범생이' 느낌을 준다고 한다.[5] 반면 노는 아이들은 /t/를 성문음으로 발음하는 경우가 많다. 그런가 하면 《탈무드》를 열성적으로 공부하는 정통파 유대교도 남자아이들이 고집 세고 권위 있어 보이고자 할 때 공기가 섞인 /t/ 발음을 많이 하며 특히 자기주장을 관철시키고자 할 때 더욱 두드러진다는 연구도 있다.[6] 같은 연구에서 여자아이들은 동일한 특징을 보이지 않는데, 이는 한 공동체 안에서 각 성별에 부여되는 기대치가 다르기 때문일 것이다. 성별에 따라 다르게 발음하는 현상은 드문 일이 아니다.

사용하는 언어는 생각보다 훨씬 더 적나라하게 자신의 본모습을 드러낸다. 말할 때 누구나 무의식적으로 언어를 변형하기 때문이다. 사회언어학자는 그 변형된 형태에 숨은 의미와 양상을 파악하고, 그렇게 변형된 이유를 알아내고자 한다.

● ● ●

언어학 교수가 된 후 처음 몇 년은 학자로서 큰 욕심이 없었다. '미국 영어의 모음 변화'라는 세상에서 가장 흥미로운 주제에 관한 논문을 썼고 나만큼이나 이 주제에 목마른 학자 50명이 내 논문을 읽었다는 점에 만족하며 안주했다. 내가 쓴 글이 학계 밖에서 큰 인기를 얻지는 못했지만 여기에는 다 이유가 있다. 나는 '모음vowels'에 관한 책을 썼는데 '장bowels'에 관한 책을 팔러 다니는 위장병 학자로 오해받는 일이 잦았다.[7] 그렇지만 내가 그동안 언어의 우물 속에 웅크리고 앉아 현대 영어의 매력적인 소리 변화에 얽힌 비밀을 풀며 혼자만 기뻐했던 것도 사실이다.

나이가 들고 예전보다 현명해지면서, 거기에 안정적으로 종신 교수직을 보장받으면서 여유가 생겨 예전에 학생들에게 강의할 때나 일반인을 대상으로 사회언어학 강연을 할 때 가졌던 언어적 호기심에 대해 다시 떠올리게 되었다. 그 사람들이 관심을 갖고 질문한 내용은 사회언어학이나 음성학 연구자가 시간을 쏟는 분야와는 거리가 있었다. 우리 학자들은 언어가 작동하는 내부 원리에 지나치게 집중한 나머지, 언어를 실제로 사용하는 사람들에게 그 지식을 전달하는 역할을 잊고 말았다. 내가 연구하는 언어를 전면에서 사용하는 사람들이 실제로 무엇을 알고 싶어 할지 관심을 가지면서 비로소 여러 해에 걸쳐 이 책의 형태를 갖추었다. 아이를 키우는 부모와 사업체를 운영하는 고용주, 학생, 또는 그저 우리가 일상적으로 만나는 친구들의 이야기다.

선택과 선택 그리고 또 선택!

강연에서 받은 질문을 돌아보면 언뜻 광범위해 보이지만 사실 대부분의 질문이 한 가지 공통된 주제로 수렴한다. 요즘 짜증을 유발하는 화법이 늘고 있다는 이야기다. 말할 때 '그러니까, 막like'을 너무 자주 사용한다든가, 보컬 프라이vocal fry(문장 끝에서 말소리가 잦아들며 진동하는 저음의 목소리로, 기름에 튀길 때 나는 소리와 비슷하다고 해 붙은 이름이다. 주로 미국 젊은 여성의 말투로 인식되며, 지적이지 않다는 이유로 조롱의 대상이 되곤 한다—옮긴이)로 말한다든가, 현대 영어에서 전체적으로 격식이 사라지는 점 등을 들 수 있다. 나에게 자신의 말버릇에 대해 이야기하는 사람이 많았다. 한 팟캐스트 진행자는 자신이 '그치 right?'라는 말을 자주 쓴다는 이야기를 어디선가 들은 후부터 계속 신경이 쓰인다고 했다. 남의 말투가 거슬리기도 한다. 한 예로 말끝마다 '너무 so'를 붙이는 사람이 있다. 강연에서 만난 한 여성은 부하 직원들이 자기 앞에서 그 말을 쓰는 것을 금지했다고 한다. 물론 사회언어학에서는 이런 특징을 나쁜 버릇이라고 여기지 않는다. 그보다 우리가 보통 사용하는 다른 언어 특징과 비슷한 발달 과정을 거쳐 오늘날의 쓰임에 이른 중요한 언어적 요소로 대한다. 사회적, 언어적 변화에 따라 원래 형태에서 진화해 오늘에 이른 언어 특징이다.

아이를 키우는 부모나 교사는 이런 현대의 언어 특징을 무지와 나태, 또는 문법적 원칙이 무너진 탓으로 돌린다. 심지어 이런 언어 특징을 자주 사용하는 당사자조차 여기에 동의한다. 그러나 이 같은 오해는 언어에 관한 총체론적 관점이 부족한 데서 기인한다. 일반적으로 현대 언어가 점점 잘못된 방향으로 향하고 있다고 생각하는 듯하다. 하지만 그렇다고 해서 〈베오울프 Beowulf〉(고대 영어로 쓴 영국의 영웅 서사시—옮긴이)가 영어의 정점이었다고 생각하는 사람은 많지 않을 것이다. 초등학교 때부터 세뇌받은 문법 교육에서 한 걸음 떨어져 생각할 필요가 있다. 역사적 갈등이나 계층 간 대립, 성 역할 규범, 세대 차이 등 다양한 맥락을 이해해야 언어를 통해 과거에서 현재로 나아가는 길이 즐겁고 재미있는 여정이 된다.

지난 수년간 언어 형식에 무척 많은 변화가 있었으며 이를 책에서 모두 다룰 수는 없다. 그중 미디어에 많이 노출되었거나 저녁 식사 자리에서 열띤 토론에 불을 지펴온 주제, 강의실이나 강연장에서 꾸준히 질문받은 내용 위주로 추려보았다. 누군가는 못마땅할 수 있지만 삶의 근본적인 곳에서 사람들의 마음을 잡아끌며 일상으로 깊이 파고든 언어 특징이다. 아무리 확고하게 버텨도 우리와 한 공간에 살고 일하는 사람들의 말에 서서히 스며들어 결국 우리 자신의 언어에까지 침투했다. 다시 말해 이 특징들은 여러모로 성가시고 거슬리지만 미래에도 우리와 함께할 것이다.

물론 이런 특징 외에도 '나쁜 영어'라고 불릴 만한 것들이 많은데 상당 부분이 미국 사회에서 소외된 집단과 관련 있다. 또 언어 엘리트주의가 작용하는 경우가 많아 이 같은 말을 실제로 사용하는 사람들에게는 매우 현실적인 결과를 초래하기도 한다. 이런 식의 평가절하에는 언어 특징 자체보다 인종이나 계층, 국적처럼 더 예민한 문제가 숨어 있을 때가 많다. 게다가 이것이 어떤 방식으로 차별의 근거로 작용하는지 설명하려면 이 책에서 다룰 수 있는 범위보다 훨씬 복잡하고 집중적인 이론적 해석이 필요하다. 여기서 말하고자 하는 핵심은 영어를 말하는 데 '올바른' 방법이란 없다는 점이다. 이 책에서 다루는 언어 특징은 아니지만, 이중부정문을 예로 들어보자. 이중부정문은 그 자체로 인종적 특징을 강하게 드러내거나 더 나아가 인종을 분류하는 데 쓰이기도 한다. 흔히 문법적으로 틀렸다고 생각하지만 그 기원은 무척 흥미롭고 놀라우며 영어의 초기 형태를 보면 지금과는 매우 다른 의미로 쓰인 것을 알 수 있다. 현대의 언어 특징 중에는 우리가 기꺼이 인정하는 언어 형태도 있지만 도저히 참지 못하는 형태도 있다. 이 둘의 차이는 사실 권력과 관점의 문제이며, 앞으로 이 부분에 대해 중점적으로 살펴볼 것이다.

언어가 세상을 지배한다!

대부분 성인이 되면 언어에 대해 많이 알고 원활히 구사할 수 있게 된다. '~할 수 있다can' 대신 '~할 수도 있다may'를 쓰는 법을 배우고 초등학교 저학년 때부터 접속사의 여러 기능에 대해 노래를 지어 부르며 영어의 다양한 규칙을 주입받는다. 그렇다고 해도 언어로 사회적 자아를 제대로 표현하는 법을 터득하기 위해서는 언어에 대해 갖고 있는 생각을 완전히 다시 돌아봐야 한다. 다시 말해 언어학자의 관점에서 언어를 바라볼 필요가 있다.

언어학자는 언어의 구성 방식과 그에 따라 언어가 어떻게 쓰이고 또 달라지는지 연구한다. 인지적으로 구현 가능한 것과 불가능한 범위를 알아내고 사회화된 개념에 의존하기보다 언어 사용자가 실생활에서 언어를 어떻게 활용하는지 분석한다. 예를 들어 말할 때 모음을 몇 개나 사용하는지 생각나는 대로 바로 말해보자. 머릿속에 '아, 에, 이, 오, 우a, e, i, o, u', 이렇게 다섯 개가 떠오르는가? 그렇다면 초등학교 1학년 때 받은 수업 내용이 뇌리에 확실히 박혀 있다는 뜻이다.

언어학자의 관점에서 보면 완전히 틀린 생각이다. 다음의 단어들을 살펴보자.

beat, bit, bait, bet, bat, bought, bout, boat, bot, but, boy, bite, book, boot[8]

딱 봐도 모음이 다섯 개는 넘는다. 모음에 차이가 없다면 이 단어들은 대부분 같은 단어처럼 들린다. 모음 없이는 'betting(확신)'과 'beating(구타)'을 구분하기 위해 체포 영장을 확인해야 할 일이 생길지 모르겠다.[9]

어릴 때부터 말하기보다 글을 쓰기 위한 수단으로 언어 교육을 받는 덕에 모음의 존재를 부정하는 일이 잦다. 보통 영어의 모음을 정확하게 낭독한 다섯 개의 소리로 적곤 하지만 실제로 말할 때 사용하는 모음은 이보다 훨씬 많다. 언어학자처럼 언어를 바라보려면 언어란 '이러해야 한다'고 지금까지 배운 내용에 한정하지 말고 말이 나오는 단위와 규칙, 원리를 살펴봐야 한

다. 더불어 그렇게 말하게 된 심리적, 사회적, 역사적 배경 역시 중요하다.[10]

학교에서 문법 시간에 배우는 내용도 물론 필요하지만 거기에만 치중하다 보니 지금 우리가 읽고 쓰고 문자를 보내기 수 세기 전부터 인간이 말을 해왔다는 사실은 잊어버린 듯하다. 우리 언어는 지금 같은 규범적 관습이 생기기 오래전부터 차근차근 잘 전진하고 있었다. 실제로 흔히 언어의 '규칙'이라고 생각하는 내용 중 대부분은 사실 사회적 선호일 뿐이며 영어가 대대로 전해지고 널리 퍼질 수 있도록 용법을 성문화한 일부 사람들이 임의로 정한 것이다. 분명 고귀하고 꼭 필요한 일이긴 하지만 시간이 흐르면서 이렇게 외부에서 정한 기준(라틴어의 규칙을 따르는 경우가 많고 상류층 화법을 기반으로 한다)을 언어 본연의 '좋음'과 '옳음'으로 혼동하게 되었다.

옳고 그름에 대한 생각은 영어를 고대어의 그늘에서 끌어내 지금에 이르기까지 주도해온 사람들이 결정했다. 궁정에서 쓰던 문어체는 고상한 것으로 여겨졌고 그에 비해 일상적으로 사용하던 단순한 옛 영어는 흔적이 희미해졌다. 특히 '올바른' 혈통이나 피부색이 아닌 사람들이 쓰던 말이라면 말할 것도 없다. 하지만 우리가 사랑하고 일하고 친구를 사귀고 아이를 기를 때 그렇게 격식을 차린 표준 영어를 사용하지는 않는다. 자신을 표현하고 타인과 소통할 수 있는 언어가 필요하다. 문어文語나 연설에서는 '그러니까like'나 '음um' 같은 말을 지양하지만 매일 쓰는 구어口語에는 규범보다 사용자의 실제 생활에 내재된 문법을 적용한다. 시간이 흐르며 언어가 자연스럽게 진화해 생겨난 규칙과 원리다. 그렇다고 구어에 규칙이 없다는 뜻은 아니다. 오히려 반대로 언어 체계 자체에는 다양한 제약이 존재한다. 인간 언어의 다양한 범주를 이해하고 말에서 가능한 것과 불가능한 것을 제대로 알아야 언어에 자연스럽게 생겨난 규칙과 그 작용 원리를 깨달을 수 있다.[11]

10대들이 새로운 강조어로 'hella(형용사 앞에 붙여 '아주'라고 강조하는 속어—옮긴이)'를 쓰고 남부 사람들이 '‐ing'로 끝나는 말에서 'g'를 빼고 발음하고, 어른들이 'literally(그야말로)'라는 말을 달고 사는 것을 들으면 문법의 대파괴가 일어나는 중이라고 느껴지겠지만 실제로는 오히려 확고한 언어의 원칙을 따르는 현상이다. 단지 학교에서 전형적으로 배운 문법과 다를 뿐이다(예를 들어 '전치사로 문장을 끝내면 큰일 난다'는 문법). 이런 언어 원칙과 그 규칙을 주도하는 사회적 요인은 그래머리Grammarly(영어 문법 교정 사이트—옮긴이)나 조너선 스위프트Jonathan Swift(《걸리버 여행기》 저자이자 18세기 영국 정치인으로 당시 영어가 엉망이라며 불만을 제기하고 정부에 이를 바로잡도록 제안서를 제출했다—옮긴이)보다[12] 훨씬 전부터 우리 언어의 길을 착실히 닦아왔다. 그러므로 분사를 불일치하게 써도 되고(분사구가 수식할 주어가 없는 문장—옮긴이) to 부정사와 동사 사이에 다른 말을 끼워 쓰면서(to와 동사 사이에 부사를 끼워 넣은 문장—옮긴이) 죄책감을 느끼지 않아도 된다. 또 문장을 전치사로 끝낸다고 해도 사회적 규범 문법을 가차 없이 버리는 일이긴 하지만 언어 규칙 자체를 위반하는 것은 아니다.

우리가 선택하는 언어가 모두의 마음에 들 수 없다는 사실은 자명하다. 그러나 문법적 규제를 들이밀며 망신을 주고, 심지어 일자리를 빼앗으며 새로 떠오르는 말을 뿌리 뽑으려고 애써보았자 기껏해야 영어가 저물어간다는 헤드라인 정도밖에 만들어 내지 못한다. 그마저도 수십 년이 지나 으레 쓰는 말이 되고 나면 잊힐 일이다. 사실 현재 우리가 쓰는 말은 모두 수 세기 동안 비슷한 언어 변화를 겪은 후에 남은 산물이다. 단지 예전에는 요즘처럼 사람들의 언어 습관이 변화하는 과정을 일일이 목격할 수 없었을 뿐이다. 그렇지만 킴 카다시안의 끓는 듯한 화법(보컬 프라이)이 민망하다고 다 같이 입을 모으기 전에, 동료에게 '무관하다'의 반대말이 '유관하다'가 아니며 그런 말은 없다고 아무리 말해도 소용없어 포기하기 전에, 언어 변화의 오랜 역사를 통해 배울 게 있는지 살피고 스스로를 한번 돌아보자. 말할 때마다 'It's me(나예요)'라고 하지 않고 매번 정식으로 'It is I(저예요)'라고 쓰는가? 그러면 친구들은 매번 왕족이라도 대하듯 절이나 경례를 올리는가? 줄임말은 절대 쓰지 않으며 저녁 식사에 초대받으면 꼭 와인을 챙겨 가는가? 'arctic(북극)'이라는 단어를 대충 /artic/이라고 발음하는 사람을 보면 그냥 넘기지 못하는가, 아니면 중간에 'k' 하나쯤 빼고 말하는 건 대수롭지 않은가?

요즘에는 규범주의자들이 정한 금기 리스트 정도는 하도 많은 사람들이 위반하다 보니 이제 별로 이상하게 들리지도 않는다.

게다가 옳고 그름에 대한 판단 역시 정확하지 않으며 구어보다 문어를 중시하는 현상의 반영일 뿐이다. 영 단어의 초기 사용에 관해 권위를 자랑하는 《옥스퍼드 영어 사전》[13]에 따르면 arctic은 고대 프랑스어인 'artique'에서 유래했으며 14세기에 사용되던 원래 형태는 'c'가 빠진 'artic'이라고 한다. 오늘날 맞는 발음으로 여겨지는 c가 들어간 발음은 17세기 들어 스펠링이 바뀌면서 변한 (틀린) 발음이었다.[14] 그러므로 여기서 /artic/ 반대론자들이 알아야 할 사항이 있다. 눈앞에 보이는 현대 언어에만 집중하면 언어의 과거가 주는 중요한 가르침을 놓칠 수 있다는 점이다. 시도 때도 없이 '그러니까'를 쓰고, '음'과 '어'로 말을 중간에 잘라먹고, 말끝을 마치 기름에 옥수수가 튀듯 바르르 떠는 요즘 말투에 숨은 역사적 배경과 양상을 살펴보면 미래의 언어는 과거의 언어 및 사회적 관계에 기반을 둔다는 것을 알 수 있다. 그래도 여전히 싫을 수는 있지만 최소한 그런 말을 쓰는 이유는 이해할 수 있길 바란다.

나는 말한다, 고로 존재한다?

예전에 친구들끼리 경쟁하듯 말을 길게 빼며 'Wasssssssup'

을 주고받던 버드와이저의 'Wassup(별일 없어)?' 광고가 있다. 외계인이 지구에 와서 이 장면을 보고 뭐 하는 건지 물으면 정확히 대답하기가 애매하다. 우리가 일상에서 다른 사람과 유대감을 형성하기 위해 언어를 활용하는 방법을 보여준다는 점이 이 광고의 매력(이런 상황에 **매력**이라는 말을 써도 된다면 말이다)이다. 때로 '밥 먹었냐'는 질문이 실제 식사했는지 여부를 묻는 것이 아님을 알고, 축구를 좋아하지 않아도 축구 이야기를 하면서 친해지는 것과 비슷하다. 이런 문구가 사람들 사이에서 자연스럽게 회자되고, 나아가 특정 부류의 정체성이나 성향을 드러낸다는 데 여러 사람이 동의하면 그때부터는 자신을 표현하고 타인과 의사소통하는 도구로 사용할 수 있다.

　이런 식으로 말씨를 공유하는 것은 다른 사람과의 유대를 구축하는 데 필수다. 일을 시작한 지 얼마 안 되었을 때 이스탄불에 살며 강의한 적이 있다. 그때 나는 튀르키예 문화를 최대한 습득하기 위해 노력했고 튀르키예 요리 역시 열정적으로 파고들어 탐구했다. 들개와 소란이 있었던 양 내장 사건은 제외해야겠다. 비록 '안녕하세요merhaba' 한 마디조차 두 살 어린아이보다 못하긴 했지만 언어도 배우려고 노력했다. 내 튀르키예어 실력은 현지에서 일하기에는 터무니없이 부족했다. 하지만 강의실에서 튀르키예어를 사용하면, 간단한 '알겠다tamam' 몇 번만으로도 나에 대한 인식이 달라졌다. 이방인이 아닌 그곳에 적응하려 애쓰는 사람으로 비치는 모양이었다. 물론 영어를 사용하는 미국인을 튀르키예에서 만나면 미국에서 비슷한 상황일 때 보다 훨씬 빠르게 친해졌다. 신나서 고향에서 생각나는 것들(스키피 Skippy 땅콩버터나 드립 커피 같은!)과 미국에서 하던 농담을 나누었다. 왜일까? 한 지역의 언어를 공유한다는 것은 사물을 비슷한 렌즈를 통해 보고 해석한다는 뜻이며, 같은 암호를 사용하며 자라 이 세상과 사람들에 대해서도 같은 관점을 갖는다는 의미이기 때문이다. 게다가 정체성은 고정되어 있지 않다. 그런데 왜 언어는 고정되어야 하는가?

평소 '좋은 언어'와 '나쁜 언어'에 대해 뚜렷한 의견을 갖고 있다 해도 실제로 일상에서 쓰는 말에는 사실 큰 영향을 주지 않는다. 특정 화자를 노골적으로 드러내는 말투(like처럼 10대 아이들이 주로 쓰는 말이나 사회계층을 드러내는 ain't[부정형 be 동사와 조동사의 통합형—옮긴이] 등)는 신성한 영문과 건물 안에서는 열띤 논쟁의 대상이 될 수 있다. 하지만 실제 생활에서는 대화 내용과 상대에 따라 자유롭게 활용해 이야기하는 주제에 대한 태도와 입장을 표현하기도 한다. 선생님은 자신을 향해 "요 Yo!" 하며 손을 흔드는 학생을 보며 틀린 말이라 생각하지 않고 학생이 자유롭게 소통하길 원한다고 해석한다. 줄임말을 쓰면 상대방이 친근하고 다정하게 느껴진다. 말끝에 /t/를 세게 발음해 분노에 찬 느낌을 주는 what이나 친구들과 신나서 이야기할 때 문장 사이에 끼워 넣는 불필요한 말과 욕설도 있다(부모님 앞에서는 잘 안 쓴다). 이런 언어 형태와 특징이 널리 퍼진 데는 역사적 배경이 존재한다. 또 의식하지 않아도 의미를 자연스럽게 알 수 있어 자기주장을 펼칠 때나 친구를 사귈 때 활용하며 때로는 데이트 상대의 관심을 끌고 싶을 때도 사용한다. 이렇게 언어 특징을 여러 사람이 사용하기 시작하면 그때부터 주목받고 사회적으로도 논의의 대상이 된다.

'브로bro'라는 말을 예로 들어보자. 이 용어는 '브로맨스bromance', '브로플레이크broflake(자신의 생각과 충돌하는 진보적 사고방식에 쉽게 화를 내는 남성을 뜻한다—옮긴이)' 등에 접두사처럼 붙기도 한다. 아프리카계 미국인이 오랫동안 사용하던 말이었지만, 최근 젊은 백인들이 같은 경험을 공유하며 형제애가 생겼다는 뜻으로 사용하기 전에는 흔히 들을 수 있는 말이 아니었다(안타깝게도 이 말이 원래 담고 있던 인종적 갈등에 관한 배경도 함께 사라지고 있다). 이외에도 'bruh(다양한 상황에 대한 감탄사로 쓰이며 최근 한국어에서 비슷한 유행어로는 '헐' 정도가 있다—옮긴이)', 'finna('going to'를 대체해 쓴다—옮긴이)', 'zoom bombing(줌 바밍, 온라인 강의에 침입해 욕설과 모욕, 성적 행위로 업무를 방해하는 것—옮긴이)' 등 오늘날 영어에서 사용하는 많은 단어와 용어가 원래는 특정 인종이나 지역, 특수한 집단에 속한 사람들과 관련이 있다. 그러나 시간이 갈수록 기존 커뮤니티 바깥에서 단어의 기원을 모르는 채 의미를 변형해 말 자체만 차용해 사용하고 있다.[15]

언어의 다양한 특징을 활용해 '내부인'이라는 소속감을 얻기도 한다. 직장에서 괜히 따돌림당해 점심시간에 불려 나가고 싶지 않으면 알아두는 편이 좋다. 상사에게 인정받기 위해서도 필요하다. 마거릿 대처가 정치 지도자는 강력하고 남성적인 목소리를 내야 한다는 의견에 따라 목소리를 바꿨다는 이야기는 유명하다. 흔히 여성적이라고 여겨지는 화법에서 느껴지는 호의적이고 부드러우며 유약한 인상(사실인지는 모르겠다)보다 능력 있고 강하며 지적이라는 확신을 심어주어야 했을 것이다. 대처는 말투가 너무 남자 같다는 비난을 받곤 했는데 이는 권력을 쥔 여성이 흔히 겪는 비판이다(또 다른 예로 힐러리 클린턴을 들 수 있다). 그러면서도 여성의 화법은 힘이 없고 설득력이 떨어진다는 이유로 오랫동안 무시당했다. 이 두 가지 특징으로는 분명 유권자의 신뢰를 끌어내기 힘들다. 철의 여인이 목소리 톤을 낮춘 이후 여성의 지위에 많은 진전이 있었다. 그럼에도 못마땅한 말투에 대해 이야기할 때면 여전히 성별에 관한 편견이 빠지지 않는다. 사람들은 여성이 말 중간에 '그러니까'를 자주 써서, 사과를 과하게 해서, 또는 '너무 so', '진짜로 really', '완전히 totally' 등 강조하는 말을 지나치게 많이 쓴다는 이유로 짜증을 낸다. 앞으로 더 살펴보겠지만, 언어가 성별에 따라 남성의 언어와 여성의 언어로 나뉘는 이유와 방식은 이보다 훨씬 복잡하며 겉으로 드러나지 않은 흥미로운 역사적 배경이 있다.

언어를 통해 공동체에 소속된다는 개념은 언어를 선택하는 방식을 이해하는 데 핵심 요소다. 교우 관계나 유권자, 미래 직장 동료와의 네트워크를 만들기 위해 예일대학이나 케임브리

지대학에 갔다는 말은 어디선가 들어봤겠지만 지금 하는 말은 이와는 좀 다르다. 아니, 오히려 그 반대인 경우가 많다. 현실에 발 딛고 살며 사람을 만나고 남들에게 친근한 사람으로 여겨지려면 다른 사람에게 진정성 있게 보여야 한다. 남들에게 똑 부러지게 말한다고 진실해 보이는 것은 아니며 오히려 밑바닥 삶에 대해 잘 알고 산과 들에 대해 이야기할 수 있을 때 그럴 가능성이 높아진다. 그래서 대부분은 뉴스 앵커처럼 말하지 않고 오히려 그 반대를 선호한다. 특히 우리가 회사 이사회나 TV에서 보는 사람들과 늘 어울리는 것도 아니니 평범한 사람들과 어울리고 공감할 수 있는 말투가 필요하다. 그러려면 남들과 연대 가능한 언어를 사용하는 것이 가장 좋은 방법이다. 줄임말을 쓰고, 느긋하게 '어이, 친구dude' 하고 부르고, 젠체하지 않고 '별일 없어whatssup?' 하고 인사한다. 이렇게 자신의 진짜 모습과 출신을 드러냄으로써 연대 의식과 소속감을 얻는다. 익숙한 말투야말로 커뮤니케이션의 기본이다. 사람들은 익숙한 말투에서 공통점을 발견하고 관계를 맺는다.

정치인들은 이 점을 절대 놓치지 않고 진정성 있는 말투 대열에 올라탄다. 미국에서 도널드 트럼프는 특유의 막말, '우리'와 '그들'이라는 대명사로 세상을 가르고 '얼간이', '멍청이', '패배자' 같은 모욕적 언사를 쓰며 이를 자신의 페르소나 일부로 채택했다. 아예 새로운 단어를 만들어내기도 했다. 트럼프가 대중의 마음을 파고들 수 있었던 것은 상당 부분 대통령 같지 않고 평범한 옆집 사람 같은 화법에 기인한다. 비슷한 예로 영국 총리였던 토니 블레어 역시 '평범남' 작전을 사용했다. 코크니 사투리와 상류층 말투를 섞어 써 '모크니mockney(코크니 악센트를 흉내 낸다는 조롱 섞인 말로, 한국식 유행어로는 '강남좌파' 정도를 예로 들 수 있다—옮긴이)'라는 놀림을 받기도 했다. 한때 미국 부통령 후보이기도 했던 세라 페일린(알래스카주 주지사를 지냈다—옮긴이) 역시 알래스카 촌뜨기 소녀[16] 이미지로 대중에게 다가갔다. 확실한 사투리 억양과 서민적인 말투('Joe Six Pack[조 식스 팩, 보통의 근로자를 뜻한다—옮긴이]', 'you betcha[당삼이지]!' 등)를 내세워 큰 인기를 얻었다. 물론 이 때문에 남의 말 하기 좋아하는 사람들에게 좋은 먹잇감이 되기도 했다.

우리는 의도적으로든 무의식적으로든 말투를 통해 자신이 다른 사람에게 어떻게 보이길 원하는지 드러낸다. 말투 때문에 뭉치기도 하고 갈라지기도 하며 말투 덕분에 무리에 끼거나 돋보이기도 한다. 말투를 보면 성별을 유추할 수 있고 유행에 민감한 사람인지, 도시적인지, 지적인지, 껄렁한지, 고분고분한지, 괴짜인지 파악할 수 있다. 이렇듯 말투는 다양한 사회적 의미를 담고 있으며 여러 언어 형태를 통해 정체성을 형성해간다. 한자리에 멈추지 않고 계속 변화하기도 한다. 요즘 새로 유행하는 말투가 모두 문법적으로 '맞다'고 볼 수는 없을지라도 그보다 더 중요한 점을 시사한다. 말투는 성격과 더불어 그 사람이 누구인지 드러낸다.

변화의 물결을 타고

언어에 호불호가 갈리는 절대적인 지점이 존재하지는 않으며 그보다는 사회적 필요와 요구에 따라 달라진다. 말은 화자의 자의식과 깊은 관련이 있고 상대방을 어떻게 생각하는지에 따라서도 달라진다. 그래서 언어에서는 뉘앙스가 중요하다. 나이 든 사람들은 젊은 세대가 찢어진 청바지를 입고 문신을 드러내고 다니는 걸 보고 혀를 찬다. 언어도 마찬가지다. 유행하는 말투는 때마다 변하지만 우리는 섣불리 좋다, 싫다 결론을 내리곤 한다.

이 책에서 살펴볼 많은 부분이 미국식 영어에 해당하긴 하지만 그 역사적 배경은 개척자들이 신대륙을 발견하기 훨씬 이전으로 거슬러 올라가며 비단 미국 국경에만 국한되지 않는다. 뉴델리에 살든 뉴캐슬에 살든, 아니면 뉴욕에 집이 있더라도 마찬가지다. 언어가 적응하고 변화한다는 사실은 달라지지 않는다. 역사언어학과 사회언어학, 그 밖의 여러 언어 과학 분야를 살펴봄으로써 다양한 언어 특징의 기원과 앞으로 나아갈 방향에 대해 알아볼 수 있다. 이제부터 논의하겠지만, 우리는 자신이 사용할 언어를 선택할 때 단순한 정보 전달만을 목적으로 하지 않는다. 싫어하는 특징조차 우리 자신과 우리가 속한 집단을 드러낸다. 언어는 기능적인 도구인 동시에 디자인이자 패션이다. 언어의 유행을 선도하는 사람들은 언어의 앞길을 개척하는 선구자이며 이들은 언제나 그 전과는 다른 언어를 사용한다.

러시아의 영혼

1

형식에 얽매이지
않는 자유로운
영혼이던 우리는
정확히 무엇
때문에 이토록
문법에 목매게
되었을까?

인간의 언어는 반드시 변화한다. 마주 보는 엄지 (다른 네 손가락을 마주 보는 엄지손가락은 손과 도구를 사용하게 해 인류의 진화를 촉진한 핵심 요소 중 하나로 꼽힌다―옮긴이)나 털 없는 피부와 마찬가지로 언어 역시 생존을 위해 변화하며 진화했다. 물론 최종 결과가 누구에게나 만족스럽지 않을 수는 있다. 앞에서 말한 like, so, totally, 또는 단수형 they 같은 언어 혁신을 논하기 전에 더 큰 틀에서 언어가 다양해진 배경과 원인을 살펴볼 필요가 있다. 이 책에서 다룰 언어 특징은 '올바른' 영어에 대한 일반적 개념을 생각하면 의외일 수 있겠지만 모두 퇴보가 아닌 언어가 건전한 방향으로 나아가고 있다는 증거다. 왜 그런지 사람들은 언어가 변화하는 것을 안타까워할 때가 많다. 지금까지 언어에 아무런 변화가 없었다면 영어는 지금도 아이슬란드어와 다르지 않을 텐데 말이다.

영어가 세계에서 가장 강력하고 널리 퍼진 언어가 된 이유는 변화를 회피해서가 아니라 수용했기 때문이다. 최소한 초기에는 그랬다.

〈베오울프〉를 읽어보려고 시도한 적이 있다면 고대 영어Old English, OE(5세기 중반부터 11세기 후반까지 지금의 잉글랜드와 스코틀랜드 남서부 지방에서 쓰던 영어—옮긴이)가 얼마나 난해한지 잘 알 것이다. 현대 영어 사용자에게는 외국어나 마찬가지다. 기본적인 부분은 여전히 남아 있긴 하지만 고대 영어에서 중세 영어Middle English, ME(11세기 후반부터 15세기 후반까지의 영어—옮긴이)로 넘어가며 매우 많은 부분이 달라졌다. 그중 하나는 어순이 오늘날 영어보다 느슨하다는 점이다. 요다(〈스타워즈〉의 등장인물로 도치법을 사용한다—옮긴이)가 알면 좋아할 듯하다. 다른 예를 하나 더 들어보자. 영어는 지난 수천 년에 걸쳐 단어 끝을 잘라내왔다. 복수형을 쓰면서 끝에 's'를 빼먹는(예를 들어 three dollar) 사람을 보고 화가 난다면, 여기서 정작 화낼 사람은 수백 개나 되는 비슷한 말끝을 말할 때마다 잘라내야 하는 쪽이 아닐까 생각해보자. 고대 영어에서는 거의 모든 단어에 성별이나 품사, 수와 격 등의 정보를 담은 어미가 붙었기 때문에 단어의 문장 내 위치가 오늘날처럼 엄격하게 정해져 있지 않았다. 어미만으로도 충분한 정보를 줄 수 있었기 때문이다. 그러다 고대 스칸디나비아어(중세 노르웨이, 아이슬란드, 덴마크, 스웨덴에서 14세기까지 쓰던 게르만어파—옮긴이)와 라틴어, 노르만족의 프랑스어 등의 언어가 변화하면서 영어에서도 이들 어미가 서서히 사라져갔다. 구체적으로는 고대 영어의 강세가 약화되고 결국 마지막 음절을 발음하지 않게 되면서 어미가 없어졌다.

앞에서 언어 변화가 없었다면 지금 영어는 아이슬란드어와 차이가 없을 것이라고 했는데, 굳이 아이슬란드어를 언급한 데는 이유가 있다. 그저 'Bjork'나 'Eyjafjallajökull'같이 발음하기 어려운 이름이 있다고 아무 언어나 갖다 댄 게 아니다. 언어 사용자의 사회적, 언어적 행동에 의해 언어가 변화한 좋은 예시다. 현대 영어와 뿌리가 같은 현대 독일어 역시 두 언어의 모태인 원시 게르만어와는 완전히 다르다. 같은 게르만어파에 속하지만 영어의 친척뻘인 아이슬란드어의 경우 영어나 독일어보다 더 옛 형태에 가깝다. 정부 차원에서 언어 규제 기관을 두고 글쓰기를 표준화하는 등 명시적 관리를 했기 때문이다.[1] 그 결과 아이슬란드어는 고대 영어와 고대 스칸디나비아어의 특징을 더 잘 보존하고 있다. 한 예로, 복잡한 굴절(문법적 특징에 따라 단어의 형태가 변화하는 것—옮긴이) 체계를 들 수 있는데, 그 때문에 단어에 붙는 어미가 한가득이다. 그렇다고 아이슬란드어를 쓰는 사람들이 영어가 자기네 고대어에 천박한 짓을 해놓았다고 한탄하지는 않는다. 뭐, 최소한 공개적으로 알려진 바는 없다. 아이슬란드어조차 오늘날에는 새로운 단어를 받아들이고 현대사회에 발맞춰야 할 때가 있다. 그렇게 공식적으로 언어를 규제해도 변화를 피하기는 어렵고 다만 형태가 다를 뿐이다. 영어가 물론 아이슬란드어보다는 구조적으로 많이 변했지만 그래도 수 세기 전에 비하면 오늘날의 변화는 미세한 편이다. 지난 300년간 진짜 달라진 것은 언어 자체보다 언어의 올바름과 권위에 대한 개념이다.[2] 형식에 얽매이지 않는 자유로운 영혼이던 우리는 정확히 무엇 때문에 이토록 문법에 목매게 되었을까?

● ● ●

앵글로색슨족이 살던 시절 영어는 길거리 언어였다. 친구들끼리 막 쓰거나 적에게 저주를 퍼부을 때 사용하는 말이었다. 지위, 신분, 종교, 교육 같은 개념과는 거리가 멀었다. 그런 영광은 로망스어군의 차지였다. 처음엔 라틴어였고 그다음에는 프랑스어가 주인공이 되었다. 영어 이전에 로마 군단이 자기들이 5세기까지 '브리타니아'라고 부르던 섬에 라틴어를 들여왔다. 로마제국이 멸망한 후에도 영국제도에서 라틴어의 유산은 사라지지 않았다. 한두 세기가 지나 새로 정착한 게르만족(나중에 영어의 기초가 되는 언어를 사용했다)이 기독교로 전환하면서 라틴어는 다시 한번 교육과 종교의 언어로 부상했다. 중요한 내용은 모두 영어가 아닌 라틴어로 기록되었다. 사정이 이렇다 보니 문법 규칙 따위는 고대 영어를 주도하던 사람들에게 우선순위가 아니었다. 적어도 영어에서는 규칙이 중요치 않았다. 라틴어는 고전 언어로서 학문적 전통을 이끄는 엘리트 언어라는 이미지가 있었다. 당시 영어는 그렇지 못했으며 그 점 때문에 오히려 정해진 생각에 구애받지 않고 자유롭게 발전할 수 있었다.

중세 영어 시기에 들어서고 1066년 프랑스어를 사용하던 노르만족이 침략한 이후, 영어가 문학적으로나 문법적 연구 대상으로서 가치가 없다는 관점은 더욱 강화되었다. 그렇게 수백 년간 그 땅의 실제 백성들과는 다른 언어를 사용하는 사람들이 영국을 다스렸다. 영어는 천박하게 여겨졌으며 하층민의 언어였다. 영어를 쓰면 주방에서 허드렛일을 구할 수는 있었지만 앵글로 노르만 프랑스어나 라틴어로 문서를 작성하던 궁정이나 정부 기관에서는 일할 수 없었다. 엘리트 계층의 언어가 아니라서 위에서 아래로 하달되는 하향식 규제의 제약은 없었지만 여전히 프랑스어로부터 상당한 언어적 (그리고 사회적) 압박을 받았다.[3] 그 결과 영어에서 게르만어의 흔적이 많이 사라졌고 소리 체계와 형태론에도 변화가 생겼다(고대 영어에 고대 프랑스어 접미사인 '-ance'가 합쳐져 'hindrance[방해]'가 되는 식이다). 프랑스어와 라틴어의 많은 단어가 영어로 넘어왔고 새로 생긴 발음도 있었으며('v'와 'z'도 새로 들어왔다), 고대 영어에 있던 어미의 상당 부분이 없어졌다(한 예로 '-en'과의 작별을 들 수 있다[4]). 프랑스어는 우리에게 패션과 의학, 예술, 음악을 전해주었으므로(실제로 'fashion', 'medicine', 'art', 'music'이 프랑스어에서 왔다!) 이 정도 침입은 용서해줄 수 있다. 이렇게 평민과 권력자의 말이 합쳐져 오늘날 영어의 기초가 되었다. 애초부터 고정된 언어가 아니었으며 정해진 기준이 있지도 않았다는 점에 주목해야 한다. 언어와 사회가 역동적으로 변하며 우리 언어의 기초가 마련되었다. 그러나 영어가 지금과 같은 위치에 오르기 위해서는 노르만 프랑스어의 족쇄를 떨쳐내야 했다. 그렇게 15세기 무렵 영어가 두각을 나타내기 시작했고 이때부터는 또 다른 족쇄를 차게 된다. 바로 표준화와 규정이라는 속박이었다.

영어가 권력과 교육, 상류사회의 언어로 부상한 데는 근대 초기 런던이 도시화되고 문화의 중심지로 유명세를 얻었던 배경이 큰 역할을 했다. 런던에서 사용한 중동부 지역East Midland 방언이 왕족과 어울리는 귀족들 사이에서 유행하고 정부 기관과 재판소의 공문서에도 사용되었다. 런던에 거주하는 '출신 좋은 사람들'⁵ 역시 이 방언을 사용했다. 1476년 윌리엄 캑스턴이 인쇄술을 보급하면서 런던 방언이 문학에서도 표준어로 받아들여졌고 그 과정에서 완벽을 추구하는 규범주의의 바람을 맞는다.

또 사전이나 문법서 출판이 증가하고 언어 '정화'에 중점을 두면서 문화 수호자들이 영어를 **올바른 방향**으로 지켜내고자 했으며 이런 현상은 18세기까지 이어졌다. 새로운 규칙이 생겨나는 만큼 이에 반감을 갖는 사람도 많아져 오히려 변화의 물살이 거세지는 현상을 낳았고 이는 기존 언어 체계의 적으로 여겨졌다. 당시 사람들의 귀에 거슬리던 언어 변화와 오늘날 우리가 싫어하는 부분이 정확히 일치하지는 않겠지만(그래도 이들이 수 세기에 걸쳐 짜증을 유발했다는 사실은 꽤 놀랍다) 새로운 형식에 대한 증오, 그리고 그것을 사용하는 사람에 대한 잦은 혐오는 그때나 지금이나 여전하다. 이런 언어 습관은 수백만 년간 언어가 변화할 때마다 똑같은 방법으로 생겨났지만 이번에는 처음으로 강력한 사회적 규제에 맞닥뜨렸다. 그러다 보니 문제가 수면 위로 드러났고 주변에서 이런 말투를 목격하면 당장 제지하고자 하는 상황으로까지 치달았다.

19세기에는 이중부정(don't got none) 대신 'not'을 한 번만 쓰고 'aksing' 대신 'asking'을 쓰는 것이 상류층 사이에서 유행했다. 또 /r/ 발음을 없애다시피 하고 대신 /t/ 발음은 강하게 하는 방식(butter를 /bu'Tah/로)이 사교계 관례로 굳었다. 아무리 남들에게 원하는 방식을 주입해 그대로 말하게 해도 거슬리는 지점은 언제나 등장한다. /t/를 /d/로 발음하는(butter 대신 /buD-er/) 짜증 나는 미국 억양도 그렇고, 문장을 시작할 때 꼭 so(그래서)나 well(글쎄), okay(알았어)라는 말을 덧붙이는 습관이며 like와 you know(알지)에 대한 변치 않을 사랑을 예로 들 수 있다. 거슬린다고 계속 싸우기만 할 게 아니라 차라리 한발 물러서서 그렇게 싫다는데도 계속 변화를 꾀하는 이유를 들어보는 편이 낫지 않을까.

나무가 아니라 숲을 봐야 한다

특정 시점에서 언어의 모습을 살펴볼 게 아니라 언어가 변화하는 이유에 대해 더 큰 질문을 던져야 한다. 언어 자체에 내재한 변화의 요인도 있지만 그와 더불어 현실에서 일어나는 사회적 상황이 함께 작용해 변화가 일어난다. 사회적 상황의 예로는 제국주의, 도시화, 인구 이동, 생태학적 전환, 사회 격변, 영향력 있는 인물 등이 있다. 시간이 지나며 각 지역의 언어가 진화하는 이유를 이해하려면 언어의 심리적, 물리적 체계가 인간의 사회구조와 어떻게 맞물리는지 알아야 한다.

언어의 형태가 변화하는 데는 우선 인지력과 조음법이 큰 영향을 미친다. 다시 말하면, 앞에서 언급한 사회적 요인 이전에 뇌가 작동하는 방식과 그에 따라 입이 어떻게 움직이는지가 중요하다. 예를 들어보자. 음절의 구조에는 보편적으로 우선하는 원칙이 있는 듯하다. 모든 언어에 자음 하나와 모음 하나로 이루어진 형태의 음절(예를 들면 me나 do)이 존재하지만 여러 개의 자음으로 이루어진 음절(예를 들어 widths, strengths)이 있는 언어는 훨씬 적다. 예시에서도 볼 수 있듯 자음이 여러 개 겹칠 경우 영어의 음절이 매우 난해해진다.

모음 하나에 여러 개의 자음이 결합하면 발음이 까다롭다.[6] 'sixths(여섯 번째)'라는 단어를 세 번 빠르게 말해보자. 거의 '간장 공장 공장장' 수준이다. 이 정도로 자음이 모여 있을 경우 필연적으로 일부 자음을 지울 수밖에 없다. 선호하는 발음('자연스러운' 발음이라고 말하는 사람도 있다)에 가깝게 만들기 위해, 아니 그보다 먼저 발음 자체를 가능하게 하기 위해서다. 하지만 일부 고위층 영어 사용자가 계급 이념과 제도화된 언어 규범에 따라 인위적으로 자음군을 보존하고자 할 때가 있다. 반면 이런 사회적 제약의 영향을 덜 받는 언어 사용자는 언어 자체에 내재한 요소 때문에 자음을 단순하게 만들길 원한다. 그러다 보니 'test'를 /tes/로, 'told'를 /tol/로 발음하는 일이 많아졌다.

혹자는 이런 식의 발음을 '안 좋은 발음'이라고 하지만 사실 정도의 차이일 뿐 같은 이유와 방식으로 자음을 생략하는 일은 비일비재하다.[7] 'I have a test Monday'라는 문장을 빨리 말해보자. 일상 대화에서는 누구나 비슷하게 자음을 생략한다는 점을 확인할 수 있다. 여기서는 test의 마지막 t가 생략된다. 영어에서는 전혀 새로운 일이 아니다. handsome의 d, talk에서는 l, often에서는 t가 어디로 갔는지 궁금해한 적이 있는가? 우리 언어사의 초창기에 일어난 간략화 절차에 따른 결과다. 15세기경부터 자음을 생략해왔지만 다행히 뭐라 하는 사람은 아무도 없었다. 그런데 오늘날 help에서 l을 생략했다간 SNS에서 맞춤법 틀렸다는 지적이 무수히 날아든다.

다른 한편으로는 자음을 쉽게 발음하기 위해 생략이 아닌 추가를 선택하기도 한다. hamster라는 단어를 발음할 때 /ham-ster/보다 중간에 p 소리를 넣어 /hamp-ster/로 발음하지 않는가? 또는 film에서 l과 m 사이 어색한 공백을 메우려고 모음을 하나 끼워 /fil-um/으로 발음하는 아일랜드 친구도 한 명쯤 있을 것이다.[8] 그리고 athlete 중간에 'uh'를 끼워 /ath-uh-lete/으로 발음하는 사람을 보면 너무 과하지 않나 생각하면서도 thunder(천둥)에서 d를 빼고 /thuner/로 발음하는 건 이상하게 들린다. 하지만 중세 영어 시기에 와서야 음절 구조를 조화롭게 만든다며 d를 추가했고, 그 이전까지는 /thuner/가 원래 발음에 훨씬 더 가까웠다. 언어의 변화가 대충 우연히 일어나는 일 같고 때로는 틀린 것처럼 보이기도 하겠지만 전혀 부자연스럽거나 나쁜 것이 아니며 여기에는 심리적, 물리적 제약과 원칙이 작용한다. 언어사에서 이런 변화는 늘 일어나는 일이었지만 언어의 차이가 사회적 차이와 맞물리면 더욱 주목받는다.

눈에 띄는 언어 특징에 대한 우리의 반응은 사실 말 자체보다 그 말을 하는 사람에 대한 감정에 달려 있을 때가 많다. 이를 잘 보여주는 예로, 영어 억양 중 r이 모음 뒤에 오면 발음하지 않는 방언이 있다. heart(심장), short(짧은), better(더 나은) 같은 단어에서 r을 빼고 /hot/, /shot/, /betah/처럼 발음한다. 이렇게 발음하면 god(신)과 guard(경비), father(아버지)와 farther(더 멀리) 같은 단어가 동일하게 들린다. 제일 민망한 건 pawn(전당)과 porn(포르노) 세트다. 언어학에서 이것을 'r-음화음rhoticity(모음 뒤의 r을 발음하는 것—옮긴이)'이라고 하는데(이 얘기를 할 때마다 이상하게 치킨이 먹고 싶어진다[구운 통닭을 의미하는 rotisserie와 발음이 비슷하다—옮긴이]) 미국식 영어 발음과 고상한 영국식 억양을 구분하는 차이이기도 하다. 미국에서는 뉴욕과 남부 지방, 보스턴을 제외하고는 어디서나 r을 강하게 발음한다. 그런데 여기서 같은 현상을 두고도 완전히 반대되는 양상이 펼쳐져 재미있다. 다시 말하면, 영국식 억양이 고상하다고 하지만 영국에서 좋은 게 미국에서는 안 좋게 여겨지거나 반대로 미국에서 좋다고 하는 억양을 영국에서는 안 좋게 생각할 수도 있다. 이는 영국에서 신대륙으로 이주하는 과정에 작용한 사회적, 역사적 배경 때문이다. 17세기에서 18세기 초 영국 이주자들이 신대륙에 도착했을 때는 r 발음도 함께 옮겨 왔다. 당시 영국에서는 모음 뒤의 r을 발음하는 것이 일반적이었고 표준 발음이기도 했다. 그러다 18세기를 지나며 모음 뒤에 오는 r을 생략하는 발음이 런던 상류층 사이에서 점점 유행했다(here[여기]를 /he-ah/로 발음하는 식이다).[9] r이 빠진 영국 남부 억양이 한동안 미국 일부 지역에서 명망을 떨쳤지만 제2차 세계대전이 일어날 무렵에는 영국의 위상과 매력이 크게 약화되어 미국식으로 r을 완전히 발음하는 방식이 표준으로 자리 잡았다. 오늘날 미국에서 r을 발음하지 않는 특징은 일부 지역의 사투리로만 남아 있다.

어떤 언어 특징이 처음부터 언어에 내재된 특질이 아니라는 것이 요점이다. 즉 정해진 '좋은' 특징과 '나쁜' 특징이란 존재하지 않는다. 언어에서 어떤 특징이 선택되고 널리 확산되는지는 그 언어를 사용하는 사람들이 기준으로 삼는 집단에서 인기를 얻는 정도에 따라 달라진다. 그러므로 r을 생략하는 발음이 런던에서 맹위를 떨친다 해도 다른 곳에서는 그 영광을 이어가지 못할 수도 있다. 모음 뒤 r을 생략하는 영국 남동부 억양이 차와 크럼펫(영국식 팬케이크를 의미하는데 '차와 크럼펫'은 영국 전통 문화를 나타낸다―옮긴이)을 즐기는 사람들만의 전유물은 아니다. 벤티 라테와 케이크 팝(미국에서 즐겨 먹는 막대 사탕 모양의 케이크―옮긴이)을 좋아하는 미국인 역시 언어에서 다양한 아이디어를 발전시켰다. 보스턴 어디에 차를 갖다 버려야 할지 잘 아는 것만큼이나 말이다(1773년 영국 정부의 부당한 세금과 통제에 항의하며 영국에서 수입되는 차를 버린 '보스턴 티 파티'에 빗대었다. 미국 독립전쟁의 중요한 불씨가 된 사건이다―옮긴이).

변화는 늘 고달프다

누구나 늘 하던 대로가 편하다. 변화는 아무리 좋은 결과를 가져온다 하더라도 어려운 일이다. 우선 나만 해도 새롭고도 오묘하다는 스마트폰의 기능을 배우지 않겠다는 신념이 있다. 도대체 왜 기계에 내가 있는 장소를 추적당하고 자주 움직이지 않는다고 혼나고 내 얼굴과 지문을 넘겨야 하는가? 스마트폰은 조지 오웰이 디자인한 게 아닐까? 하지만 내가 숲속에서 길을 잃거나 심장 기능에 문제가 생긴다면, 또는 10대인 우리 아이들이 내 휴대폰을 열어보면 안 될 일이 있다면 아마도 스마트폰에 절이라도 하게 되리라 생각하긴 한다. 간단히 말하면 이렇다. 누구나 새로운 것을 접하면 처음에는 당황하고 경멸과 혐오를 표하지만 결국 포기하고 사용할 수밖에 없다.

계층과 성별, 나이 같은 사회적 요인은 언어에 막대한 영향을 미친다. 그러나 사회적 요인이 동일하다고 해서 늘 같은 종류의 변화가 일어나지는 않으며 특정한 시기나 시대에만 발생할 수도 있다. 어떤 사회적 요인은 실제로 무기를 휘두르며 숨통을 조이기도 한다. 1066년 노르만족이 영국을 침략한 사건은 고대 영어 시대라는 한 시대의 종말을 불러왔다. 그러나 프랑스어가 들어왔다고 해서 그 자체로 변화가 시작되지는 않았다. 왕실과 고위층에서 영어를 내버려두고 프랑스어를 쓴 것이 직접적 원인이었다. 대중은 여전히 영어를 쓰고 있었지만 이제 영어는 하층민의 언어가 되었다. 사회계층이라는 사안이 끼어들면 상황이 흥미로워진다. 그동안 드러나지 않게 언어에 영향을 미치던 내부 요소(앞에서 이야기한 자음 생략 등)가 일상 대화에서 자유롭게 드러나기 시작한다. 영어를 쓰며 그 전처럼 고상해 보이려고 노력할 필요가 없어졌기 때문이다. 이렇게 변형된 언어에 사회적 의미까지 더해지면('침입자 앵글로 노르만 왕을 없애는 데 힘을 모으자!' 같은 메시지) 그 언어는 장기적인 생명력을 얻는다. 계층구조와 외부 침입이라는 사회적 요인이 우리가 말하는 방식을 돌이킬 수 없을 만큼 완전히 바꿔버렸다.

그렇다면 특정 시기와 장소에서만 유독 언어 변화가 일어나고 같은 시기와 장소라 하더라도 사용자에 따라 차이가 나는 이유는 무엇일까?[10] 사회언어학자들은 모든 인간의 뇌와 혀 구조가 동일함에도 모든 집단에서 언어 변화가 똑같이 일어나지 않는다는 사실에 집중한다. 특정 시기와 장소에서 새로운 단어나 언어 특징이 발현할 때 이를 가능케 하는 언어적, 사회적 요인의 마법 같은 결합을 찾아내는 것이 언어학자의 일이다. 아이슬란드어에서는 보존한 어미를 영어는 왜 그렇게 빨리 없애버렸을까? like는 어쩌다 영어에 그토록 구석구석 파고들었을까? 비슷한 말인 'love'는 like만큼 널리 쓰이지는 않는데 이상하지 않은가? 언어학자의 연구 결과는 많은 사람들의 예상과 정반대인 경우가 많다. 언어 변화의 주체는 사회 정중앙이 아니라 가장자리에 있는 사람들이기 때문이다.

뭐니 뭐니 해도 자리가 중요하다

2013년 그래픽 디자이너 조시 카츠Josh Katz가 〈뉴욕 타임스〉에 사투리 퀴즈를 기고해 큰 인기를 얻었다. 퀴즈는 이런 식이다.

두 사람 이상이 모인 집단을 부를 때 뭐라고 하나요?

객관식이었고 보기는 다음과 같다.

Youse, Ya'll, You Guys, Yu'uns.

상대방이 여기서 어떤 복수 대명사를 선택하는지, 또 파자마를 뭐라고 부르는지(/pa-jaw-mas/와 /pah-jam-as/ 중에 고르면 된다) 보면 그 알고리즘으로 미국 어느 지역 출신인지 알 수 있다. 퀴즈에 나온 문항은 버트 복스Bert Vaux 교수가 '하버드 방언 조사Harvard Dialect Survey'에서 제시한 질문이다. 조사 결과 사투리 억양이 강하지 않더라도 사물을 지칭하는 용어에서는 차이를 보였다.

당연히 엄청난 발견은 아니다. 사회적 거리의 가장 분명한 형태는 사실 지리적 거리다. 즉 지금처럼 쉽게 여러 지역 사람들이 어울릴 수 없다면 각자 겪는 세상이 다른 만큼 언어도 매우 다양해질 것이다. 피상적이긴 하지만, 한 가지 예로 탄산음료를 지칭하는 용어를 생각해보자. '소다soda', '팝pop', '콜라coke' 중 가장 익숙한 단어는 무엇인가? 이 대답에 따라 출신 지역을 알 수 있다. 자존심 강한 남부인은 당연히 콜라라고 대답한다. 지리적으로 조금 불리한 환경에서 자랐다면 소다라고 말하고 미드웨스트Midwest 출신이라면 팝이라고 한다.

음료 하나를 지칭하는 데도 다양한 용어가 존재하는 건 당연한 일이다. 서로 멀리 떨어져 산다 해도 어쨌든 사물을 부를 이름은 필요하며 지역에 따라 그 이름이 다를 수밖에 없다. 코카콜라 본사는 애틀랜타에 있다. 그러므로 남부인들에게 첫 탄산음료이자 가장 유명한 음료는 콜라였다. 미드웨스트에서 쓰는 팝은 뚜껑을 열 때 나는 소리를 차용한 듯하다. 소다는 서부에서 인기 있던 탄산수와 시럽이 따로 나오는 자판기인 소다 파운틴에서 나온 말이다. 나는 당당한 남부인으로서 우리 지역 사람들이 콜라를 일반명사처럼 쓸 권리가 있다고 생각한다. 반대 의견이 어마어마하겠지만 어쩔 수 없다. 사실 면봉을 '큐팁Q-tip'이라 부른다고 뭐라 하는 사람은 없지 않은가. 휴지를 '크리넥스'라고 부르기도 한다. 알고 보면 사람들은 뭔가 이상한 일을 발견했을 때 다른 데서도 비슷한 일이 많이 일어난다는 사실을 모르는 척하고 태연히 지나친다.

지역 간 언어 차이는 미국의 초창기 역사와 깊은 관련이 있다. 처음 미국 방언이 생긴 것은 콜라가 발명된 해도 아니고, 지역마다 물건 이름을 다르게 불러서도 아니었다. 그보다는 초창기에 식민지로 이주해 정착한 유럽인들 때문이었다. 17세기 영국은 방언 간에 뚜렷한 차이가 있었다. 북부와 남부 방언, 그리고 스코틀랜드와 아일랜드 방언이다. 영국인들이 이 방언을 갖고 이주하면서 미국에도 서로 다른 방언이 자리를 잡았다. 또 독일, 네덜란드, 프랑스 및 아프리카 역시 미국의 다양한 언어지형을 형성하는 데 기여했다.

하지만 지역만의 문제는 아니다. 지리적으로나 사회적으로 분리되는 순간 언어에도 차이가 발생한다. 지역 방언을 통해 거주지 간의 거리가 언어 사용자를 분리하는 방식을 확인할 수 있으며 서로 소통하지 않으면 언어의 여러 내부 요인이 작용해 다양한 말투와 억양이 생겨난다. 여기에 다른 유형의 사회적 거리로 분리될 경우 그 장벽은 훨씬 중대한 문제를 일으킨다.[11] 성별이나 인종 간 갈등이 인류의 역사와 현재에 미치는 영향을 살펴보면 이런 균열이 얼마나 강력한 힘을 발휘하는지 알 수 있다. 세대 간 갈등도 마찬가지다. 우리는 젊은 세대에게 미래를 열라고 요구하지만 동시에 우리 언어를 망친다며 발목을 잡는다. 언어 변화에 인종과 계층, 나이, 성별 등이 중요한 영향을 미치는 것은 당연한 일이다.

위아래는 늘 바뀌기 마련이다

〈나의 사촌 비니〉를 아직 안 봤다면 '죽기 전에 봐야 할 고전 영화' 리스트 맨 위에 올리길 바란다. 조 페시Joe Pesci의 영화 중 가장 웃기기도 하지만, 그보다 나와 다른 방식으로 말하고 옷을 입는(검은 가죽 재킷에 금목걸이 같은 스타일) 사람을 참아 넘기는 게 얼마나 힘든 일인지 잘 보여준다. 페시가 맡은 비니 감비니는 길바닥 생리를 잘 아는 이탈리아계 미국인 변호사로, 뉴욕에 살고 있으며 실제 변호 경험은 없다. 비니는 앨라배마주 시골 판사 앞에서 강한 뉴욕 억양으로 'the yutes'라고 계속 외친다. yutes는 'youths(젊음)'라는 뜻이다. 판사는 당연히 비니가 하는 말의 절반은 못 알아듣고 영화 내내 불쾌함을 감추지 못하며 페시가 입을 뗄 때마다 충격을 받는다. 노동자 계층의 말투와 거리 감성으로 무장한 비니와 재개발로 부유해진 남부 지방 소도시 사람들 간의 대비를 잘 보여준 것이 영화가 성공을 거두는 데 큰 부분을 차지한다. 아무래도 내가 언어학자다 보니 이 영화에서 억양 때문에 말하고자 하는 바를 전달하지 못한다는 설정이 눈에 들어왔다. 영화는 말투가 남들과 달라 한 집단에 **소속**되지 못하는 장면 역시 현실적으로 그려냈다.

이는 비단 영화에서만 일어나는 일이 아니다. 친구 중 매우 성공한 의사가 한 명 있다. 당연히 엄청나게 똑 부러지는 말투에 교육 수준도 높다. 이 친구는 전문 병원을 크게 키워냈고 자신과 비슷한 부류의 친구들과 어울리는 데 전혀 문제가 없다. 그러나 스스로도 안타까워하듯 연애 문제에서는 운이 좋지 않았다. 자신처럼 일을 중시하는 남자를 만나면 바로 그 점 때문에 상대에게 매력을 느끼지 못했다. 그러다 톰을 만났다. 파티 용품을 파는 가게에서 매니저로 일하는 남자였는데 매우 친절하고 사려 깊었다. 그런데 한 가지 문제가 있었다. 톰의 말투가 (그리고 행동도) 중산층 전문직이 대부분인 친구의 무리 사이에서 너무 튀었다. 톰은 'go'의 과거분사형을 'gone' 대신 'had went'라고 말했으며 말끝을 '-in''으로 맺는 일이 다반사였다. 또 'be going to' 대신 'gonna'라고 하거나 'want to' 대신 'wanna'라고 하는 등 축약형을 많이 사용했다. 둘의 관계가 더 진지해질수록 톰은 애인의 무리에 끼지 못한다는 느낌을 받았고 친구의 세상에 들어올 때마다 불편했다. 꼭 이와 똑같지는 않더라도 누구나 직장 혹은 사교 모임에서 비슷한 경험을 통해 말투 때문에 남들에게 평가받는 듯한 느낌을 받아본 적이 있을 것이다.

언어의 사회적 기능 때문에 이런 식의 계층 문화 간 충돌을 흔히 목격할 수 있다. 말투는 언제나 사회적 위치를 가늠하는 척도로 쓰여왔다. 사실 오늘날 기준에서 '제대로 된' 영어는 대부분 18세기 영국의 상류층이 쓰던 언어를 기반으로 한다. 새뮤얼 존슨Samuel Johnson이나 조너선 스위프트 같은 당대의 작가들이 작품에 이 계층의 언어를 사용함으로써 결과적으로 문화의 사전 역할을 하기도 했다. 인도에서는 전통적으로 내려오는 카스트제도로 계급을 명확하게 나누며 계급 간 결합을 엄격하게 금지한다. 이 경우에도 계급을 사회적 요소로만 알 수 있는 것이 아니라 계급에 속한 사람들이 구사하는 언어로도 구분할 수 있다.[12] 언어만으로 계급을 식별할 수 있다는 말이다. 예를 들면 인도 남부의 벵갈루루에서는 '그것은'이라는 말을 할 때 브라만 계층은 'ide'라고 하고 그 외 계층은 'ayti'라고 한다.

어떤 말을 쓰는지에 따라 계급이 명확히 드러나다 보니 반대급부로 인도 전역에서 영어의 인기가 높아졌다. 카스트제도에 드리운 언어의 그림자 바깥에 존재하는 영어를 사용하면 견고한 구조적 시스템의 제약에서 벗어날 수 있었다.

카스트만큼 구분이 첨예하지는 않더라도 언어는 어디서나 상류층과 세상의 빛과 소금(사회를 구성하는 필수 계층을 의미한다—옮긴이)을 나누는 창이 된다. 보스턴에서는 널리 알려진 브라만 억양(실제로 인도 카스트 계급의 최상층에서 사용하는 억양이다)이 뉴잉글랜드(보스턴은 뉴잉글랜드 지역에서 가장 큰 도시다—옮긴이) 지역의 전형적인 상류층 말투다('Havard'를 /haah-vahd/라고 발음한다. 〈심슨 가족〉에서 케네디 대통령을 닮은 큄비 시장의 말투를 떠올려보면 된다). 반면 '요상한' 남부 억양을 쓴다면 평범한 노동자 계층일 가능성이 높다(shorty[키 작은 사람]나 forty[숫자 40]를 /shawty/, /fawty/로 발음한다). 런던에서는 코크니 억양과 왕족이 쓰는 영국 표준 영어Queen's English, 두 가지로 나눈다. 코크니 억양은 three(숫자 3)를 /free/처럼 발음해서 잘못하면 맥주 '세 잔three pints'이 '공짜 맥주free pints'가 되는 진기한 일이 일어난다. 참 유익하고 편리한 사투리다. 누구나 스스로를 평등주의자라 생각하고 싶겠지만 우리가 사용하는 말은 계층을 명료하게 나눈다. 그뿐만 아니라 말이 다른 사람에게 받아들여지는 방식도 중요하다. 사회가 전반적으로 평등해지고 있긴 하지만 직업 및 사회적 관계, 교육 기회가 결합해 계급을 나누고, 하는 일과

사는 지역, 옷차림, 그리고 언어를 통해 계급이 드러난다.

사회에 계층이 존재하지 않았다면, 그리고 그에 따른 언어의 구분이 없었다면 오늘날의 영어는 우리가 지금 알고 사랑해마지않는 영어와는 매우 다른 모습이었을 것이다. 결국 아무런 제약 없이 자유롭게 표현할 수 있어야 비로소 언어 혁명이 가능해진다. 잘난 척하며 거만을 떨다 보면 언어는 경직될 수 있다. 인쇄 기술의 도입으로 글쓰기가 표준화되어 다양성이 떨어진 것과 마찬가지로 언어와 사회계층 간의 관계가 부각되면서 말할 때 역시 더 경계하고 규제하게 된 면이 있다. 언어 먹이사슬의 최상부에 속해야 생계가 유지된다면 변화에 대해(특히 자연스럽게 일어나는 변화에 대해서는 더욱) 거부감이 들고 길바닥 생리나 연대 의식보다 사회적 위신을 세우는 언어 특징을 더 중시할 수밖에 없다. 노동자 계층은 더욱 복합적인 압박을 맞닥뜨린다. 때로 허세를 부려야 할 때도 있는 한편 이들이 원래 어울리는 무리는 상류층 사교계보다 관계가 더 긴밀하고 지역적 특색이 강해 그 안에서 친밀감을 높여야 할 필요도 있다. 이 두 가지 요인이 언어 변화를 일으키는 중요한 비밀 양념이라고 할 수 있다. 이런 필요 때문에 언어 사용자는 사회적 제약에서 어느 정도 벗어나 좀 더 새로운 방식으로 언어를 사용할 수 있다.

언어에 관한 연구에서 꾸준히 발견되는 흥미로운 점이 있다. 지금은 자리를 잡아 많은 사람들이 사용하는 언어의 혁신을 규칙적으로 주도해온 계층은 사회적으로 더 낮은 위치에 있는 언어 사용자라는 사실이다. 한 예로 '요드yod' 탈락 현상을 들수 있다. 요드는 '/oo/로 발음되는 모음 앞에 오는 y 발음(/j/)을 말하는데, 이것 때문에 미국 남부 지방이나 영국 발음이 살짝 고상한 척하는 것처럼 들린다. news(뉴스)를 /nooz/가 아닌 /nyooz/로, dew(이슬)를 /djew/로, tune(조율하다)을 /tyoon/으로 발음하는 식이다. 미국 영어에서는 이런 /j/를 빼고 발음하는 요드 탈락 현상이 나타나는데, 보통 코크니 억양이나 노동자 계층 언어에서 볼 수 있는 특징이다. 언어역사학자 로저 라스Roger Lass에 따르면 18세기에는 저속하고 틀린 발음이라고 무시하기도 했다. 그런데 요즘에는 영국 상류층에서도 요드를 생략하는 경우를 볼 수 있다. 저속하고 거친 우리 서민들의 발자취를 따르면서 말이다. 미국에서는 요드 탈락이 흔히 일어나는 단어가 아닐 때도 이렇게 발음하는 일이 많다. coupons(쿠폰)를 /cue-pons/가 아닌 /coo-pons/로 발음하는 나 같은 사람이 그 예다. 미국 영어가 완전히 엉망이 되어간다고 생각할 수 있겠지만 여기서 중요한 질문을 던지려 한다. 요드를 뺀다고 인생에서 달라진 게 있는가?

그저 사회에서 정한 규율일 뿐이다. 우리는 이를 언어의 문법이라고 착각하지만 그 착각에 깊이 빠지지 않은 사람들이 언어의 변화를 주도한다. 요드는 한 가지 예일 뿐이다. 앞서 이야기한 r을 빼는 발음은 어떠한가? 오늘날에는 이 발음이 영국 여왕이 쓰는 표준 영어처럼 알려져 있지만 원래는 하층민의 언어였다가 점차 계층구조 위로 올라가 19세기 후반에 와서야 영국에서 상류층 언어로 자리 잡았다. 지금은 흔히 쓰는 말이라고 해도 그중 상당수는 한때 특정 지역의 방언이었고 또 누군가는 영어가 몰락해가는 증거라며 한탄을 금치 못한 적이 있는 말이다. 그리고 영어에 일어난 다른 많은 변화와 마찬가지로 이 특징들은 경제적으로 불운했던 선조들의 유산으로 남았다. 그렇다고 해도 영어의 모양을 가다듬는 작업에 하층민만 기여했다고 볼 수는 없다. 또 다른 중요한 공조자가 있으며, 현재의 영어가 형성된 원리를 완전히 이해하려면 이들의 발자취를 따라가 봐야 한다.

늘 만만한 건 여성과 아이들

삶의 많은 부분에서 늘 희생양은 필요하다. 희생양이 하나가 아니라 둘이면 더 좋다. 세상은 그동안 여성과 어린이를(하층민도 빼놓을 수 없다) 언어능력이 없다고 의심하며 옆으로 제쳐두었다. 그러나 여기에 반전이 있다. 언어 변화에서 이 희생양들의 영향력이 모든 시대에 걸쳐 가장 막대했다는 점이다. 유튜브도 긴장해야 할 판이다!

언어 변화의 주범부터 살펴보자. 바로 젊은 세대다. 사회적으로나 언어적으로 새로운 변화는 상당 부분 젊은 세대 문화의 영향이 크다. 놀랍게도 긴 세월을 버텨내고 오늘날 우리가 평소에 자주 쓰는 말로 굳건히 자리 잡은 단어는 트월킹이나 비스코걸VSCO girl(2019년 중·후반에 미국 여자 청소년들 사이에서 유행하던 스타일—옮긴이), 틱톡 같은 단어가 아니라 이전 세대 청년들이 만든 말이다. 무례한 신조어(예를 들면 오글거리다/촌스럽다cheugy, 캐런Karen[까다롭게 굴며 차별적인 생각을 갖고 무력을 휘두르는 백인 중년 여성을 의미—옮긴이])나 짜증 나는 말투(예를 들면 그러니까like, 헐duh)를 지적하곤 하지만 사실 변화의 상당 부분은 매우 어두운 등잔 밑에서 일어나므로 당장은 알아채지 못할 때가 많다. 그렇게 변화가 시작된 후 다음 세대로 넘어가서는 일반적인 말투로 자리 잡는다. 때로는 우리 세대에서도 자리를 잡을 때가 있다. 이런 일이 어떻게 가능할까? 일상 대화에서는 말하는 방식 자체는 신경 쓰지 않는 경우가 많다. 그보다 대화를 통해 어떤 사회적 페르소나를 표현하는지가 중요하다.

소위 표준 영어를 구사하는 사람이라 해도 비격식 구어체 영어는 공식 석상에서 쓰는 말과는 큰 차이가 있다. 공식 석상에서 쓰는 영어는 직장이나 학교 등 공적 장소에서 공적 대화를 할 때 사용하는 언어로 평소보다 더 많은 압박 요인이 있다. 일상생활에서 반복되는 일에 대해 이야기할 때를 떠올려보자. 치과에 간다거나 쓰레기를 버리는 일에 관해 이야기할 때 '~해야만 한다must'를 사용하는가? '치과에 가야만 한다I must go to the dentist'라든가 '쓰레기를 버려야만 한다I must take out the trash'

같은 느낌이다. 엄청나게 엄격한 가족이 있거나 스칼릿 오하라 (〈바람과 함께 사라지다〉의 여주인공. 작품에서 스칼릿 오하라는 남부 억양과 어휘를 많이 사용한다—옮긴이)가 아닌 이상 그렇게 자주 있는 일은 아니다. 그보다는 보통 '치과 가야 되는데' 또는 '쓰레기 내놔야지' 정도로 말한다. 다시 말해 친구나 가족, 또는 이웃과 이야기할 때는 격식을 차리지 않는 구어체 언어를 쓴다.

그렇다면 영어에서 전통적으로 사랑받았던 '필수' 동사, 'must'는 어떻게 되었을까? must는 고대 영어 시절부터 쓰던 말인데 지금은 'thou(당신)'나 'whence(~곳에서)', 가정법의 'were'처럼 언어의 뒤안길로 사라져버린 걸까? 간단히 말하면 맞다. 의무 서법(언어학 용어로는 '필요성의 언어학적 구상'이라고 한다)의 슬픈 퇴장에는 이를 주도한 범인이 있다. 사람들은 의무를 나타내는 데 더 이상 must를 많이 쓰지 않는 듯하다.[13] 일상어, 특히 젊은 세대의 언어에서는 대부분 'have to'나 'got to'로 대체되었다. 이 과정은 중세 영어에서부터 찾아볼 수 있으며 19세기 무렵에는 많은 사람들이 have to와 have got to를 여러 상황에서 자주 사용하다 마침내 일반적인 형태로 자리 잡았다. 케케묵은 must는 이제 법규를 제정할 때 아니면 초등학교 학부모 상담 때나 들을 수 있을 정도다.

동사만의 문제가 아니다. 사실 우리가 일상적으로 하는 말 역시 이전과는 크게 달라졌으며 다음 세대에서는 더 많이 달라질 것이다. 바로 모음의 변화가 그렇다. 전 세계에서 사용하는 여러 형태의 영어를 조사해보면 모음이 상당히 크게 변하고 있지만 대부분의 사람들은 요즘 사용하는 모음이 50년 전에 비해 얼마나 달라졌는지 인식조차 하지 못한다. 전 세계적으로 일어나는 이런 변화를 최전선에서 이끄는 젊은 세대 역시 그렇다. 캘리포니아주나 네바다주에 사는 젊은이들은 슈퍼마켓에서 장을 보고 'bag(/bag/, 비닐 봉투)' 대신 /bog/에 담아간다. 오하이오주나 미시간주에서는 /beg/을 준다. 미국에서 지역마다 '애시ash(발음기호 /æ/의 이름―옮긴이)'라는 이름의 'aa' 모음(예를 들어 'bag'의 /a/ 발음)을 다른 방식으로 발음하기 때문에 이런 일이 일어난다. 젊은 세대가 주도하는 모음 변화는 미국 영어에서만 나타나는 일이 아니고 영어를 쓰는 전 세계 나라에서 비슷하게 일어난다. 뉴질랜드에서 결혼식wedding에 간다는 말을 들으면 꼭 정원에서 대마초weeding를 피울 거라는 말처럼 들린다.[14]

이런 상황이다 보니 〈비버는 해결사Leave It to Beaver〉(1957년에 처음 방영한 미국 시트콤―옮긴이) 같은 예전 시대 프로그램을 보면 매우 옛날 말처럼 느껴질 만도 하다. 등장인물이 사용하는 단어만 그런 게 아니다. 단어만큼 분명하게 드러나지는 않아도 말의 다른 부분 역시 더해져 전체적으로 요즘과는 말투가 다르다. 세대마다 청소년들이 모음의 발음을 조금씩 바꾸면서 1950년대와 1960년대에 쓰던 말조차 요즘과는 다르게 들린다. 젊은 세대가 언어적 유산을 남기는 따끈따끈한 예라고 볼 수 있다. 우리가 여기서 이야기한 용어들도 곧 언어의 뒤안길로 저물겠지만(특히 한 단어로 된 '욜로YOLO['인생은 한 번뿐이다You Only Live Once의 약어—옮긴이]'나 '와우, 쩐다yeet![흥분, 불안, 동의 등을 나타내는 감탄사—옮긴이]' 같은 말은 그저 한 번 쓰이고 말 가능성이 크다), 의무 서법이 사라지고 모음의 발음이 달라지는 현상처럼 깊고 중대한 변화는 미래 영어의 한 부분으로 완전히 자리를 잡을 것이다.

사실 젊은 세대는 계속 언어 변화를 주도하므로 그만큼 살아남아 우리 언어에 자리 잡을 유산도 점점 많아진다. 미래 시제로 'will' 대신 'going to'를 쓰는 추세는 어떨까? 그렇다. 젊은 세대가 쓰며 이어갈 것이다. 몬트리올(영어와 프랑스어를 공용어로 사용한다—옮긴이)에서 혀끝을 입천장에 대는 미국식 /r/ 발음 대신 성대 뒤를 울리며 프랑스 사람처럼 발음하는 현상은 이어질까? 이 역시 젊은 층이 쓴다. 남부 지방의 느릿느릿한 말투가 사라져가는 일은? 답은 이미 알고 있으리라 믿는다. 코크니 사투리뿐만 아니라 영국 여왕이 쓴다는 런던 상류층의 고상한 't' 성문 발음이 유행하는 것 역시 젊은 세대가 주도한다. 누가 문장에 'hella'나 'hecka(캘리포니아 지역에서 많이 쓰는 유행어로 '매우', '굉장히'라는 뜻이다—옮긴이)'를 자연스럽게 끼워 쓰는지는 따로 말할 필요도 없다. 현대의 이런 경향은 젊은 세대가 불러오는 언어 혁명의 극히 일부일 뿐이다. 집단 내에서 언어가 변화하는 현상에 대해 기록한 초기 문서를 보면 그때도 젊은 세대들이 언어 변화를 주도하며 나이 든 세대는 언어적으로 뒤처졌다는 사실을 확인할 수 있다.

그렇다면 노인들은 왜 새로운 언어의 힘을 알아채지 못하는지 궁금할 법도 하다. 테킬라 샷을 들이켜고 마카레나 춤을 추는 것과 마찬가지로 일단 나이가 들면 말의 패턴도 화석처럼 굳고 고정되는 듯하다. 언어를 습득하는 방식 역시 한 가지 원인이다.[15] 나이가 어릴수록 새로운 언어 패턴을 쉽게 습득하며 이런 현상은 특히 뇌의 좌우 기능이 분화되기 전에 두드러진다.[16] 영어같이 성인 학습자가 많은 언어는 시간이 지나며 점점 단순해지는 경향이 있다. 부모에서 자식으로 이어지는 언어의 경우 복잡한 언어 구조를 분석하고 학습할 수 있는 어린아이의 능력이 필요한 일이 많기 때문이다.[17]

어린아이는 언어의 특징을 매우 자세히 분석할 수 있다고 하는데, 성인이 되면서 그 능력을 잃고 문법적 측면에서 좀 더 분명한 패턴의 변형만 포착하게 된다. 어린아이들은 주변에서 접하는 언어가 아무리 많아도 별다른 노력 없이 모두 습득할 수 있다. 하지만 조금 더 나이가 들면 쉽지 않다. 다시 말해 어린아이는 자동 언어 습득 능력을 갖추었다고 봐도 무방한 반면, 성인은 노력과 연습을 해야 겨우 습득할 수 있다는 뜻이다. 이 때문에 어린아이들은 다른 나라로 이주해도 금방 원어민처럼 말할 수 있다. 하지만 나이 든 사람들은 어느 정도 유창하게 말할 수는 있어도 모국어가 주홍 글씨처럼 남아 사라지지 않는다. 여기서 A자 낙인은 모국어의 억양이다.

어린아이와 성인의 차이는 무엇일까? 자라면서 인지 유연성과 학습 동기가 변화하고 업무에 대한 집중도가 높아지면서 위기를 파악하는 일이나 노래, 운전, 보드게임 같은 일을 훨씬 잘하게 되지만 언어적 역량은 약화된다. 어린아이들이 언어를 듣고 그 언어의 패턴을 잘 잡아내는 이유다. 그런데도 거기서 그치지 않고 새로운 언어 형태를 만들어내기까지 한다. 왜 그럴까? 바로 그게 언어 혁명이다.

그래도 희망은 있다. 어른들도 어린아이들의 언어 시스템에 영향을 미친다. 아기들과 유아기 아이들은 보통 부모가 쓰는 언어 시스템을 받아들인다. 하지만 어른들의 영향력은 금방 수명을 다하고(멋진 부모로 보이는 시간이 길지는 않다) 아이들은 초등학교에 들어갈 무렵이면 우리보다 훨씬 흥미로운 자기 또래 친구에게 적응한다. 그때부터 다른 대부분의 일과 마찬가지로 아이들은 부모에게 배운 것을 뒤로하고 주변에서 듣는 말로 언어 체계를 형성해나간다. 그리고 여기에서 혁신이 시작된다. 새로운 언어 유형과 더불어 무엇이든 유행하는 것(집에서는 볼 수 없는 세련된 것)에 민감하게 반응한다.

성인은 자신과 비슷한 사회 환경과 계층에 속한 사람들과 어울리고자 하지만 어린아이들의 사회생활은 이와는 완전히 다르다. 어른인 우리는 겉모습과 말하는 방식이 비슷한 사람들이 속한 공동체에 살고 직장에서도 그런 사람들을 주로 만나곤 한다. 반면 아이들은 학교와 스포츠 그룹, 방과 후 운동장에서 집에서보다 사회적으로나 언어적으로 훨씬 다양한 집단의 아이들과 상호작용한다. 이를 통해 아이들은 자신의 언어적 정체성을 형성하는 데 다양한 선택지를 갖는다(비단 언어 정체성에만 국한되는 부분은 아니다). 어른들의 기대에 부응하지 않는 것이 청춘의 트레이드마크라고는 하지만 그중에서도 언어는 부모와 다른 길을 가는 주요한 갈림길이다.[18] 또 어른들이 섬세하게 구축해놓은 계층 간 장벽 역시 아이들에게는 더 유연하게 작용하며, 장벽을 넘는 행위 자체도 크게 문제 되지 않는다(오히려 더 좋아 보이기도 한다).

아이들의 말에서 나타나는 언어 변화는 많은 부분이 앞에서 언급한 언어 자체에 내재된 요인으로 인해 자연스럽게 일어난다. 그러나 '올바른' 아이들이 사용하면 아이들의 언어로만 그치지 않고 널리 퍼지기도 한다. 이런 일은(비속어나 새로운 유행어는 제외) 예상외로 무의식적으로 이루어진다. 깊이 생각한 후 어떤 행동을 하는 게 아니라 그냥 저지르고 만다는 뜻이다. 10대들을 생각해보면 사실 당연한 일이다. 내가 아는 10대들, 사랑하는 우리 10대들은 그렇다.

이런 식으로 또래 집단 내에서 사용하는 말이 널리 퍼져 유행하는 현상을 언어학자들이 쓰는 전문 용어로 '또래 언어의 재구성vernacular reorganization'이라고 한다. 아이들이 나이가 들면, 특히 10대가 되면 사회생활과 언어가 밀접하게 맞물린다. 반항기 있는 아이들이 인기를 끌고, 욕하거나 like 같은 추임새

우리가 이렇게 말하는 데는 다 이유가 있어

를 섞어 쓰고 bro를 /brah/라고 발음하는 등의 새로운 언어 특징이 매력적으로 보인다. 청소년들은 말할 때 이런 변형을 워낙 강조하다 보니 새로운 말을 유난히 많이 쓰는 것처럼 보여 '청소년기 정점(언어적 특징을 각기 다른 나이대에서 얼마나 사용하는지 측정해 그래프로 표현하면 10대 연령대에서 정점을 찍는다)'이라는 말이 있을 정도다. 이들이 나이가 들어가면서 새로운 언어 특징을 사용하는 횟수가 자연스럽게 줄어들기는 하지만 곧 더 어린 세대가 나타나 다시 새로운 발음과 언어 특징, 단어 형태를 사용한다. 어떤 언어 특징은 이들 세대에서 그 전보다 더욱 자주 사용되며 이는 청소년기 정점에 이르는 다른 언어 형태가 등장할 때까지 이어진다.

그렇게 변형된 언어가 외부 방해 없이 20년 정도 계속 사용되면(모든 변형이 그 단계를 넘어서는 것은 아니다) 정점에 머물던 언어 형태가 더 이상 '변형'으로 여겨지지 않는 시점이 온다. 심지어 '꼰대'들이 사용하는 표준 언어 규범으로 새로 자리 잡기도 한다. 아무도 현재 자신이 사용하는 말이 이런 방식으로 자리 잡았다는 사실을 기억하지 못한다. 지금 사용하는 말은 언제나 '정상'이고 표준이었던 듯 느껴지기 때문이다. 예를 들면 'which(어떤)'나 'whine(낑낑대다, 징징대다)' 같은 단어를 발음할 때 내던 기식음(성대 진동이 늦게 시작되어 숨소리가 동반되는 소리—옮긴이) /hw/가 사라져 지금은 마치 'witch(마녀)'나 'wine(와인)'처럼 발음한다.[19] 언제부터 그렇게 달라졌는지도 눈치채지 못했을 것이다. 이 역시 (지금은 늙어버린) 어린 세대 때문이니 이제 그만 징징대자.

언어에도 패션이 있다

어리기만 하다고 언어 힙스터는 아니며 그중 특히 유행을 선도하는 일부 집단이 있다. 패션이나 스타일을 주도하는 특정 집단을 일반인이 동경하는 것과 비슷하다. 밀라노나 뉴욕, 파리의 패션쇼 무대를 걷는 모델을 생각하면 어떤 장면이 떠오르는가? 이상한 화장과 희한한 머리를 하고 수천 달러짜리 괴상한 옷을 입은 키 크고 늘씬한 여자들이 생각나지 않는가? 나도 그렇다. 그런 옷을 평소에 어떻게 입고 다니나 궁금하겠지만 패셔니스타들이 입고 나온 차림이 노드스트롬Nordstrom(미국의 백화점 체인—옮긴이)에 걸리는 순간 불티나게 팔린다. 왜일까? 그게 곧 패션이자 유행이라서다.

여성은 오랫동안 패션계의 유행을 주도해왔다. 그러므로 옷뿐만 아니라 사회적 스타일을 드러내는 또 다른 형태, 즉 언어에서도 선두에 여성이 있다는 사실은 전혀 놀랍지 않다. 젊은 세대가 변화를 이끈다고 하지만 언어 변화를 실제로 주도하는 이는 대체로 젊은 남성보다 젊은 여성일 때가 훨씬 많다. 많은 사람들이 이 점을 의외라고 여긴다. 여자아이들이 하는 말보다 남자아이들이 운동장이나 동네 놀이터에서 떠드는 것을 들을 기회가 더 많기 때문이다. 남자아이들은 여자아이들보다 비속어나 비표준어를 쓸 때가 더 많아 유난히 눈에 띈다.

말썽꾸러기 소년들과 반대로 여자아이들은 좀 더 바르고 고상한 언어를 쓰도록 요구받는다. 여자아이들이 욕을 하거나 저급한 말투를 썼다가는 교무실에 불려 가거나 그런 법이 어디 있냐고 따져 묻기도 전에 쫓겨날 수 있다. 여성은 역사적으로 교양 있는 말투를 쓰도록 사회적 압박을 받아왔다. 18세기와 19세기 영국에서는 말씨에서 규범적 개념을 강조했는데 상류층 말씨를 쓰는 여성을 참하고 경건한 여성의 표본으로 여겼다. 당시에는 언어 규범집이 크게 유행했고 거기서도 상류층의 언어 표준이 좋은 말투라고 안내했다. 여성은 옷차림과 언어에서 규제받았으며 본분에 맞는 외모와 말투가 중요한 자질로 꼽혔다.[20] 이런 태도는 깊이 뿌리내려 오늘날에도 여자아이들에게 말씨가 '여자답지' 못하다고 지적하거나 숙녀답게 행동하라고 주의를 준다. 물론 남자아이들에게도 신사적으로 행동하라고 말하긴 하지만 다른 건 몰라도 언어에서만큼은 여자아이들보다 훨씬 낮은 기준을 적용한다. 그러다 보니 상류층 언어가 일반화되어 유행할 때 아무래도 여성이 주도적인 역할을 맡는 일이 잦다.

여성에게 가해진 사회적 압박은 세월이 흐르며 언어의 방향을 형성하는 데 영향을 미쳤다. 예를 들면 중세 영어에서는 동사에 '-th'를 붙이다가 '-s'를 붙이도록 바뀌었고('doth'가 'does'로), 조동사 'do'를 대대적으로 사용하게('I know not'이 아닌 'I do not know'로) 되었다. 둘 다 보수적인 언어이고 지위를 드러내는 말이었지만 결국 대체되었다. 대세를 따른다고 언제나 안전한 선택이라고 볼 수는 없다. 항상 고전적인 랄프 로렌만 입을 수는 없지 않은가. 조금은 펑키한 비비안 웨스트우드를 입어야 할 때가 있다. 과거에도 현재에도 여성이 전통 상류층 언어의 변화를 이끌었지만 새로운 형태의 언어 사용 역시 주도한다. 그리고 그 언어는 여성의 자녀 세대에서는 새로운 표준으로 자리 잡는다. 여성이 새로운 언어의 길을 닦는다는 뜻이다. 비록 처음에는 누군가의 귀에 거슬리는 말일지라도 언어 패션의 선두 주자들이 언어의 '스타일'을 개척해간다.

젊은 여성이 이끌어낸 현대적이고 혁신적인 변화를 찾아보면 가히 전설적이라고 할 수 있다. 한 예로 의무를 표현하기 위해 쓰던 must 대신 have got을 쓰기 시작한 주체는 그냥 젊은 층이 아니라 젊은 여성들이었다. will 대신 going to를 쓰는 추세나 미국 영어에서 't'를 길게 빼 what의 끝 자음 소리가 질문이 아닌 비난처럼 들리게 하는 발음(/what-tuhh!/), 모두 여성의 언어적 번뜩임 덕분이다. 비단 북아메리카 지역 영어에서만 모음이 바뀐 게 아니다. 호주, 뉴질랜드, 영국에서도 같은 현상을 볼 수 있다. 'cot(신생아 침대)'와 'caught(catch[잡다]의 과거형)'가 같은 단어가 되고 'collars(옷깃)'와 'callers(전화 건 사람)'가 합쳐지는 세상? 그렇다! 여성이 만들었다. 그나저나 방금 전에는 여성이 '고상한' 영어를 써야 했다더니 또 한편으로는 언어에 있어 과감한 여성이라니, 어딘가 이상하게 역설적이지 않은가? 좋은 질문이며 언어학자들에게 오랜 고민거리이기도 하다. 앞에서 논의했던 대로, 여성은 근본적인 조음이나 인지 체계에서 발생하는 언어 형태와 미묘한 차이에 매우 민감한 편이다. 이런 언어적 요인과 미세한 뉘앙스의 차이는 사회적으로는 큰 의미가 없을 때가 많으며 그저 언어를 사용할 때 따라오는 부산물 정도로 여겨지곤 한다. 하지만 어떤 사람들은 말할 때 이런 특징이 남들보다 두드러질 때가 있고, 그럴 경우 화법이나 말투가 다른 사람과 구분되는 특징이 되기도 한다.

이런 특징 자체가 사회적으로 특별한 의미를 지니지는 않아도 실제 말하는 사람이나 집단은 이를 눈에 띄지 않게 전파해 다른 사람들이 무의식적으로 따라 하게 된다. 예를 들면 도시적, 민족성, 인기, 거리 감성 같은 특징이다. 또 앞에서 이야기한 16세기와 17세기 여성에게는 궁정식 화법을 쓰는 여성임을 드러내는 수단이기도 했다. 특히 젊은 여성들은 이런 특징을 무의식적으로 알아보고 자신의 말투에 적용해 사회적 정체성으로 삼는 경향이 있다. 예를 들자면 dude, cool 같은 단어의 /euw/ 모음을 들으면 남부 캘리포니아주 출신의 낙천적인 백인이 떠오른다. 이런 현상은 영어에만 국한되지 않는다. 아미시교(주로 미국 펜실베이니아주와 캐나다 온타리오주에 거주하는 개신교 종파로 현대 문명을 거부하고 외부 세계와 격리되어 생활한다―옮긴이)에서 독일어를 쓰는 여성 신도는 'sie(그녀)' 대신 성별의 구분 없이 'es(그것)'를 사용한다. 한 사람의 언어적 기반 대부분이 청소년기에 형성되며 청소년기에는 사회 활동을 할 때 주변에 널린 자원을 십분 활용한다. 청소년기 남자아이들의 경우 더 거칠고 남성적인 정체성을 구축하는 특징을 배우고(비속어나 비표준어가 주로 해당된다), 여자아이들은 언어가 가질 수 있는 민감한 부분을 짚어낸다.

이 여자아이들이 여성이 되고 여성은 어머니가 될 가능성이 크다. 어머니는 집안에서 아이를 기르는 역할을 맡는 경우가 많아(이 시스템이 공정한지는 다른 책에서 다루기로 하자) 다음 세대의 롤 모델이 된다. 언어의 최신 유행을 따르는 어머니 손에 자란 아이들은 언어적으로 앞설 가능성이 높다.

언어는 변화하고 다음 세대는 그 변화에 박차를 가한다. 계속해서 앞으로 달려나가는 언어의 세계에서 남자아이들은 어머니의 언어 체계를 물려받아 여자아이들을 따라잡는다. 아이들이 학교에 들어가면서 쓰는 말에 사회적 연관성이 생기며 성별에 따라 사용하는 언어가 달라진다. 남자아이들은 '여자 같은' 특징이 있는 말(예를 들어 '완전히 totally' 등의 강조 부사)을 더 이상 쓰지 않게 된다. 전반적으로 여자아이들이 언어에서 강세를 보이는데, 아이들이 나이를 먹으면서 언어 혁신이 더욱 활발해지므로 청소년기 정점은 다시 반복된다. 이 아이들이 다시 다음 세대의 부모가 되고 자기 세대에서 변형된 언어를 다음 세대로 전수한 뒤 미래의 표준을 만들면서, 한때 새로웠던 언어 특징이 불과 한두 세대 만에 표준 규범이 된다. 여자같이 말한다는 평가는 언어로 달성할 수 있는 최고의 경지라고 볼 수 있다. 뒷장에서 살펴보겠지만, 그럼에도 여성은 언어 변혁의 주역으로서 그에 합당한 보상을 받지 못할 때가 많다. 다음 장에서는 언어의 세계에서 남자아이들이 맡은 역할도 함께 알아보자.

내 말투는 어디에서 왔을까

그렇다면 이런 것들이 자기도 모르게 습관적으로 내뱉는 말에 어떤 식으로 영향을 미칠까? 거기에 여성과 어린아이, 또는 경제적 약자가 관련되었다는 점이 중요한 이유는 무엇일까? 집에서나 직장에서 아이 혹은 직원이 문장에 끝없이 '그러니까like'를 섞어 쓰는 모습이 거슬릴 때 언어의 진화에 대해 생각해봐야 하는 이유는 또 무엇일까?

so와 totally가 끊임없이 귓가에 맴돌고 they를 왜 단수형으로 썼는지 몰라 어리둥절할 때가 있다. 분명 평서문인데 왜 끝을 올려 질문하듯 말하는지 이해할 수 없고, 긁는 듯한 저음이 혼란스럽다. 어떨 때는 자신도 모르게 이런 말을 내뱉고 뭔가 잘못했나 싶을 때도 있다. 전에 말하던 방식이 아직 남아 있어서 그렇다. 미래를 살짝 엿볼 수는 있지만 과거에 얽매이지 않기란 쉬운 일이 아니다. 단어에 r 발음이 빠지기도 하고 그러다 다시 들어가기도 하는 것, 요드 탈락을 이용해 음료 회사에서 'do the dew(음료 회사 마운틴 듀Mountain Dew의 슬로건—옮긴이)'라고 광고하고 고리타분한 must 대신 have got to를 쓰는 것, 모음을 뭉개는 바람에 첫 데이트에서 이름이 Don인지 Dawn인지 헷갈리는 에피소드를 겪는 것. 모두 언어에 애초부터 변화가 내재한다는 사실을 보여주는 예다. 사람들은 말에 '옳고 그름'이 있다고 굳게 믿는 오류를 범하면서도 제일 싫어하는 말버릇이 그저 살아남는 정도를 넘어 번성하고 확장할 수 있게 온 힘을 다해 돕는다. 마음을 단단히 먹어야 한다. 이 말버릇은 당분간 아무 데도 가지 않고 우리 곁에 남을 예정이다. 사실 매우 빠르게 범위를 확장해 현대 영어에 영원히 남을 변화도 많다.

누구나 늘 사용하던 눈앞의 언어만 보는 경향이 있지만 그역시 근본 없이 어느 날 갑자기 불쑥 나타난 말은 아니다. 앞으로 소위 '언어 틱tics'이라고도 하는 말 습관이 생성된 역사를 살펴볼 예정이다. 오늘날 사람들이 거슬린다고 생각하는 말버릇은 대부분 의외로 우리 아이들(또는 우리 자신)이 사용하기 훨씬 전부터 이어져 내려오는 경우가 많다. 그러한 언어 습관의 배경과 원인에 대해서도 살펴보도록 한다. 무질서하고 제멋대로인 것처럼 보이는 말버릇도 자세히 들여다보면 사실 규칙이 있고 생각보다 유용하다는 점을 알게 될 것이다. 마지막으로 그 같은 말버릇을 쓰는 사람에 대한 오해를 풀고 우리는 어쩌다 언어에 대해, 아니 특정 언어를 사용하는 사람들에 대해 그토록 강한 호불호를 느끼게 되었는지도 알아볼 것이다. 다음 장에서는 상당히 보편적으로 쓰이는 언어 습관으로 논의를 시작해 최근 들어 점점 인기가 높아지는 언어 특징에 대해 다룬다. 고쳐야 한다고 배워온 말버릇이 어쩌면 인류의 언어 유산으로 남을 수 있다는 점을 알게 될 것이다.

2

아이들

교육 수준이
높고 박식하다는
사람들 역시
말하다 멈추고
그 사이를 '음'이나
'어'로 채운다.
그러면 안 되는
걸까?

아마존 알렉사나 구글 어시스턴트가 날씨 예보를
원하는지 묻거나 샤민(미국의 화장지 브랜드—옮긴이) 휴지를 주
문하라고 알려줄 때 이미 눈치챘을지도 모르겠다. AI 스피커는
우리 집에 화장지가 얼마나 남았는지 대충 아는 듯하지만 '말
하기'보다는 '말하지 않기'를 통해 인간이 아니라는 점을 드러
낸다. 글자를 그대로 읽어내는 알렉사의 말에는 중간에 멈춰 망
설이는 '음um'과 '어uh'가 없다. 이렇게 웅얼대는 습관이 기계
가 아닌 사람의 대화라는 확실한 증거이긴 하지만 인간의 트레
이드마크인 '음'과 '어' 역시 곧 디지털 장비의 레퍼토리에 흡수
될 전망이다. 구글은 최근 대화 중간 멈추는 구간에 완벽하게
반응하는 음성 AI를 선보였다. 결과는 어땠을까? 훨씬 자연스

러운 대화 상대로 업그레이드되었다.

사실 말하다 멈추는 습관이 인간적이긴 하지만 말 잘하는 사람의 습관이라고 볼 수는 없다. 비즈니스 관련 기사나 말하기 능력을 길러준다는 웹사이트에서는 말 중간에 추임새를 넣지 않는 게 좋다고 경고한다. 잡지 《인크Inc.》(미국의 비즈니스 잡지—옮긴이)에는 추임새를 자꾸 넣으면 '신뢰가 가지 않는다'고 조언하는 기사가 실렸고 인터뷰하는 법을 전문적으로 다루는 한 웹사이트에서는 그렇게 말하면 '아무도 듣지 않는다'고 알려준다. 토스트마스터스 인터내셔널Toastmasters International(미국에 본사를 둔 비영리 교육 단체로 의사소통과 리더십 기술을 가르친다—옮긴이)에서는 대중 연설 기술을 가르칠 때, 말 중간에 '어'를 넣을 때마다 5센트씩 벌금을 매기기도 했다. '음'이나 '어'가 좋은 인상을 주지 않는다는 점은 확실하다. 말하다 멈추는 버릇 덕분에 훌륭한 연설가로 기억에 남는 일도 없다.

그러다 보니 우리 같은 일반인은 자신이 말하는 걸 녹음해 들어야 할 일이 있으면 매우 민망하다. 사람들의 실제 대화를 들어보면 했던 말을 중복하고 문장을 제대로 끝맺지 않으며 저녁 식사에 재러드Jarrod가 아닌 자헤드Jarhead를 초대했다고 말하는 등 실수가 잦다. 그리고 무엇보다 '음'과 '어'를 심각할 정도로 많이 쓴다. 이는 평범한 사람들만의 문제가 아니다. 대통령부터 시인까지, 누구보다 또박또박 말할 것 같은 사람들 역시 원고 없이 말할 때는 '음'과 '어' 투성이다. 재판정에서 벌어지는 논쟁이나 백악관 기자회견을 들어보면 우리 중 교육 수준이 가장 높고 박식하다는 사람들 역시 말하다 중간에 멈추고 그 사이를 '음'이나 '어'로 채운다. 이유가 무엇일까? 그러면 안 되는 걸까? 아주 중요한 질문이다.

망설이지 마세요

언어학적 관점에서 '음'이나 '어'는 말이 멈춘 사이를 채우는 역할을 하므로 '공백 채움말filled pause' 또는 FP라고 하며 때로 '망설임 표지hesitation marker'라고도 부른다. 썩 창의적인 명칭은 아니다. FP가 나왔다면 보통 말하고자 하는 바를 전달하는 데 어려움을 겪는 중이라는 뜻이다. 예를 들면 다음에 무슨 말을 할지 고민 중이거나 공손히 소개를 기다리고 있는 새로 온 동료의 이름을 기억하려고 미친 듯이 애쓰는 중이다. 언어학적으로 정리하자면, 말하다 시간이 필요해 멈추는 순간을 다시 말로 뱉는 것을 의미한다.

학계에서는 오랫동안 FP를 의미를 지닌 언어학적 단어라기보다 침묵을 음성화한 형태라고 여겼다. 여기서 의미가 없다는 것은 FP를 빼도 문장의 뜻이나 명제가 크게 바뀌지 않는다는 말이다. "개는 정말 어… 똑똑하다"나 "개는 똑똑하다"는 개에 대한 같은 명제를 나타낸다. 그러나 FP는 '내 말은I mean'이

나 '그러니까like'처럼 문장에 의미 없이 들어가는 여타 요소와
는 다르다. '내 말은'이나 '그러니까' 등은 말하려는 내용 자체는
그대로 두고 화자의 태도나 내용에 대한 정보를 줄 수 있다. 또
통상적으로도 실제 단어로 취급된다. 반면 '음'에는 '방금 말하
려던 걸 잊어버렸다'는 뜻밖에 없다고 생각한다. 게다가 말할 때
하는 다른 실수(이를테면 같은 말 반복하기, 말 더듬기, 중간에 말 바로
잡기 같은)와 비슷해 보여 언어학자가 아닌 사람들은 물론 연구
진조차 '음'을 단어라기보다는 유창하지 않은 말버릇 정도로 생
각해왔다.

　이렇듯 특별한 뜻도 없을뿐더러 딱히 매력적인 말버릇도 아
니므로 이런 습관이 있는 사람을 비난하지 않을 이유가 없다.
굳이 말 잘하는 법을 배우려는데 최소한 명확하고 또박또박 말
할 수 있게 되거나, 그래서 취직이라도 할 수 있어야 하지 않을
까? 좋은 말하기를 위해 가장 주의할 점으로 '한 가지 톤으로
단조롭게 말하지 말 것'과 '말할 때 '음' 섞지 말기'가 항상 손에
꼽힌다. 그런데 이 조언이 실제로 도움이 될까? 대중 연설에서
'음'과 '어'를 쓰지 않으면 더 깔끔한 인상을 줄 수는 있다. 하
지만 최근 수년 동안의 연구를 살펴보면 FP가 오히려 말하는
사람과 듣는 사람 모두에게 유용하게 작용할 수 있다고 제안
한다.

●●●

'음'과 '어'를 자세히 들여다보면 꽤 신기한 면이 있다. 우선 보편적이라는 점이다. 언제나 완전히 똑같은 형태는 아니어도 대부분의 언어에 비슷한 형태로 존재한다. 그리고 나쁘다고 하면서도 매우 많은 사람들이 사용한다. 갑자기 말을 하게 되는 상황에서 우리가 하는 말에 약 6퍼센트가 눌변이라고 한다. 입 밖에 내는 단어 100개 중 6개라는 뜻이다. 영어에서 말로 표현되는 '빈 공간'의 형태는 기원 언어로부터 이어져 내려온 것으로 보인다. 덴마크어나 독일어, 페로어 등의 다른 게르만어파 언어에서도 비슷한 형태의 망설임 표지를 쓰며 모음만 조금 다를 뿐이다(öh와 öhm을 예로 들 수 있다).

전 세계 언어에서 공백 채움말을 발견할 수 있을 뿐 아니라 모든 언어에서 한 가지 형태로만 존재하지 않는다는 점도 흥미롭다. 예를 들면 네덜란드어에는 'eh'과 'ehm'이, 프랑스어에는 'euh'와 'euhm'이 있으며 일본어에는 'eh'와 'ano'가 있다.[1] 형태가 단순하다는 점도 공통적이다. 모음 하나(uh) 또는 모음 하나에 비음이 합쳐진(um) 모양으로, 공백 채움말에 공통적으로 적용되는 언어 패턴이 있는 듯하다. 셜록 홈스라면 이 대목에서 영국에서는 'er'과 'erm'이라며 소리를 칠 것이다. 홈스 말마따나 er과 erm은 기본적으로 미국에서 쓰는 공백 채움말과 동일하다. r은 글로 적을 때만 넣고 실제 표준 영국 영어에서는 발음하지 않는다.[2] 즉 erm이라고 쓰지만 말할 때는 /um/이라고 발음한다. 철자를 어떻게 쓰는지는 큰 문제가 아니다. 이렇게 어디에나 존재한다는 사실은 공백 채움말에 어떤 기능이 있음을 시사한다. 물론 딱히 매력적인 기능이 아닐 수는 있다.

태곳적부터 이어진 망설임

공백 채움말은 기원을 찾기가 쉽지 않다. 말의 공백을 채우는 용도 외에 다른 목적으로 쓰기 시작한 지 얼마 안 됐기 때문이다. "어… 좀 이상한데", "음… 싫어" 같은 대화문은 요즘 인기 코미디 프로그램 원고에도 그대로 쓰이고 트위터에서 일상적인 이야기를 나눌 때도 쓴다. 인류 역사에서 '음'과 '어'는 입으로만 내는 소리였지 화자의 주관적 상황을 전문적으로 기술한 글이 아니었다. 후세를 위해 연설을 글로 기록한 자료 역시 말을 한 글자씩 그대로 받아 적은 것은 아니라서 고대 문서에서 공백 채움말을 찾을 수는 없다. 그렇지만 이 말을 쓰지 말라는 조언 역시 어떤 설명이나 연설문에서도 찾을 수 없는 걸로 보아 설사 과거에 쓰였다 하더라도(어떤 형태로든 쓰이기는 했을 것이다) 지금처럼 천대받지는 않았으리라 짐작할 수 있다.[3]

키케로가 안토니우스에 대적하던 시기에도 '음'과 '어'를 달고 살았는지는 알 수 없지만 우리는 최소 지난 수백 년간 망설

우리가 이렇게 말하는 데는 다 이유가 있어

임 표지를 사용해왔다. 《옥스퍼드 영어 사전》은 '음'을 망설임 표지 또는 불분명한 발음 표시라고 정의하며 1672년 극작가 존 밴브루John Vanbrugh가 쓴 희극 《더 미스테이크The Mistake》에 처음 등장했다고 기록한다. 철자는 다르지만 비슷한 기능을 하는 '흠hum'은 그보다 일찍 셰익스피어가 쓰기도 했다. 희곡 《윈저의 즐거운 아낙네들The Merry Wives of Windsor》에는 "흠: 하? 이건 환상인가요?"라는 대사가 나온다. 찰스 디킨스 역시 '흠'을 여기저기서 사용했다. 소설 《리틀 도릿Little Dorrit》에는 다음과 같은 대목이 있다.

I have a - hum - a spirit, sir, that will not endure it.

저에게는 그것을 참을 수 없는… 흠… 기개가 있어서요.[4]

그리고 글을 쓸 때보다 말할 때 '음'을 많이 쓴다는 사실을 보면 사람들은 글로 남은 기록보다 훨씬 오래전부터 말할 때 공백 채움말을 사용했을 것이다. 게다가 문학작품에도 사용했으니 그때도 아무 의미가 없는 말은 아니었던 듯하다. 최소한 사람들 간의 실제 대화를 보여주는 역할을 했다. 여기에 더해 토머스 에디슨이 초기에 남긴 음성 녹음에서도 '어'를 찾을 수 있다는 점, 초창기 정신분석 분야에서 공백 채움말과 잠재의식의 관련성을 연구했다는 사실을 떠올리면 이 별것 아닌 듯 보이는 작은 언어 특징의 역할이 더욱 궁금해진다.

프로이트의 말실수

'프로이트의 말실수Freudian slip'에 대해 들어본 적이 있을 것이다. 무의식 속 생각이나 욕망을 드러내는 말실수를 의미한다. 〈투데이〉쇼 사회자는 어맨다 사이프리드가 출연했을 때 그녀가 영화 〈테드 2〉에서 'titsy(가슴이 큰 여자)'를 맡았다고 소개해 버렸다. 'ditsy(덜떨어진 여자)'라고 하려다 실수했다면서 말이다. 물론 이 영화는 곰 인형 테드의 출산할 권리에 대한 이야기이므로 분위기가 그렇게 심각하지는 않았을 것이다.

그러나 지크문트 프로이트를 비롯한 초창기 정신분석 문헌에 따르면 이런 말실수는 단지 민망하고 멍청한 실수가 아니라 마음속 깊은 곳에 있는 무언가를 드러낸다. 프로이트와 이후의 정신분석학자들은 이런 말실수가 정제되지 않은 무의식의 맨살을 드러내고 억압된 불안과 걱정을 표현한다고 생각해 그 부분에 집중했다.[5]

초기 심리학 연구는 불안 정도가 커질수록 언어 '장애'가 더 자주 일어나는지에 대해 중점적으로 살펴보았다.[6] 1950년대에 예일대학교 심리학자였던 조지 말George Mahl은 여느 복잡한 비유창성disfluency 요소, 즉 말을 더듬거나 같은 말 여러 번 반복하기, 말실수 등과 마찬가지로 공백 채움말 역시 불안에 따른 현상이라고 생각했다. 말하기처럼 복잡한 작업을 수행하는 데 방해 요소로 작용하기 때문이다. 그러나 대부분의 비유창성 요

우리가 이렇게 말하는 데는 다 이유가 있어

소가 불안 정도와 함께 증가한 반면 공백 채움말은 반대로 불안이 높은 집단에서 사용 횟수가 줄어들어 공백 채움말이 여타 언어장애와는 다르게 작동한다는 점을 시사했다.

공백 채움말이 불안할 때 나오는 습관의 복합체라는 결과를 도출하지는 못했지만 인지 처리와 언어 간 관계에 대한 관심이 높아지면서 이런 습관이 인지적 불안 요소와 관련이 있다는 가설은 여전히 유효하다. 말 중간에 '음' 소리를 내는 이유와 방식에 대한 심리언어학 연구를 보면 크게 두 가지로 나뉜다.[7]

우선 공백 채움말이 불안의 증상이 아니라 적절한 단어를 찾거나 긴 문장을 구사해야 할 때 말할 내용을 계획하느라 생기는 문제라고 보는 시각이다. 다시 말해 뇌가 입에서 말이 나오는 속도를 따라잡는 데 시간이 필요하다는 뜻이다. 특히 최근에 갔던 결혼식 신부 들러리의 드레스 색깔을 기억해야 한다든가 마키아벨리 철학에 대해 논의한다고 생각해보자. 이 관점에서는 기본적으로 '음'과 '어'는 의도하지 않고 입에서 튀어나오는 말이라고 본다. 문틀에 머리를 찧었을 때 나도 모르게 튀어나오는, 아이들 앞에서는 하면 안 되는 말을 생각하면 된다. 인지 과정이 밀리초 단위로 빠르게 작동해 문제를 해결해야 하는 상황이다.

언어 처리에 문제가 있거나 인지 과부하로 공백 채움말이 필요하다면 대부분 문장구조가 복잡하거나 화자가 단어를 고르느라 신중을 기하는 과정에서 발생한다는 가정을 해볼 수 있다. 실제로 연구 결과 역시 그렇게 나타난다. 문장에 '음'과 '어'가 삽입되는 방식에 관한 초기 연구에서는 복잡한 통사구조가 나오기 전에 말이 비는 구간이 더 자주 생긴다고 주장한다.[8] 긴 문장을 시작하기 전 혹은 rhombus(마름모꼴)나 색깔 용어인 vermillion(주홍색) 등 자주 사용하지 않는 어려운 단어를 말하기 전이라면 더욱 흔히 일어난다. 평소에 자주 쓰고 익숙한 square(정사각형)나 기본색인 red(빨간색)를 말할 때와는 다르다. 또한 a나 the, and(그리고)처럼 큰 의미 없이 대화에 등장하는 기능어(말과 문장 사이에서 의미보다는 문법적 기능을 갖는 단어―옮긴이)보다 내용어content words(명사와 동사, 부정어 등 의미 표현이 주된 기능인 단어―옮긴이)나 설명하는 단어를 말할 때 '음'과 '어'를 사용하는 횟수가 많다. 추상적인 용어를 사용할 때 역시 구체적인 내용에 대해 이야기할 때보다 '음'과 '어'를 더 많이 말한다.

또 다른 연구에서는 대화 중 새로운 주제에 대해 이야기를 시작하거나 뻔한 단어가 아니라 여러 단어 중 상황에 맞는 단어를 선택해야 할 때 공백 채움말을 더 많이 쓴다는 사실을 발견했다. 자연과학 및 인문학 강의에서 각각 1분당 공백 채움말을 몇 번 사용하는지 비교한 연구에서 이 패턴을 발견할 수 있었다.[9] '음'과 '어'가 제일 많이 나온 강의가 무엇이었는지 짐작이 가는가? 그렇다, 바로 인문학이다. 왜일까? 어쩌다 보니 인문학을 가르치는 사람들이 말을 장황하게 하는 사람들이기 때문일까? 각 강의를 맡았던 사람들이 전문 분야에 대해 이야기하지 않을 때 사용하는 공백 채움말을 비교해보면 차이가 거의 없었다. 그보다 자연과학에서는 인문학에 비해 사용하는 용어가 정해져 있고 제한적이어서 그렇다고 볼 수 있다. 후속 연구를 통해 각 분야에서 사용하는 어휘의 규모를 비교해 이 점을 확인할 수 있었다.[10] 연구에서도 설명한 대로 자연과학 교수가 $E=mc^2$에 대해 설명할 때는 딱히 재담을 나눌 거리가 넉넉하지 않겠지만 단테의 《신곡》 지옥 편에서 지옥을 구성하는 아홉 개의 원Nine Circles of Hell에 대해 논의하려면 어휘력이 풍부한 편이 좋다.

이처럼 모든 연구를 종합해보면 통사적, 의미론적으로 복잡한 상황 직전에, 또는 말하는 도중 불확실하거나 익숙지 않은 상황에 처했을 때 공백 채움말을 넣게 된다. 즉 말하고자 하는 바를 공식화하려고 할수록 인지적으로 더 신경 쓰게 되며 이는 '음'이나 '어'로 표현되곤 한다. 말하는 중간보다 시작할 때 공백 채움말을 더 많이 쓴다는 사실 역시 이런 관점을 뒷받침한다. 말을 시작할 때 화자는 사용할 단어를 골라야 하고 문장구조도 고려해야 하기 때문이다. 그렇다면 회의 중에 말할 차례가 돌아오거나 수업 중에 선생님이 호명하면 '음'과 '어'가 튀어나오는 상황 역시 이상하지 않다. 무슨 말을 할지 정하려면 시간이 좀 필요하다. 말하려던 주제가 꽤 복잡하거나 일반적으로 자주 쓰지 않는 전문용어를 사용하는 경우에도 그렇다. 이제 말 중간에 '어'를 자주 쓰는 사람을 보면 너무 몰아세우지 말고 어느 정도는 자비를 베풀어도 될 듯하다.

여기서 한 가지 질문이 더 떠오른다. 말이 바로 나오지 않으면 그냥 아무 말도 안 하면 안 되는 걸까? 굳이 '음'과 '어'를 남발해 말문이 막혔다는 사실을 모두에게 알릴 필요가 있을까? 또 '음'과 '어'는 꼭 둘 다 필요할까? 말문이 멈춘 사이를 채우는 데는 하나로도 충분하지 않을까? 인지적으로 처리할 일이 많아져 잠깐 쉬고 있을 뿐 다른 이점은 없다면 그냥 조용히 쉬거나 꼭 말이 필요하다면 하나로도 되지 않을까? 공백 채움말에 대해 생각하다 보면 풀리지 않는 수수께끼처럼 새로운 의문이 꼬리를 물고 이어진다.

두뇌의 일시 정지

이런 의문을 떠올리다 보면 '음'과 '어'가 단지 말문이 막혔다고 세상에 떠벌리는 언어적 자기 학대는 아닌 듯하다. 그보다 말하다 망설이는 편이 상호작용에 유리하다고 주장하는 학자들도 있다. 공백 채움말이 더 나은 의사소통을 위한 전략이 된다는 것이다. 이런 관점에서 보면 대화가 중단되었을 때 침묵하기보다는 공백 채움말을 통해 대화 상대에게 메시지를 전달할 수 있다. 이야기가 조금 지체될지 모른다는 경고음이다.

'음'과 '어'는 무슨 말을 할지 몰라 망설이느라 뱉는 말이기도 하지만 한편으로는 상대방에게 지금 해결하고 있으니 조금 기다려달라는 신호를 보내 대화의 주도권을 잃지 않고 처리할 시간을 벌게 해준다.[11] 이런 상황에서 공백 채움말을 쓰지 않고 침묵하면 상대방은 말이 끝났다고 오해해 다음 주제로 넘어갈 수도 있다. 대화 중인 상대에게 썩 좋은 태도가 아니라고 생각할 수도 있지만 강의나 연설같이 좀 더 제약이 많은 상황에서는 공백 채움말 사용 횟수가 줄어든다는 점을 보면 수긍이 간다. 이런 상황에서는 상대에게 대화의 주도권을 빼앗길 염려가 없기 때문이다. 수다를 주고받을 때는 '순서 전환 신호turn transition cues', 즉 상대방이 말할 차례를 넘긴다는 신호를 보내는 순간에 더 신경 써야 한다.[12] 다른 말로 채우지 않고 침묵한 채 말을 멈춘다는 것은 일반적으로 다른 화제로 넘어가도 좋다는 뜻이다. 그러므로 '음'이나 '어'로 멈춘 순간을 채우면 지금 상당한 양의 생각을 정리하는 중이며 생각을 끝낼 시간이 필요하다는 상황을 알리는 효과가 있다.

그렇다면 공백 채움말을 사용할 때 듣는 사람 역시 바로 신호를 받는지는 어떻게 알 수 있을까? 다른 사람에게 이야기를 들려줄 때처럼 일방적으로 말하는 상황보다 대화를 주고받을 때 공백 채움말을 더 많이 사용한다는 연구가 여럿 있다. 또 듣는 입장일 때보다 누군가에게 업무를 지시하거나 무언가를 알려줄 때 공백 채움말을 더 많이 사용한다. 컴퓨터와 대화할 때는 사람과 직접 이야기할 때보다 '음'과 '어'를 적게 쓴다. 단지 부담감에 자동적으로 '음'과 '어'를 남발하는 것이 아니라 다른 사람과의 상호작용을 위해 의도를 갖고 사용한다는 의미다. 자폐 스펙트럼 장애ASD가 있는 성인과 아동은 일반적으로 공백 채움말을 더 적게 사용한다. 듣는 사람을 고려해 공백 채움말을 사용한다는 관점과 맥을 같이한다. ASD를 가진 경우 미묘한 사회적 신호를 일반인과 다르게 받아들인다. 이는 실용적 목적을 띤 언어, 즉 의사소통을 위한 언어에 대해서도 마찬가지로 적용되며 이로 인해 공백 채움말 사용 횟수가 줄어든다.

심리언어학자 허버트 클라크Herbert Clark와 진 폭스 트리Jean Fox Tree는 공백 채움말의 의사소통 기능에 주안점을 두고 2000년대 초반에 상당히 혁신적인 아이디어를 제시했다.[13] '음'과 '어'를 비유창성으로 취급하지 말고 '와우wow'나 '오oh' 등의 감탄사와 같이 그 자체를 단어로 인정해야 한다는 주장이다.[14] 큰 차이가 아닌 것처럼 보일 수 있지만 공백 채움말을 단어로 인정할 경우 그로부터 발생하는 언어 행동의 유형을 인지하는 방식이 달라지며 인지적으로 공백 채움말을 저장하고 처리하는 방식에도 영향을 미친다. 예를 들면 특정 언어에 이미 존재하는 소리를 사용할 것이고(맞는 말이다), 통사 구조상 특정 지점에서 발생할 것이며(거의 맞는 말이다) 언어에 따라 다양한 형태로 나타날 것이다(이하 동문).[15] 그러나 문제는 이뿐만이 아니다. 공백 채움말은 왜 두 개나 되는가? 공백 채움말에 동의어가 필요하다니, 조금 이상하다.

클라크와 폭스 트리 역시 같은 의문을 품고 혹시 무의식중에 '음'과 '어'를 다른 용도로 사용하지는 않는지 조사했다. 우선 말이 얼마나 지연될 예정인지 듣는 사람에게 알려주기 위해 공백 채움말을 사용하는지 살펴보았다. 이는 1990년대의 한 실험 결과를 근거로 한 가정이다. 이 실험에서는 대학생들에게 다양한 주제에 대해 질문을 던지고 한 단어로만 답변하게 했다. 예를 들면 '스탠리컵 Stanley Cup (북아메리카 프로 아이스하키 리그 우승 팀에게 수여하는 트로피—옮긴이)은 어떤 경기의 트로피일까' 같은 질문이다. 실험에 참여한 학생들은 대답하기 전에 '음'과 '어'를 자주 사용했는데, 두 개의 공백 채움말 중 무엇을 선택하는지에 따라 대답에 걸릴 시간을 다르게 예측하는 모습을 보였다. '어' 보다 '음'을 선택할 때 대답을 더 지연했기 때문이다. 클라크와 폭스 트리는 이 실험에 더해 자연 발생적 대화를 다양하게 수집해 조사했다. 자, 어떤 일이 벌어졌을까? 실제로 '음'은 '어'보다 대화가 더 길게 지연될 때 등장했다. 즉 '어'라고 할 때는 대답까지 1, 2초만 기다리면 된다는 뜻이고 '음'이 나오면 가서 샌드위치라도 하나 사 먹고 오라는 이야기다. 이를 통해 알 수 있듯 공백 채움말은 문장의 내용 자체를 넘어 초월적 단계의 정보를 전달한다.

이쯤 되면 '음'과 '어'가 말의 중단을 알리는 말로 끝나지 않고 또 어떤 힌트를 줄지 궁금하지 않은가?

이해력과 기억력

대중 연설이나 발표를 가르치는 수업에 가보면 대부분 '음'을 많이 사용하지 말라고 조언한다. 실제로 제대로 된 수업이라면 유창하게 말하는 법을 알려주지 프레젠테이션에서 몇 번이나 '음'을 해도 되는지에 중점을 두지는 않는다. 언어학자가 큰돈을 벌고 연설 강사는 빛을 보지 못하는 이유다. 음, 반대로 말했나 보다. 연설 강사가 우리 언어학자에게 큰돈을 '지불해야 하는' 이유라는 편이 맞다. 대화 중 망설이면 좋지 않다는 생각이 사실은 틀렸다는 심리언어학 연구 논문을 읽은 사람들이 아닌가! 물론 말하기 시간에 선생님이 그렇게 하지 말라고 했을 것이고 토스트마스터스 인터내셔널에 벌금을 내느라 점심값도 탕진했겠지만 사실 대화 중 망설임이 그토록 부정적인 평가를 받을 과학적 근거는 미비하다. 실제로 '음'을 사용하는 이유 자체는 크게 중요하지 않다. 그보다 말할 때 '음'과 '어'를 쓰면 어떤 초능력이 생기는지가 이 분야 연구에서 흥미로운 영역이다.

어떻게 이런 일이 가능할까? 말 더듬기 등 비유창성 신호와 마찬가지로 '음'과 '어'는 무언가 큰 인지 노력을 기울여야 할 일이 발생하고 있다는 인상을 준다. 이것이 대화를 이해하는 측면에서 왜 유용할까? 예상치 못한 상황을 예상할 수 있기 때문이다. 쉬운 단어나 간단한 문장으로 이야기할 때는 실수할 일이 없다. 비유창성이 언어적으로 어려운 선택을 할 때 일어난다는 점은 이미 알고 있는 사실이다. 이 부분에 대한 연구 결과를 살펴보자.

말하는 중간에 망설이는 구간이 있으면 듣는 사람의 이해도가 크게 높아진다고 한다. 한 연구에서는 실험 참가자들에게 지시를 들으면 마우스를 움직여 컴퓨터 화면에서 두 개의 물체 중 한 개를 선택하도록 요청했다. 실험 전에 두 개의 물체 중 하나에 대해서는 미리 언급했고 다른 하나는 언급하지 않았다. 선택을 지시할 때 물체 이름 앞에 '음'을 붙이자 참가자들은 언급되지 않은 물체를 더 빨리 골랐을 뿐 아니라 '음'이 끝나기도 전에 언급되지 않았던 물체 쪽으로 마우스를 움직이기 시작했다. 지시를 들은 참가자는 '음'을 듣고 어떤 단어가 호명될지(미리 언급되지 않은 물체) 예측하는 듯했다. '음'에 생소한 것을 표시하는 기능이 있다는 사실을 깨달았기 때문이다. 공백 채움말 대신 같은 길이의 무작위 소음을 넣었을 때는 효과가 없었다. 다름 아닌 '음' 자체가 참가자들을 움직였다는 증거다.

이후에 시행한 다양한 반복 실험에서도 마찬가지로 공백 채움말을 통해 다음에 나올 말을 예상한다는 것을 알 수 있었다. 또 다른 연구에서는 시선 추적 기술을 이용해 조금 더 복잡한 실험을 진행했다.[16] 참가자들에게 "grapes(포도)를 candle(양초) 위에 올리세요. 이제 camel(낙타)을 salt(소금) 위에 올리세요" 같은 지시를 내리고 화면 속 물체를 움직이도록 요청했다. 참가자들에게 candle과 camel의 이미지를 보여주었는데, 이미 짐작했겠지만 두 물체를 지칭하는 단어는 모두 /ca/ 소리로 시작한다. 단어의 첫 부분을 듣는 순간 단어 집단 경쟁cohort competition이 시작된다. 쉬운 말로 풀면 두 단어의 첫소리가 같기 때문에 실제로 어떤 단어가 나올지 짐작할 수 없다는 뜻이다. 그러나 이후 몇 가지 소리를 더 들으면 어떤 단어가 나올지 알아낼 수 있다. 예를 들어 /cand/까지 들으면 'camel'이 아니라 'candle'이라고 알아차린다.

그러나 심리언어학 연구에서 실험 참가자들에게 시선 추적 장치를 부착하고 관찰한 결과 /ca/를 듣는 순간 호명될 거라고 예상한 이미지 쪽으로 시선이 움직이는 것을 볼 수 있었다. 그리고 그 예상은 이전에 프라이밍priming(초기에 접한 정보나 자극이 다음에 주어지는 자극에 무의식적으로 영향을 미쳐 새로운 정보의 해석에 영향을 미치는 효과—옮긴이)된 것에 따라 달라졌다. 프라이밍은 보통 단어가 미리 언급되거나 camel에 관한 정보를 듣는 등 전후 맥락과 관계가 있다. 이 실험의 경우 연구진이 지시하면서 한 가지 물체를 미리 언급했다. candle이 첫 문장에서 먼저 나온 것이다. 그러므로 두 번째 문장에서 /ca/ 소리를 들으면 camel이 아닌 candle 이미지를 쳐다보았다. /ca/를 듣는 순간 /candle/이 나올 거라 예상했기 때문이다. 그런데 여기서 연구진이 지시문에 공백 채움말을 넣어 "포도를 candle 위에 올리세요. 이제, 어… ca…"라고 말하면 먼저 언급되었던 candle 대신 예상하지 않았던(언급되지 않았던) 물체를 먼저 쳐다보았다.

문장에 비유창성이 들어가면서 인지 처리가 더 필요한 단어, 즉 새로운 정보가 필요한 단어가 호명될 예정이라는 신호를 전달한 것이다.

말을 처리하고 이해하는 데 공백 채움말이 미치는 영향을 더욱 깊이 알아보기 위해 사건 관련 전위 Event-Related Potential, ERP 자료를 활용해 비유창성이 이해에 미치는 영향을 측정한 연구도 있다.[17] 한 연구에서는 실험 참가자에게 문맥상 예상할 수 있는 단어가 들어가는 문장을 녹음해 들려주었다. 예를 들면 다음과 같은 문장이다.

누구나 나쁜 습관이 있으며 내 경우에는 _____을 물어뜯는 습관이 있다.

대부분 빈칸에 들어갈 말로 '혀'보다 '손톱'을 떠올릴 것이다. 혀를 물어뜯는다면 습관이라기보다 사고가 났다고 봐야 한다. 그러나 어떤 단어를 넣든 말은 된다. 습관적으로 혀를 물어뜯는다니, 조금 이상하게 들리긴 하지만 말이다. 실험적 조작이 없는 상태의 ERP 결과에서는 'N400'이라는 효과가 나타나는데, 빈칸에 예상하지 못한 단어가 등장할 때 피험자 머리에 부착한 전극에서 음전위 변화가 측정되는 현상이다. 그러나 예상하지 않은 단어 앞에 '어'를 끼워 넣으면 피험자에게서 N400 효과가 감소하는 현상을 볼 수 있었다.[18] 다시 말하면 문장에 공백 채움말이 들어가면 예상치 못한 단어를 더 쉽게 받아들인다는 뜻이다.

이와 비슷하게 또 다른 연구에서는 실험 참가자들에게 구체적인 항목과 추상적인 항목, 묘사하기 어려운 물체와 덜 어려운 물체(예: 사각형 대 구불구불한 모양) 중 선택하게 했다. 이때 지시문에 공백 채움말이 들어가면 참가자들은 추상적이거나 설명하기 어려운 쪽으로 시선을 돌렸으며, 공백 채움말이 없을 때는 이와 반대 결과가 나왔다. 흥미롭게도 실험 참가자들에게 지시문에 공백 채움말이 들어간 이유를 실제와 다르게 설명하자 또 다른 현상을 볼 수 있었다. 예를 들어 일부러 '음'을 넣은 것이 아니라 말하는 사람이 언어장애가 있어서 말이 서툴다고 설명하면 참가자들의 시선이 어디로 갈지 예측할 수 없었다.[19] 모국어 사용자가 말하다 공백 채움말을 썼을 때는 시선 예측이 가능했지만 모국어 사용자가 아닌 사람이 쓰는 공백 채움말을 듣고는 그렇지 않았던 실험 결과도 있다.[20] 이를 통해 보통 낯설거나 어려운 주제, 또는 예측 불가능하고 추상적인 사항에 대해 이야기할 때 공백 채움말을 많이 쓴다는 사실을 알 수 있다. 그러므로 이를 활용해 다른 사람의 말을 해석할 수 있지만 언제나 같은 방식으로 적용할 수는 없다. 듣는 사람이 상대방이 의사소통 목적으로 공백 채움말을 사용한다고 생각지 않을 경우(예를 들어 화자가 말하는 방식에 문제가 있거나 외국인과 대화하는 경우) 동일한 효과가 발휘되지 않았다.

그러나 화자와 청자가 같은 상황에 있다면 공백 채움말은 생각보다 매우 유용할 수 있다. 상대방이 무슨 말을 할지 예측할 수 있을 뿐 아니라 이미 말한 내용을 더욱 빨리 알아차리고 기억하는 데도 도움이 된다. 무슨 말인가 하면, 실험에서 '음'이나 '어' 뒤에 오는 단어를 들은 참가자는 나중에 이어진 기억력 테스트에서도 좋은 결과를 보였다. 한 예로, 앞서 이야기한 ERP 연구에서는 실험 문장을 들은 참가자를 대상으로 한 시간 후 예고 없이 인식 테스트를 했다.[21] drink(마시다) 같은 단어를 적어 눈앞에 보여주고 한 시간 전에 있었던 듣기 테스트에서 나온 단어인지 아닌지 물었다. 이때 공백 채움말과 함께 들은 단어가 나왔을 때 나중에 더 잘 알아차리는 모습을 볼 수 있었다. 이는 공백 채움말 덕분에 그 단어를 더 잘 기억하게 되었다는 사실을 보여준다. 기억만 잘하게 된 것이 아니라 처리 속도 역시 빨라졌다. 연설 전체를 들려주고 중간에 특정 단어가 나오면 듣자마자 버튼을 누르도록 요청했는데 참가자들은 공백 채움말을 제거한 녹음본을 들려줬을 때보다 단어 앞에 '어'나 '음'이 나올 때 더 빠르게 반응했다.[22] 공백 채움말이 있을 때 정보를 더 빨리 취합한다는 뜻이다. 공백 채움말이 워낙 환영받지 못하고 불청객처럼 여겨지는 존재이다 보니 문장을 이해하고 파악하는 것을 방해하는 요소라고 생각하기 쉽지만, 이것이 사실이라면 앞의 테스트에서 처리 속도를 높이는 대신 느리게 만들었을 것이다. 그러나 예상과 반대로, 공백 채움말을 추가하면 화자와 청자 모두에게 이점으로 작용하는 결과를 볼 수 있었다.

공백 채움말이 기억력과 처리 속도에 도움이 된다는 것은 여러 연구에서 증명한 바 있다. 공백 채움말이 자극으로 주어질 때 기억력과 처리 속도가 높아진다는 사실은 비유창성이 이해에 미치는 영향에 대한 여러 실험에서 일관되게 찾아볼 수 있다. 이는 단지 단어 기억력에만 국한되지 않는다. 긴 이야기 역시 더 잘 기억하는 것으로 나타났다. 한 실험에서는 참가자들에게 《이상한 나라의 앨리스》 일부를 녹음해 들려주고 나중에 얼마나 기억할 수 있는지 관찰했다. 이때 줄거리의 전환점에서 "한편… 어… 요리사는 공작부인에게 접시와 다른 물건을 계속 던졌다" 같은 공백 채움말을 넣은 녹음본을 들었을 때 이 부분을 더 잘 기억했다.[23] 이야기의 같은 지점에 공백 채움말과 같은 길이의 기침 소리를 넣었을 때는 오히려 기억을 방해하는 듯했다. 그러므로 다른 소리가 아닌 '어'에만 반응한다는 결과를 도출할 수 있다.

공백 채움말이 언어를 처리하고 기억하는 데 도움이 된다는 것은 꽤 명확히 밝혀진 사실이다. 여기서 더 확장된 질문이 생긴다. 우리가 그렇게 거슬려 하고 짜증 내는 말이 사실은 이렇게 유용한 기능을 하다니, 이유가 무엇일까? 몇 가지 가능성을 생각해볼 수 있다. 우선 '음'과 '어'가 들어가면 무슨 말인지 생각하고 집중할 시간이 더 생긴다. '음'과 '어' 자체가 중요해서라기보다 정보를 처리할 시간이 더 생겼기 때문이다. 꽤 그럴

듯한 이야기지만 공백 채움말이 들어간 자리에 같은 시간 동안 아무 말도 하지 않거나 기침 소리가 들어갔을 때는 동일한 효과를 볼 수 없었다. 공백 채움말은 그보다는 경고음 같은 역할을 해 말에 더 집중하게 만든다. 다시 말하면 누군가 말을 유창하게 하지 않을 때 어떤 면에서는 알아듣기 어려울 수 있지만 말 전체의 흐름에 더 집중해서 열심히 듣게 된다는 뜻이다. 이 점은 물론 실생활에 바로 적용해 유용하게 활용할 수 있다. 다음에 10대 아이들에게 학교에 가져갈 준비물을 잘 챙기라고 말할 때 '어'를 넣어 아이들이 내 말을 더 잘 기억할 수 있는지 봐야겠다. 물론 애초에 내 말을 들을 생각이 있어야 가능한 일이겠지만 아무리 '어'의 마법 상자라도 그것까지 해주리라 기대하지는 않는다.

남자의 망설임

'음'과 '어'는 실험실 전극에만 연결되어 있지 않고 실생활에서 우리가 대화를 나눌 때도 큰 부분을 차지한다. 요즘 트위터만 한번 슬쩍 봐도 매우 많은 포스팅이 '음'으로 시작한다. 혼란과 놀람, 비아냥을 표현하는 수단으로 장황하게 글을 쓰던 옛날과는 아예 다르다.

우리 공백 채움말은 사실 사교성이 매우 좋아 생각지 못한 방법으로 대화의 공백을 메워준다. 오랫동안 눌변의 증상이자 언어의 찌꺼기로 치부되었던 공백 채움말이 어떤 사회적 변화를 대변할 수 있는지 의문을 갖는 사람도 있을 수 있다. '음'과 '어'가 생각의 과부하를 보여주는 무의식적 신호일 뿐이라고 여긴다면, 이들이 사회적 표지 역할을 한다는 설명이 뜬구름 잡는 말로 들리기 쉽다. 하지만 연구 결과에서 볼 수 있듯 공백 채움말은 듣는 사람 위주의 메시지를 전달하고 주의를 끄는 역할을 담당하면서 화자의 사회적 자아 일부분을 드러낸다. 그리고 사회언어학적으로 보면 (또는 지금까지 역사적으로 증명되었던 대로) 공백 채움말은 처음 생각과는 조금 달리 사실은 우리에게 더 익숙한 '그러니까'나 '그래서'와 비슷한 기능을 한다.

다양한 연구 자료에 쓰인 방대한 말뭉치 자료에서 공백 채움말의 쓰임을 전체적으로 살펴보면 한 가지 양상이 반복적으로 나타나는 것을 볼 수 있다. 남성이 여성보다 공백 채움말을 더 많이 쓴다는 점이다. 펜실베이니아대학교 교수이자 저명한 언어학자 마크 리버먼Mark Liberman이 유명 블로그 '랭귀지 로그Language Log'에 올린 공백 채움말 사용에 대한 포스팅을 예로 들어보자. 이 포스팅에서 리버먼은 여성보다 남성이 공백 채움말을 더 많이 쓴다고 주장하며, 전화 통화 녹음본을 분석한 결과 여성보다 남성의 공백 채움말 사용 비율이 무려 250퍼센트나 높다고 밝혔다. 이 밖의 다른 여러 연구(사회언어학 인터뷰부터 데이팅 이벤트, 또는 여러 상황의 일상 대화에서 이루어지는 말하기를 조사한 연구)에서도 남성이 여성보다 대화 중 말문이 막히는 경우가 많다는 사실을 쉽게 찾아볼 수 있다.[24]

리버먼에 따르면 그에 더해 나이가 많을수록 '어'를 더 많이 사용한다. 이 역시 다른 연구에서도 같은 결과를 볼 수 있으며 특히 60세 이상의 노인층에서 젊은 사람들보다 전체적으로 공백 채움말을 많이 쓴다고 한다.[25] 이런 양상은 미국식 영어에만 국한되지 않는다. 영국과 미국의 구어 口語 말뭉치 자료를 비교한 연구를 살펴보면 영국인은 미국인보다 공백 채움말을 많이 쓰며 그중에서도 영국인 남성이 '어'를 더 많이 사용한다.

그러나 '겉모습만 보고는 모른다'는 속담이 딱 맞는 대목이 있다. 시대에 따라 누가 공백 채움말을 더 많이 사용했는지 들여다보면 놀라운 한편 예상 가능한 반전이 드러난다. '어'만큼은 아니지만 지난 한 세기 동안 여성과 젊은 사람들이 '음'을 사용하는 횟수가 꾸준히 증가했다. 처음에는 점차적으로 증가했지만 최근 50년간 가속도가 붙었다. 남성 역시 고전인 '어'에만 머물지 않고 '음'을 더욱 많이 사용하고 있지만 한 논문에서 추정한 바에 따르면 여성보다 22년 정도 뒤처져 있다.[26] 남성의 '어'가 아직 도처에 만연해 있지만 여성과 젊은이의 '음'이 언어의 판도를 바꾸고 있다.[27] 더욱 흥미로운 점이 있다. 언어학자들이 여러 말하기 자료에서 발견한 바에 따르면, 게르만어파 언어(네덜란드어, 덴마크어, 독일어, 노르웨이어, 페로어 등)에는[28] 모두 비슷한 '어'와 '음'이 있는데, 이 언어에서도 역시 여성과 젊은 세대의 주도로 '음'을 많이 쓰는 추세다.[29] 또 영국 영어에서 '음'과 '어' 사용에 관한 연구에서도 비슷한 양상을 볼 수 있다.

한마디로 '음'의 시대를 맞아 '음' 열차의 기관사인 여성과 젊은 층이 '어' 열차는 지난 역에 두고 출발했다고 볼 수 있다.[30]

모든 훌륭한 연구가 그렇듯 이 역시 우리에게 풀리지 않는 의문을 던진다. '음'에는 있고 '어'에는 없는 것은 무엇일까? 둘 중 하나를 다른 하나보다 선호하는 이유는 무엇일까? 딱히 일부러 말을 더 오래 끌려고 사용한다는 증거도 없다.

두 가지 공백 채움말이 생겨난 배경을 살펴보아야 한다는 의견이 있다. 직접 소리를 내보면 알겠지만 '어'를 발음하고 나면 입이 벌어진다. 마치 누군가 와서 명치를 때렸을 때 같은 소리가 난다. '음'은 턱과 입술을 닫고 내는 발음으로 방어적이며 더예의 바르고 다른 사람의 시선을 의식하는 형태다. 또 여러 학술 논문에서는 '음'이 대화 내에서 수행하는 몇 가지 새로운 기능 때문에 점점 더 많이 쓰인다는 의견을 제시하기도 한다. 단지 인지 처리 중이라는 신호를 줄 뿐 아니라 생각의 의도를 전달하고 말할 내용을 다듬고 있다는 표현이기 때문이다. 이는 문장 앞부분에 나오는 '오oh'와 매우 비슷하다. 꼭 누가 장롱에서 튀어나와 놀라게 할 때가 아니더라도 일상적 말하기에서 놀람의 표시로 '오'를 쓰는 상황을 떠올려보면 된다(오, 정말?).

망설임의 또 다른 얼굴

앞 장에서도 이야기했듯, 언어에서 젊은 층과 여성이 더 자주 사용하는 특징이 있다면 대부분의 경우 변화가 도래하고 있다는 뜻이다. 하지만 '음'과 '어'는 원래부터 말문이 막힐 때나 듣는 사람의 주의를 끌 때 사용해오던 말이 아닌가? 물론 비유창성 요소인 '음'과 '어'가 다른 '멀쩡한' 단어들과 같은 사회언어학적 지위를 누린다니 조금 이상하긴 하다. 하지만 바로 그 점이 핵심이다. '음'이 공백 채움말로만 사용되었던 지금까지의 장벽을 뚫고 앞서 언급한 대로 의도를 전달하는 한 단어로서 자리하는 것, 이 점이 바로 현재 일어나는 변화일 수 있다.

전 대통령의 머리가 하얗게 센 것을 두고 이런 헤드라인이 있었다.

Obama Is More, Um, Seasoned.
오바마 대통령이, 음, 더욱 무르익었다.

또는 누군가의 말에 반박하며 반대편에 선 입장을 나타내기 위해 〈뉴욕 타임스〉에 '음, 의원님…'이라는 사설이 실리기도 했다. 공백 채움말이 그저 망설임을 나타내는 기능을 넘어 완곡하게 특정 의도와 이견異見을 표시하는 역할을 한다는 예시다.[31] 누군가 더듬으며 하는 말을 받아 적은 것이 아니라 그 자체로 글로도 쓰였다는 사실은 심상치 않다. 공백 채움말이 문어 文語에서 이런 목적으로 쓰인 예를 살펴보면 그 기능과 의미가 언제부터 구체화되었는지 알 수 있고 사용 횟수가 늘어난 양상을 파악할 수 있다. 또 글의 종류나 글 속에서 공백 채움말을 사용하는 인물의 성격을 통해 사람들이 공백 채움말을 어떻게 인식하는지도 엿볼 수 있다.[32]

지난 수십 년간 문자메시지와 트위터, 영화 대사나 기사 등에서 공백 채움말(그중에서도 특히 '음')이 얼마나 많이 등장했는지 살펴보자. 미국 영어 코퍼스 Corpus of Historical American English, COHA를[33] 대충만 둘러봐도 1800년대 초기에서 2000년대 초기까지 다양한 종류의 글과 문서에서 '음' 사용이 큰 폭으로 증가했다는 사실을 알 수 있다. 1800년대 초기에는 100번 이하로 언급되었으나 2000년대 초기에는 4,000번 이상 언급되었다! 그나마도 초기에 언급된 '음'은 오늘날 사용하는 '음'과는 완전히 다른 종류다.

give'um hell!
파이팅, 본때를 보여주자!

물론 이 역시 충분히 재미있는 '음'이긴 하지만 이 책에서 이야기하는 공백 채움말과는 전혀 관계가 없다. 신문 기사에는 1950년대까지 등장조차 하지 못했던 듯 보인다.[34] 1950년대에도 거의 보기 힘들다. 반면 최근에 언급된 '음'은 대부분 공백 채움말로 쓰였으며 책과 영화, 잡지, 신문 등 각종 매체에서 자주 볼 수 있다. '음'은 이제 대화할 때뿐 아니라 글에서 약간의 망설임이나 화자의 태도, 반어법 등을 드러내고자 할 때도 하나의 단어 역할을 한다. 여기서 공백 채움말은 어쩌다 갑자기 다음 단계로 진화하게 되었을까 하는 의문이 든다.

자신의 화법을 한번 돌아보자. 대답하는 데 시간이 좀 걸릴 것 같으면 문장을 '음'으로 시작할 때가 있지 않은가?

톰 크루즈가 속옷만 입고 춤추며 돌아다니던 영화가 뭐였더라?

이런 질문을 받았는데 머릿속 백과사전의 톰 크루즈 영화 편이 일시적으로 작동을 멈출 때, 대답을 "음…"으로 시작한다는 데 전 재산이라도 걸 수 있다.[35] 대답이 지연될 것을 상대방에게 알리기 위해서나 생각하는 동안 대화가 끊기지 않게 하려고 무의식적으로 '음'이라고 말한다. 혹시 저 영화가 개봉했을 때 태어나지도 않았다면 "음, 나이가 어떻게 되시나요?" 하고 비아냥거릴지도 모르겠다. 또는 모른다고 하기 전에 상대방에게 최소한 생각이라도 조금 해봤다는 인상을 주기 위해 "음…" 하고 답하기도 한다. 글에서 사용하는 공백 채움말도 실제 대화에서 전달하려는 신호와 같은 의미를 지닌다. 생각할 시간을 벌어주고 대화 순서를 조절하며 다음에 나올 말을 강조하는 효과를 주는 것이다. 말할 때는 중간에 생각하느라 또는 적절한 단어를 찾느라 의식하지 않은 채 공백 채움말을 쓰곤 하지만 글에서는 '글쎄well'나 '그러니까like'처럼 앞으로 나올 말에 대한 단서를 제공하는 제대로 된 담화 표지DM(언어학 용어로는 Discourse Markers 라고 한다)로 기능하기 시작했다. 이 새로운 기능 역시 우리 대화에서 '음'의 쓰임새가 변화하는 데 한 역할을 한다. '음'을 들으면 연상되는 '생각하는 중'과 '계획 중'이라는 메시지를 이제 적극적으로 인식해 의도적이고 실용적인 장치로 사용할 수 있다.

　말로 하는 대화에서 일어나는 변화는 현대 구어체 문체의 일부가 된다. 직장을 잃었다는 뜻의 'She got laid off(그녀는 직장에서 해고되었다)'에서 수동태에 'was' 대신 'got'을 쓴다든가, 놀람을 표현하기 위해 '오' 하고 문장을 시작하는 식이다. 이런 변화는 언제나 말에서 먼저 일어난 뒤 글로 확장된다. 실제 대화에서는 무의식적으로 말하는 경우가 많지만 글로 쓸 때는 말할 때와 비슷한 의미를 정확히 전달하기 위해 의도를 갖고 집어넣는다. '이 효과를 위해 여기에 '음'을 집어넣는 게 좋을까' 하고 많은 시간을 들여 생각하지는 않겠지만 그렇다고 모르고 쓰지는 않는다. 누군가 나에게 가지를 좋아하는지 물을 때 "음… 그럭저럭 괜찮지"라고 답하면 사실은 '엄청 싫어한다'는 의미로 번역해야 한다. 여기서 '음'은 '망설이며 적당한 단어를 찾는' 역할을 하며 실제 단어가 갖는 글자 그대로의 뜻을 넘어서는 의미를 전달한다. 그리고 대화와 글의 중간 형태인 문자메시지 앱에서 '음' 사용을 분석하면 실제로 대답을 애매하게 회피할 때 사용하는 경우가 많고 이는 생각이 끝나지 않았거나 상대방에게 동의하지 않는다는 메시지를 전달한다. 이를 통해 알 수 있듯 구어체에 가까운 온라인 글에서 '음'은 단지 '생각 중' 또는 '망설임'이라는 의미를 넘어 여러 역할을 담당한다. 그리고 음성 상징sound symbolism(특정 소리와 뜻이 결합되어 있다는 생각—옮긴이)적 측면에서 보면 하품하는 것 같은 '어'에 비해 입을 다물고 말하는 '음'이 두 가지 공백 채움말 중에는 좀 더 예의 바른 선택지이긴 하다.

구어체로 쓰는 문자메시지나 실제 대화에서 사용하는 공백 채움말의 용법은 이제 잡지나 책, 신문 등 더 전통적인 형태의 순수한 글에까지 침투하고 있다. 언어학자 거널 토티Gunnel Tottie는 지난 수십 년간 'um', 'uh', 'er'이 신문과 잡지에 쓰인 방식을 분석해 문장 제일 앞에 나오는 공백 채움말은 거의 대부분 직전에 나온 말에 대해 부정적이거나 반대하는 태도를 표현하는 데 쓰인다는 사실을 알아냈다.

예를 들면 이런 식이다.

Uh, bullshit!
어, 헛소리!

Um, Senator⋯.

음, 의원님⋯.

토티는 반대로 문장 중간에 나오는 공백 채움말은 장난을 치거나 무언가에 대해 섬세하고 우아하게 이야기할 때 사용한다고 설명한다.

His dancing, um, skills.

그 사람의 춤, 음, 솜씨.

이렇게 이야기하면 누군가의 별 볼일 없는 능력을 유머러스하게 표현하는 효과가 있다. 다른 예도 있다.

He was, um, taking care of business.

아이가, 음, 일을 처리하던 중이었어요.

내 아이가 어릴 때를 떠올리게 하는 이 말은 해석하면 오줌을 싸고 있다는 뜻으로, 전혀 우아하지 않은 주제를 완곡하게 이야기할 때 유용하다.[36]

공백 채움말이 어휘화되기 시작했음을 보여준다. 어휘화란 인식 가능한 의미나 느낌을 지닌 새로운 단어를 어느 정도 의도적인 방식으로 사용하도록 만드는 일을 뜻한다. 대화 속 공백 채움말의 역할은 대화를 멈추게 하는 것 이상으로 확대되어 상대방이 말의 의미를 해석하고 대화에 집중할 수 있게 돕는다. 이렇게 실제 대화에서 유용하게 쓰이기 시작하면 구어체로 쓰는 글에도 쉽게 도입할 수 있다. 그러다 보면 점차 '만들어진(의도적인)' 계획과 망설임을 전달하는 특수한 기능을 수행하게 된다. 이런 변화는 학계에서 만들어내는 것도 아니고 문법적 규칙으로 따로 정해지는 것도 아니다. 지난 1,000년간 언어에 일어난 다른 많은 변화와 마찬가지로 최전선에서 의사소통을 위해 실제로 언어를 사용하는 사람들이 변화를 만든다.

이미 끝난 이야기

언어의 형태와 기능은 계속 진화한다. 이 진화 전쟁에서 가장 앞장서는 사람이 누구인지가 핵심이다. 현재 '음'이 변화해가는 방향을 보면 지난 수 세기 동안 언어 변화에서 일어났던 익숙한 길을 따른다. 이 책에서 다루는 다른 언어 특징 역시 마찬가지다. 즉 젊은 층과 여성이 변화를 주도하는 양상은 심지어 중세 영어 시대에도 볼 수 있었다. 처음에는 언어 변화를 선구하는 획기적인 특징이었으나 곧 세상에 널리 퍼져나간다. 초반에는 뒤처져 있던 다른 사람들도 젊은 층과 여성이 주도하던 변화를 따라잡으며 두 번째 양상이 나타난다. 한때 새롭고 특별하던 특징이 이제는 완전히 뿌리를 내렸다는 의미다. 모든 특징이 정확히 같은 양상을 보이지는 않지만 어떤 특징이 언어적 주목을 받았다는 사실은 그 안에 우리의 사회적 정체성이 녹아 있다는 뜻이며 이 점은 변하지 않는다. 언어와 인류의 사회생활은 오랜 역사에 걸쳐 깊은 관련이 있으며 무작위로 혹은 실수로 잘못된 언어적 선택을 하는 일은 없다. 우리 눈에 띄고 종종 비웃기도 하는 말버릇의 기저에 있는 본질을 파고들어보면 언제나 성별과 나이, 사회계층 등 사회적 요소가 어떤 방식으로든 언어와 의사소통의 미래를 결정지었다는 사실을 알 수 있다.

like

3

담화 표지는
진화의 역사가
매우 긴 언어
특징임에도
여전히 언어를
망치는 대재앙
취급을 받는다.

미국 중학교 어디서나 복도에 울려 퍼지는 단어
가 하나 있다. 조금 지나치다 싶을 만큼 심하게 욕을 먹는 이 단
어, 'luck'이나 'hit'과 라임이 맞는 그 단어를 예상한다면 틀렸
다('fuck'과 'shit'을 의미한다—옮긴이). 이 단어는 'hike'와 운율이
같고 영화 〈밸리 걸Valley Girl〉이나 〈클루리스Clueless〉를 본 사
람이라면 무척 익숙할 말이다. 'fer sure(확실하다)'('for sure'의 속어
형태)'나 'totally gnarly(매우 좋다)'는 결국 캘리포니아의 일몰과
함께 사라졌지만 like는 날이 갈수록 세력이 커져 로스앤젤레스
부터 뉴욕에 이르기까지 모든 문장에 끝없이 사용된다. like를
지나치게 자주 섞어 쓰는 말투를 유치하다고 생각할 수 있지만
전 세계 거의 모든 영어의 구석구석 파고들어 사용하지 않는 곳

이 없을 정도다. 문장 앞에도 쓰고 중간에도 쓰며 이제는 인용문 앞에도 나온다. 재미있는 점이 있다. like가 이렇게 영어 곳곳을 파고드는데도 아무도 이 새로운 like를 좋아하지 않는다. like를 즐겨 쓰는 사람조차 이 말버릇을 좋게 평가하지 않는다. 대표적 사례를 살펴보자. 대학에서 학생들에게 언어에서 가장 거슬리는 말버릇이 무엇인지 물으면 언제나 like가 최고로 꼽힌다. 우습게도 like가 거슬린다며 불평하는 말에도 like는 빠지지 않는다. 그러다 이 부분을 한번 지적받으면 그 뒤로 강의실 안 모든 사람이 like를 얼마나 많이 쓰는지 인식하게 된다. 강의실만이 아니다. 그날 하루가 갈 때까지, 한 주 내내, 한 달이 지나고 1년이 가는 동안 계속 의식하게 된다.

좋든 싫든 like는 사라지지 않을 예정이다. 이것은 기정사실이다. 이를 두고 언어의 파멸이 임박한 징조라고 규탄하기에 앞서 like가 어쩌다 이렇게 우리 말에 깊이 침투하게 되었는지 생각해보자. 그러다 보면 내가 학생들에게도 늘 말하듯, 혹시라도 처음에 생각했던 것보다 like를 '좋아하게like' 될지도 모를 일이다.

그러니까, 왜?

like는 날로 광범위하게 사용되고 있다. 〈애틀랜틱The Atlantic〉(문학 잡지—옮긴이)이며 〈타임〉, 〈베니티 페어Vanity Fair〉(연예 정보 패션 월간지—옮긴이), 〈뉴욕 타임스〉— 등 너 나 할 것 없이 거의 모든 매체에서 혜성처럼 떠오른 like가 욕을 먹는 현상에 대해 다루었다. 대학 생활에 관해 조언하는 한 웹사이트에는 '말할 때 like를 빼고 곧장 유식해 보이는 법'이라는 제목의 포스팅이 올라왔고 어떤 웅변 학원에서는 이를 두고 'like 감염병'이라고 부르기도 했다. 〈고등교육 신문The Chronicle of Higher Education〉에는 'like를 싫어하다'라는 제목의 글이 실렸고 칼럼니스트 크리스토퍼 히친스Christopher Hitchens는 〈베니티 페어〉에 기고한 글에서 like를 'l로 시작하는 욕'이라고 칭했다. 영어를 쓰는 세계 어느 나라에서나 의식 있는 부모라면 이 말버릇에 대해 걱정한다. 10대 아이를 둔 한 어머니는 영국 〈가디언〉지에 전문가의 도움이 필요하다며 아이가 like를 지나치게 많이 사용해 무식해 보이는 데다 아이의 장래에 지장이 갈까 걱정된다는 글을 보냈다. 많은 부모가 같은 염려를 할 것이다. 교사들 역시 이 현상이 문제라고 우려를 표한다. 실제로 중학교 교사인 내 친구 한 명도 학생들의 가장 심각한 언어 습관 문제로 like를 꼽았다.[1] 이렇게 모두가 입을 모아 절망적이라고 하는 걸 보면 like를 좋아하는 사람은 거의 없는 듯하다. 그런데도 왜 다들 like를 포기하지 못할까?

대부분의 부모는 아마도 청소년들의 게으름이나 언어적 반항심 때문이라고 생각할 것이다. 고용주들은 사람들이 격식을 덜 차려도 되는 일을 선호하면서 예전보다 전문성이 떨어지는 환경으로 바뀌는 분위기와 관련이 있다고 답할지 모르겠다. 그러나 언어학자가 보기에는 모두 틀렸다. like를 사용하는 맥락을 보면 지난 수 세기 동안 대화에 쓰였던 여러 언어 표지와 크게 다를 바 없다. 즉 like를 쓴다고 해서 특별히 이상한 일도 아니고, 우려할 바는 더욱 아니다.

의식하지 않은 채 사용하지만 영어에는 so(그래서), you know(알지), actually(사실은), oh(오) 같은 실용적 기능을 우선으로 하는 언어 특징이 무더기로 있다. 우리가 사랑하는 음이나 어와 마찬가지로 이들 담화 표지는 문장의 문자적 내용(의미)에 직접적으로 영향을 미치지 않는다. 그보다 화자의 의도를 파악하는 데 도움이 된다. 예를 들어 내가 "오oh, 드디어 직장을 구했다!"라고 말한다면 여기서 '오'는 내가 놀란 것처럼 듣는 사람도 함께 놀라기를 바라는 일종의 제스처다. 담화 표지는 대화라는 바퀴에 칠하는 사회적 윤활유 역할을 한다고 볼 수 있다. 담화 표지가 없으면 우리가 하는 말은 인간의 대화라기보다 인공지능 컴퓨터처럼 들린다. 실제로 아무런 담화 표지도 사용하지 않고 대화를 시도해보면 알 수 있다.[2] 대화를 이어가기 상당히 어려울 뿐 아니라 듣는 사람에게 매력적인 대화 상대로 다가가는 일은 더욱 힘들다.

담화 표지는 결코 새롭지도, 독특하지도 않다.[3] 셰익스피어 역시 자유롭게 사용했고 영웅 서사시 〈베오울프〉는 담화 표지로 포문을 열기까지 한다.

Hwæt!

뭐라고(현대 영어의 'what'을 뜻한다—옮긴이)!

　　고대 영어 시기(5~11세기)와 중세 영어 시기(12~15세기) 문헌
에서도 현대의 담화 표지와 비슷한 기능을 하는 단어들을 발견
할 수 있다. 고대 영어 단어인 'pa'는 현대 영어의 'then(그때)'
이라는 뜻인데 이야기 속에서 전경화foregrounding(언어를 비일상
적으로 사용해 주의를 끄는 장치로 상투적 표현을 깨 새로운 전환이 일어
나게 한다—옮긴이) 담화 표지로 사용되었으며 주로 구어체에서
많이 사용했다. 사실 고대 영어를 연구하는 학자들 중에는 초
기 문헌에 pa가 특별한 의미도 없이 지나치게 자주 등장한다
고 주장하는 사람도 있다. 오늘날 like를 과하게 많이 쓴다고 불
평하는 이들과 어딘가 닮았다. 그보다 논란이 적었던 고대 영
어 'hwæt'은 현대 영어의 'what(무엇)'이라는 뜻인데 주의를 끄
는 역할을 한 것으로 보이며 현대의 문장 첫머리에 쓰는 'so'와
얼추 비슷한 느낌이다.[4] 〈베오울프〉를 여는 문구로서 관객에게
곧 집중해서 봐야 할 일이 일어난다는 신호를 준다. 그보다 조
금 더 최근에는(15~17세기에 해당하는 초기 근대를 '최근'이라고 볼 수
있다면 말이다) 'alas(이럴 수가)', 'ah(아)', 'fie(저런)' 등의 공백 채움
말을 통해 말하는 사람의 의도와 감정을 표현했다.

Alas, 'tis true.

이럴 수가, 그게 사실이라니.

지금 들으면 상당히 매력적이지만 당시 부모들에게는 매우 고통스러운 일이지 않았을까.

like라는 단어의 기원을 찾아 과거 자료를 살펴보면 중세 영어 및 초기 근대 시기에도 비슷한 말을 발견할 수 있다. 1200년 《옥스퍼드 영어 사전》에 처음으로 like의 형용사형과 동사형이 등재되었다. 형용사형은 'līch'이고 동사형은 'lician'이다. 1400~1500년경에는 명사와 접속사, 전치사형이 등록되었다. 담화 표지로서 like는 이보다 더 나중에서야 눈에 띄는데 그래도 흔히 생각하는 시기보다는 훨씬 일찍부터 사용되었다. 《옥스퍼드 영어 사전》은 1778년 문헌을 인용했는데(프랜시스 버니Francis Burney의 《이블리나 2 Evelina II》), 여기서 like는 앞의 말에 이어지는 다음 말을 받는 역할을 한다. 다음 문장을 보자.

Father grew quite uneasy, like, for fear of his Lordship's taking offence.
아버지는 상당히 불쾌해졌다. 그러니까, 영주로서의 지위가 공격받을 수 있다는 두려움 때문이었다.

또 1840년에는 당시 시대상을 다루던 잡지에 다음과 같은 글이 실리기도 했다.

Why like, it's gaily nigh like, to four mile like.

왜요, 그러니까like 한 4마일 정도like 되는 것 같은데like.

여기서 like 역시 앞의 예와 비슷한 의미로 사용되었다. 《옥스퍼드 영어 사전》에는 비트 세대(1950년대 미국에서 기성 질서에 반대해 저항적인 문화를 추구했던 젊은 세대로 샌프란시스코와 뉴욕을 중심으로 대두된 문학, 예술가 그룹을 지칭하기도 한다—옮긴이)의 영향을 받은 잡지의 글이 올라가기도 했는데, 여기서는 요즘 우리에게도 익숙한 자리, 바로 문장 맨 앞에 like가 들어간다. 다음은 〈뉴로티카Neurotica〉 가을호 45에서 발췌한 문장이다.

Like how much can you lay on me?

그러니까 나한테 얼마나 해줄 수 있어?

이를 통해 당시 유행했던 구어의 형태를 엿볼 수 있다.

이런 문헌 기록 외에도 like가 여러 세기 동안 구어에서 흔히 사용되었다는 증거는 쉽게 찾을 수 있다. 캐나다 출신 연구원이자 언어학자이며 like 전문가 알렉산드라 다시Alexandra D'Arcy는 현대적 like의 역사적 기원을 연구하던 중 영국 중앙 형사재판소Old Bailey 재판 결과문(1674년부터 작성된 영국 형사법원 문서 및 필기록)에서 18세기에 like가 담화 표지로 사용된 증거를 발견했다.[5,6] 또 영국 시골 마을에서 80대 노인이 요즘에 담화 표지로

사용하는 것과 동일한 위치에 like를 넣는 것도 목격했다.[7]

Like it was a kind-of wee bit of tongue twister.
그러니까 막 혀가 꼬이는 것 같더라니까.

1940년대에 영국제도 출신 뉴질랜드 노인들의 음성을 녹음한 기록을 보면 역시 말투에 like가 자연스럽게 녹아들어 있는데 앞의 예와 상당히 비슷하게 문장 제일 앞에 위치한다. 미국 영어가 엉망이 되어간다는 일반적 통념에 like가 큰 몫을 하는 경우가 많지만 이 말버릇이 과연 미국의 전유물인지는 애플파이가 미국 음식이라는 이야기만큼이나 확실치 않다. 방금 설명한 초기 사례의 기원이 영국이라는 점, 비트 세대나 남부 캘리포니아주에서보다 오래전부터 뉴질랜드 사람들이 사용했다는 점을 생각하면 이 씨앗은 영국인이 뿌렸다고 봐도 무방하다. 다시의 설명대로 like는 캐나다와 뉴질랜드 북미, 호주에 이르기까지 널리 퍼져 있다. 모두 초기에 영국인이 대거 유입됐던 지역으로, 우연이라고 보기 어렵다.

누구나 담화 표지를 사용하고 인류는 지난 수백 년 동안 대양을 건너 돌아다녔으니 like의 출발지가 어디든 지금쯤 전 세계에 널리 퍼질 만도 하다. 그런데도 격식을 차리는 공식적인 맥락에서 like를 쓰면 모두 눈살을 찌푸리는 이유는 무엇일까? 캐럴라인 케네디가 상원 의원으로 출마했을 당시 〈뉴욕 타임스) 기자들과의 인터뷰에서 'you know(알잖아요)'라는 담화 표지를 자주(총 138번 썼다고 지적하는데 그보다 '자주'라고 표현하는 편이 훨씬 점잖다) 쓴 일에 대해 언론이 얼마나 부정적이었는지 떠올려보자. 캘리포니아대학교 버클리 언어학자 로빈 레이코프Robin Lakoff 역시 힐러리 클린턴 의원에 관한 기사에서 클린턴이 기자 간담회에서 '알잖아요'를 지나치게 많이 사용한다고 했다. 두 기사 모두 문제가 된 두 명의 여성이 얼마나 달변이었고 정확하게 메시지를 전달했는지는 언급하지 않았다.

담화 표지는 진화의 역사가 매우 긴 언어 특징임에도 아직도 어디서 갑자기 튀어나온 듯 여겨지고 언어를 망치는 대재앙 취급을 받는 이유가 궁금하다. 그리고 그중에서도 like가 최악인 이유는 무엇일까?

늘 곁에 있는데도

like와 부딪히는 진짜 이유를 들여다보려면 전통적으로 like의 통사적 역할 및 의미론적 기능을 알아야 한다. 즉 like가 문장 어디에 들어가는 게 적합하고 문장에서 보통 어떤 뜻으로 쓰이는지 살펴보자. like는 놀라울 만큼 정해진 바가 없는 단어다. 담화 표지가 아닌, '제대로' 쓰일 때조차 소처럼 일한다. 우선 동사로서 like는 사물이나 사람을 좋아한다는 뜻으로 '나는 아미어가 좋은 사람이라서 좋아한다I like Ameer because he is a nice guy'라고 쓸 수 있고, 더 좋은 예로는 '나는 아이스크림을 좋아한다I like ice cream'도 있다. 명사로 likes라고 쓰일 때는 '좋아하는 것(아이스크림)'을 의미하고 반대말인 dislikes는 '싫어하는 것(옻나무)'을 뜻한다. 형용사로 쓰일 때는 '~와 비슷하다' 또는 '~같이'라는 뜻이며 예로는 '백조 같은swanlike', '광대 같은buffoon-like' 등이 있다. 직유법에서 전치사로 쓰이기도 하고 접속사로 두 문장을 이어주기도 한다.

She has eyes like sky.
그 여자의 눈은 마치 하늘 같다.

She rode the bike like she was on fire.
그 여자는 미친 듯이 자전거를 탔다.

이렇듯 여러 용법을 지닌 like는 그만큼 여러 상황에서 널리 쓰이고 사람들이 좋아하는 단어이기도 하다. 앞에 언급한 역할 외에 다른 용법으로 사용할 때가 있는데 다음의 예를 보자.

I use like, like, all the time.
나는 like를, 그러니까, 늘 사용한다.

앞에 설명한 like의 어떤 용법도 이때만큼 비난과 지적을 한 몸에 받지는 않는다.

마지막 용법처럼 쓰지 않는다고 언제나 환영받기만 했던 것도 아니다. 대부분의 독자가 아직 태어나기 전이었을 1950년대 윈스턴Winston 담배 광고를 보자.

Winston tastes good like a cigarette should.
담배가 당연히 그래야 하듯 윈스턴은 맛이 좋다.

이때도 어김없이 문법 경찰들이 출동했다.[8] 규범주의자들은 like를 '잘못' 사용했다며 비판했다. 표준 문법대로라면 as가 들어가야 할 자리에 like를 접속사처럼 사용했다는 이유였다. 이 광고를 보고 사람들의 건강보다 문법적 오류의 장기적 영향을 걱정했다는 점이 아이러니하다. 오늘날에 접속사 like는 매우 일반적이라서 예전 구어에서 어떻게 사용했는지 모르는 사람도 많다. 여전히 구식 문법책에서는 격식 있는 영어 문장에서는 쓰지 말아야 할 잘못된 표현으로 규정하지만 말이다. 요즘에는 seems(~한 것 같다), appears(~로 보이다), sounds(~처럼 들리다), pretends(~인 척하다), feels(~라고 느끼다) 등의 단어 뒤에 like가 붙지 않는 곳이 없다.

He felt like he could go no further.

그는 더 이상 멀리 갈 수 없다고 느꼈다.

문학작품에서 like가 사용된 사례를 분석한 연구에 따르면 19세기 중반까지는 like가 이 같은 용법으로 쓰인 예를 거의 찾아보기 힘들다.[9] 그러다 1930년대 무렵까지 일반인의 대화에서 방언 정도로 주로 쓰이다 그 이후에 주류로 자리 잡게 되었다. like의 용법이 동사나 접속사, 형용사, 전치사를 넘어 계속 확장되는 현상을 보면 얼마나 다양한 기능이 있는지 알 수 있다. 가장 큰 문제는 like가 퍼지는 것을 마치 감염병이라도 번지는 양 바라보는 사람들을 설득하는 것일 텐데, 바로 앞 장에 나온 공백 채움말과 마찬가지로 담화 표지 like는 효과적으로 의사를 전달하는 데 크게 기여한다. like가 마주한 여러 문제를 이해하려면 like의 다양한 형태와 목적을 먼저 들여다볼 필요가 있다.

대충 그 정도

다음과 **같은** 문장이 있다.

I exercised for, like, ten hours.
한 열 시간은 운동한 것 같다.

여기서 like가 꼭 필요한 것 같지는 않다. 다시 말하면 이 like 는 바로 앞 첫 문장, '다음과 같은like 문장이 있다'에서 사용된 like만큼 쓸모가 있지는 않다. 첫 문장에서 쓴 like는 말에서 중 요한 부분을 차지하며 큰 역할을 한다. 사실 삭제해도 문장 전 체의 의미(열 시간 동안 운동했다는 사실)에는 변화가 없다. 하지만 그러면 말로 설명할 수 없는 뉘앙스가 사라져 말하고자 하는 의도를 정확히 전달할 수 없게 된다. 여기서 like는 운동을 얼마 동안 했는지 확실하게 알지는 못하며(또는 정확히 말할 필요가 없 다고 생각하는 화자의 의도를 드러내며) 동시에 운동 시간이 굉장히 길었다는 느낌을 강조한다. 이런 용법의 like를 학술 용어로는 '근사近似 표지approximating marker'라고 한다. 의미를 부정확하 고 느슨하게 전달하는 방식으로, 숫자로 양을 표시할 때나 근사 치를 말할 때 매우 자주 쓰인다.

대화에서 이런 기능이 왜 중요하고도 유용할까? 우리는 듣는 사람에게 현재 입장을 이해시키기 위해, 또는 너무 강하게 주장 하지 않기 위해, 아니면 있으면 좋지만 정확하지는 않을 수 있 는 정보를 공유하고자 할 때 평소보다 더 강하게 말하거나 더 약하게 말하곤 한다. '한 열 시간은 운동한 것 같다'는 문장에서 는 매우 긴 시간 동안 녹초가 되도록 운동했지만 실제로 정확 히 열 시간은 아니라는 의미를 전달하고자 한다. 사실 문자 그 대로만 해석하면 누가 이 사람과 대화하고 싶어 할지 의문이다. 쉬는 시간에 운동 말고 다른 할 일을 찾아봐야 할 듯하다. 이런 담화 표지는 의미 전달 측면에서는 역할이 없기 때문에 실속 없고 쓸모없다 여겨지곤 하지만, 사실 중요한 정보를 제공한다.

다음의 두 문장을 비교해보자.

John was, like, fourteen, when he left home.
존은 한 열네 살쯤 집을 떠났다.

John was fourteen when he left home.
존은 열네 살에 집을 떠났다.

얼추 비슷한 말이다. 그런데 존을 잘 아는 사람이 있다고 가정해보자. 사실 존이 열네 살이 아니라 열다섯 살에 집을 떠났다는 사실을 아는 사람이 이 말을 듣는다면, 자신이 아는 진실에 위배되는 이 문장 때문에 화자가 말하고자 하는 요점(존이 어릴 때 집을 떠났다는 사실)이 무색해질 수 있다. 언어학에서는 이를 문장의 '진리 조건적 의미론'이라고 한다.

모국어 사용자는 직관적으로 자기가 하는 말이 어떻게 받아들여질지 이해한다. 듣는 사람이 자신의 말을 사실이라고 믿을지 거짓이라고 생각할지 알 수 있다는 뜻이다. 그리고 풍자나 유머가 아닌 이상 보통은 말할 때(그리고 들을 때도) 신용을 잃지 않고 싶어 한다. 그러므로 여기에 like를 추가로 넣어주면 뉘앙스에 미세한 차이가 생겨 말하고자 하는 바가 분명해진다. 즉 존이 실제로 집을 떠난 나이 때문에 진리 조건을 맞춰 이야기가 옆으로 새지 않고 원래의 의도를 제대로 전달할 수 있다.

그런데 여기서 흥미로운 점이 있다. 사람들이 거슬려 하는 부분은 이 문장의 의도 자체가 아니라 그 의도를 전달하기 위해 어떤 담화 표지를 사용했냐는 것이다. 물론 like 대신 about(대략)이라는 단어를 쓸 수도 있지만 이는 선호도의 문제일 뿐이다. 어떤 사람은 쉽게 'John left home when he was about fourteen(존은 대략 열네 살에 집을 떠났다)'이라고 말할 수도 있다. 하지만 그러면 조금 보수적으로 보일 수 있으며 자유롭고 유행에 민감한 사람이라는 인상은 포기해야 한다. 알렉산드라 다시의 최근 연구에서는 전통적으로 근사치를 표현하는 부사로 about을 쓰던 기성세대와 달리 요즘 젊은 세대는 like를 사용하는 추세라고 설명한다.

여기서 중요한 사실이 한 가지 있다. about이 욕을 훨씬 덜먹긴 하지만 기능은 like와 동일하다. 그렇다면 사람들이 like를 그토록 불편해하는 것은 사실 like의 기능 자체가 아니라 젊은층이 격식 없이 쓴다는 점 때문일 가능성이 크다.

이렇게 생각해보자. 영어는 항상 조건을 달고 단서를 붙인다. think(생각하다)나 may(~일지 모른다), possibly(어쩌면), maybe(아마) 등의 단어는 확실성에 대한 화자의 책임을 줄여주면서도 거부감 없이 사용된다. 다음 두 문장을 비교해보자.

It may rain tomorrow.
내일 비가 올 것 같다.

It will rain tomorrow.
내일 비가 올 것이다.

이 말을 듣고 우산을 가져갈지 말지 결정하려면 대화 상대가 어떤 동사를 사용하는지 살펴볼 필요가 있다. 이런 화법을 싫어하는 사람도 있겠지만 언어를 전략적으로 구사한다는 점에서는 분명히 유용하다.

콕 집어주기

얼마 전 딸아이가(모범적인 like 사용자다) 참석한 파티에 대한 이야기를 나누고 있었다. 파티에 참석한 아이들에 대해 설명하다 딸이 말했다.

She's, like, one of the popular girls.
걔는, 그러니까, 인기 많은 애들 중 하나예요.

그러면서 아직 10대가 채 되지 않은 이 소녀의 숨 막힐 듯한 멋짐에 대해 이야기를 이어갔다. 여기서 딸아이가 그 친구의 인기를 애매하게 에둘러 말하려 했다고 생각하지 않는다. 오히려 '인기 많은 애들 중 하나'라는 명사구를 like와 함께 사용함으로써 말하고자 하는 바를 더욱 강조했다. 여기서 like는 근사치를 말하기 위해서가 아니라 말에 집중하게 만드는 역할을 한다.

like로 느슨하게 문장을 시작하는 게 아니라 문장에서 어느 부분을 집중해서 들어야 하는지 알려주며 오히려 단단히 조이는 역할을 한다. 대화에 상호성을 불어넣으며 화자가 강조하고자 하는 문장의 특정 부분을 콕 집어 알려준다. 이는 비단 영어만의 특징은 아니다. 스웨덴어의 'ba⟨ra⟩'와 스페인어의 'como', 프랑스어의 'genre', 노르웨이어의 'liksom' 등이 like와 거의 같은 역할을 하는 담화 표지다. 모두 대화체에 쓰이며 젊은 층이 주로 사용한다는 점에서 like와 거의 비슷하지만 이상하게도 다른 언어에서는 훨씬 우아하게 들린다.

청자를 집중시키려고 사용하는 like가 문장 여기저기 난무할 때 문제가 된다. 그러나 이 광기를 해결할 방법이 있다. like는 어느 위치든 넣어서 쓸 수 있지만(통사적 분리성이라고 한다) 그래도 문장 안에서 어디에 올지는 언어적 규칙에 따라 일정한 양상을 따른다. 대부분은 통사 단위(동사, 명사, 형용사구) 앞에 위치하거나 문장 처음에 온다.

I was, like, so happy.
나는, 그러니까, 되게 기분이 좋았다.

Like, I was happy.
그러니까, 나는 기분이 좋더라고.

한 연구에서 실험 참가자들에게 같은 이야기를 반복하게 하고 이때 담화 표지 like를 문장에 어떻게 배치하는지 관찰했다. 이 실험에서 like를 사용하는 형식에 일정한 양상이 있다는 근거를 찾을 수 있었다. like가 일정한 패턴 없이 무작위로 등장한다면 이야기를 반복할 때 항상 같은 자리에 나올 리 없다. 실험 결과 개인적인 이야기를 되풀이할 때는 맨 처음 이야기했을 때와 매우 가깝거나 같은 위치에 like가 등장했다.

He's, like, legendary.[10]
그는, 그러니까 거의 전설적이지.

이 말을 한 번 한 후 다시 반복할 때는 이렇게 말한다.

He's, like, a legend.
그는, 그러니까 거의 전설이나 마찬가지야.

우리가 이렇게 말하는 데는 다 이유가 있어

물론 말할 때 항상 like를 사용하는 버릇이 있어서 단순히 수학적 확률에 따라 이런 현상이 일어났다고 생각할 수도 있다. 그러나 처음 말한 사람이 아닌 그 이야기를 들은 사람을 다른 방으로 분리한 후 들었던 이야기를 다시 말하게 했을 때도 같은 일이 일어났다. 화자와 청자 모두 like를 같은 자리에 '재활용'했으며 이는 말하고자 하는 의미를 제대로 전달하기 위해 특정한 용법의 like가 중요한 역할을 한다는 점을 시사한다.[11] 좋든like 싫든(의도적 말장난이다), like는 문장에서 목적을 갖고 쓰이는 필수 요소인 듯하다.

이야기를 더욱 다채롭게

담화 표지로서 like가 얼마나 중요한 역할을 하는지는 앞에서 충분히 예를 들어 설명했지만 실제로 문법 규범주의자들이 충격받는 부분은 like가 인용문의 동사로 쓰일 때다.

I was like, "I can't stand it!" and she was like, "I know! I don't like it either."
내가 그랬거든, "도저히 못 참겠어!" 그랬더니 걔도 그러더라고, "맞아! 나도 싫어."

like를 모두 같은 like로 보는 일이 비일비재하지만 인용의 like는 언어학적으로 매우 상이하다. 담화 표지 like는 오랜 역사를 자랑하지만 이와 달리 인용의 like는 상당히 최근에 생겨났다.《옥스퍼드 영어 사전》에는 1970년 〈타임〉지 기사에서 속으로 생각한 말을 인용하며 동사와 함께 쓴 것이 최초의 사용으로 기록되어 있다.

And I thought like wow, this is for me.
와, 이건 나를 위한 거네, 딱 그렇게 생각이 들더라고.

like 전문가들은 이 문장이 1950년대 비트족과 1960년대 뉴욕의 비트 및 재즈 문화를 보여주는 'Like, wow' 현상으로 거슬러 올라간다고 이야기한다.[12]

인용의 like는 1982년 인기가 높았던 프랭크 자파Frank Zappa의 노래 〈밸리 걸Valley Girl〉(프랭크 자파의 딸 문 유닛 자파Moon Unit Zappa가 함께 불렀다)에서부터 인기를 얻기 시작했다. 남부 캘리포니아주의 젊은 여성들 말투를 흉내 내는 이 노래는 당시 팝 문화 시장을 휩쓸었다. 그 시절을 대표하는 문장이 된 'Gag me with a spoon(역겨워)'을 만들어내며 like의 인용 기능을 널리 퍼뜨렸다. 하지만 〈밸리 걸〉 때문에 이런 현상이 생겨났다고 볼 수는 없고, 오래전부터 저류에 흐르던 like의 기능을 이 노래가 끄집어내 유명하게 만들었을 뿐이다.

영어에서 인용 동사는 내부 대화internal dialogue를 소개할 때 사용된다. 내부 대화란 (여러 명이 실시간으로 하는 대화가 아닌) 혼자 한 생각을 남에게 전할 때나 다른 사람의 말을 전달하는 대화를 말한다.[13] 표준 영어에서는 이럴 때 'to say(말하다)'를 사용한다.

And then I said, "What's up?"
그리고 내가 말했다. "요즘 어때?"

이를 놓고 say는 '책임지지 않는 인용'이라고 주장한 학자도 있다. 즉 말의 내용을 변형하지 않고 전달하는 방식이다. 그래서 여기에 뉘앙스와 의견을 더하기 위해 'to go'를 쓰기도 한다.

Then she goes, "What's up?"
그 여자가 그러더라고, "요즘 어때?"

구어체에서는 'be 동사+all'의 형태를 쓰기도 하는데 문장이 이상해지긴 한다.

And I'm all, "What's up?"
그래서 내가, "요즘 어때?"

이들 인용문과 같은 맥락에서 'be 동사+like' 역시 내부 대화를 인용할 때 쓴다.

I'm like, "No way am I taking another linguistics course!"
내가 이런 거야. "언어학 수업 다시는 안 들어!"

표준어가 아닌 이런 형태의 like를 받아들이기 어려워하는 사람이 많은 듯하다. 영어에서 가장 빨리 퍼지고 있는 용법이라 안타까울 따름이다. 캐나다 언어학자 샐리 태글리아몬티Sali Tagliamonte와 알렉산드라 다시는 이 용법의 사용이 10년이 채 안 되는 기간 동안 13퍼센트에서 58퍼센트로 증가했다고 설명한다.[14] 기하급수적 증가치라고 할 수 있다. 캐나다뿐만 아니라 전 세계 영어 전체에 나타나는 like에 대한 추가 연구에서는 담화 표지 like가 아닌 인용어 like야말로 '인류 언어 역사상 가장 강력하고 널리 퍼진' 언어 혁신이라고 주장한다.[15] 전 세계 영어에서 쓰이는 인용어 like의 거침없는 전진에 대한 한 연구에서 태글리아몬티와 동료 연구진은 이 현상을 '블랙 스완 이벤트(예측 불가능하고 급격한 변동을 초래하는 사건—옮긴이)'에 비유한다. 인터넷 발명, 9·11 테러, 또는 코로나19같이 우리의 행동 양식을 근본적으로 변화시키는 독특하고 전례 없는 사건으로 여긴다는 뜻이다.

태글리아몬티와 다시는 be 동사+like 형태의 사용 용법을 조사하던 중 1인칭 시점의 내부 대화(예: "I was like[내가 그런 거야]" 또는 "We were like[우리가 그런 거야]")에서 가장 많이 쓰인다는 점을 발견했다. 또 주로 현재형으로 쓰는 경우가 많았으며 특히 나이가 어린 화자의 경우 역사적 현재 시제(과거의 사건을 설명하는 데 현재 시제를 쓰는 것으로 주로 소설에서 많이 쓰인다)를 많이 사용한다는 점 또한 알 수 있었다. 사람들이 전달하는 말의 목적에 따라 say와 like를 번갈아가며 사용한다는 1990년대 초반의 연구 결과와 비슷한 맥락이다.[16] 예를 들면 누군가의 말을 직접 전달할 때는 'they said(그들이 말했다)'를 쓰고 자신의 생각이나 느낌을 표현할 때는 'I was like'를 주로 쓰는 식이다. 이 연구는 사건을 묘사하는 중에 자신의 관점을 전달하고 극적 긴장감을 높이고자 할 때 be 동사+like를 많이 사용한다고 주장한다.

상황에 따라 동사 say를 like로 대체하는 현상은 전 세계 영어 전반에 나타나며 이는 20세기 중반부터 대화 형식에 근본적 변화가 생기면서 시작되었다.[17] be like 형태가 떠오르기 전에는 사건을 다시 묘사해내는 것이 주목적이었다. 그러나 요즘은 말하는 사람의 '독백 연기' 같은 면이 추가되는 방식으로 변화했다. 단순히 사건을 있는 그대로 보고하기보다 극적 요소를 가미해 사건이 실제로 일어난 순간에 소리 내 이야기하는 것처럼 말하는 방식을 선호한다.[18] 결과적으로 예전에는 이야기의 중심이 사건 자체에 있었다면 이제는 말하는 사람이 사건을 어떻게 해석하는지가 중요하다. 이야기에서 자기 서사가 늘어나면서 스스로를 '인용'할 일이 생겨났고 그러다 보니 3인칭(그, 그녀, 그들)보다 1인칭(나 또는 우리) 시점을 주로 취하게 된다. 그런데 say라는 동사는 이런 새로운 접근 방식에 필요한 주관적 감정을 충분히 잡아내지 못했다. 그러다 보니 be like라는 형태가 생겨나 누군가의 말을 단순히 옮기는 데 그치지 않고 1인칭 시점에서의 해석을 집어넣게 되었다. 이처럼 처음에는 1인칭 시점에서 사용된 인용어 like는 점차 주어가 확대되어 1인칭뿐만 아니라 모든 인칭의 주어와도 함께 사용하며 'she(3인칭 여성형) can be like', 'he(3인칭 남성형) can be like', 'they(3인칭 복수형) can be like' 등으로 용법이 확대되었다.

담화 표지로서의 like가 문장 어디에나 위치할 수 있는 데 반해 인용어 like는 구조적으로 문장 안에서의 위치가 매우 한정적이라서 be 동사 뒤와 인용문 앞에만 올 수 있다.[19] 물론 인용어 like를 많이 사용하는 사람은 담화 표지 like 역시 자주 쓰는 경향이 있어, 유난히 like를 많이 사용하는 버릇이 있다고 보이기 쉽다. 그렇다면 기존의 방식을 뒤로하고 새로운 like로 전향한 사람들은 정확히 누구일까?

신조어와 젊음의 상관관계

대부분의 연구에서 영국과 아일랜드, 스코틀랜드부터 호주와

우리가 이렇게 말하는 데는 다 이유가 있어

뉴질랜드를 거쳐 캐나다와 미국에 이르는 전 세계 영어에 like 가 널리 퍼진 현상의 주체로 젊은 층을 꼽는다. 이제 더 이상 의외의 일도 아니다. 젊은 층에서 like를 담화 표지나 인용어로 사용하는 비율이 훨씬 높으며 이는 새로운 언어 규범이 발생할 때 흔히 나타나는 특징이다. 이 현상이 그저 젊은 층 사이에서만 유행하고 그칠지, 연령의 구분 없이 확대될지 여부가 주요 관심사다.

젊은 층이 가장 혁신적으로 새로운 형태의 언어 유입을 받아들인다는 사실은 확실하다. 그리고 새로운 형태의 언어는 사용자의 연대 의식을 강화하는 기능이 있으며 또래 집단에 호소하곤 한다. 나이가 있는 사람들이 인용 동사로 say를 사용하고 담화 표지로 you know를 쓰는 자리에 젊은 층은 like와 또 다른 like를 집어넣는다. 그렇다고 마흔이 넘은 세대라면 like를 절대 쓰지 않는다는 말은 아니다. 연구에 따르면 1980년대 후반에 태어난 사람들이 like를 가장 많이 사용하지만 1960년대 초반에 태어난 사람들부터 10년 단위로 like 사용이 증가한다.[20] 다시 말해 현대적 like는 등장하면서부터 천천히 사용되다 1990년대가 되면서 주류로 자리 잡아 현재는 새로운 표준으로 부상했다. 밀레니얼 세대(1980년대 초반에서 1990년대 중반에 태어난 세대—옮긴이)가 부모가 되고 나중에는 할머니, 할아버지가 되면서 like 역시 함께 나이 들어갈 것이다. 그리고 또 새로운 세대는 자연스러운 수순대로 거기에 자신들만의 새로운 규칙을 만들어간다.

여성이 변화를 주도한다

여러모로 활발한 젊은 층은 부모 세대보다 like를 더 빈번히 사용한다. 하지만 그중에서도 like를 떠올리면 우선 젊은 여성이 연상된다. 아무래도 '밸리 걸'이라는 말은 있어도 '밸리 보이'라는 말은 없지 않은가. 1950년대와 1960년대 남성 중심의 저항 문화(예: 비트 세대, 〈스쿠비두Schooby-Doo〉의 섀기)에서 태동했음에도 많은 사람들이 like를 여성적 언어라고 생각하는 경향이 있다. 이에 몇 가지 의문이 떠오른다. 일단, 젊은 남성은 like를 사용하지 않을까? 그리고 여성이 더 많이 사용한다면 그 이유는 무엇일까?

우선 고려해야 할 사항은 영어에는 성별 형식이나 표시가 없다는 점이다. 일부 언어에서는 사회적으로 남성과 여성이 사용하는 언어가 구분되어 있는 경우가 있다. 예를 들어 일본어에는 남성이 사용하는 어휘가 따로 존재한다. '나'라는 뜻의 'ore(/ore/)'나 'boku(/boku/)'는 남성이 쓰는 말이며 여성은 조금 더 여성스러운 형태인 'atashi(/atashi/)'를 사용한다. 단어 끝에 다른 음이 더해져 이에 따라 말하는 사람의 성별이 드러나는 언어도 있다. 미국 원주민 언어인 야나Yana에서 '사슴'을 뜻하는 말은 남성 화자가 쓸 때는 'ba(/ba/)'이지만 여성 화자가 말할 때는 'ba-na(/ba-na/)'다. 영어에는 남성이나 여성만 따로 사용하는 언어 특징은 찾아보기 힘들다. 매우 특이한 상황이 아니라면 한 성별이 하는 행동을 다른 성별도 어느 정도는 할 가능성이 높다. 다만 여러 사회적 요인에 따라 단어를 사용하는 횟수나 선호도에는 어느 정도 차이가 있을 수 있다.[21] 그러므로 일반적인 통념과 달리 담화 표지 또는 인용어로서의 like는 남성과 여성의 말에서 모두 찾아볼 수 있다.

그런데도 like가 여성의 말투라고 확신하는 이들은 왜 그런 걸까? 이는 개인적인 편견의 수준을 훨씬 넘어선다. 언어학자 제니퍼 데일리오케인Jennifer Dailey-O'Cain과 이사벨 부시텔라Isabelle Buchstaller가 진행한 연구에 따르면 like가 여성의 말투라는 인식은 이미 널리 퍼져 신념처럼 굳었을 정도다. 이는 사회가 남성보다 여성의 말투를 더 유심히 지켜보고 여성이 자주 사용하는 언어 특징을 부정적으로 규정하는 방식과 관계가 있는 듯하다. 여성이 남성보다 like를 많이 사용한다는 편견만 있는 것이 아니다. 이에 더해 like를 사용하는 여성은 지루하고 머리에 든 게 없고 무지하다는 시선 역시 존재한다. 이와 반대로 남성은 단어 끝에 오는 /-ing/ 대신 비표준 발음인 /-in'/을 여성보다 많이 쓰는데 그렇다고 /-in'/ 발음 때문에 남성의 인지 능력 저하에 대한 기사가 쏟아져 나오지는 않는다. 이는 무엇을 의미하는가?

여성은 역사적으로 수다스럽고 험담을 많이 하며 대화의 주제 면에서도 남성의 말보다 가볍다고 폄하되어왔다. 오늘날 성별과 언어를 연구하는 많은 학자들이 연구 주제로 삼는 부분이기도 하다. 예를 들어 'shrill(새된 목소리)', 'shrew(바가지 긁는 여자)', 또는 'gossip(수다)' 같은 단어는 모두 수백 년 동안 여성의 말을 부정적으로 묘사하고 비하하는 데 사용되어왔다.[22] 여기에 젊은 층과 여성 둘 다에 관련된 말버릇이라니, 헤드라인으로 삼기에 적절하고도 참으로 틀에 박힌 조합이 아닌가.

그나저나 매우 중요한 질문이 하나 더 있다. 젊은 여성이 다른 사람보다 like를 많이 사용한다는 인식이 과연 사실이긴 할까? 여기서 사실 관계가 약간 불분명해진다. 성별에 따른 like 사용 횟수는 연령별 사용 횟수보다 설명하기 복잡하다. 성별 간 차이가 발견된 사례에서는 대체로 남성보다 여성이 like를 더 자주 쓰는 것이 맞다. 특히 인용어 like는 일관되게 여성이 선호하는 습관으로 나타난다. 그러나 like가 담화 표지로 쓰이는 상황(예를 들어 문장 처음에 나올 때)에서는 남성의 사용 횟수가 더 많다는 연구 결과도 상당수 있고 about을 대체하는 근사 부사로 쓰일 때는 성별 간 차이가 아예 없다는 연구 결과도 여럿 있다.[23] 마크 리버먼은 2003년부터 거의 1만 2,000건에 달하는 전화 통화 녹음 자료를 바탕으로 연령과 성별에 따른 like 사용을 조사해 '랭귀지 로그' 블로그에 '가벼운 실험Breakfast Experiment'이라는 제목의 글을 게재했다. 방법론적으로 엄격히 설

우리가 이렇게 말하는 데는 다 이유가 있어

계된 연구는 아니었지만 리버먼은 이들 대화에서 남성이 여성보다 like를 조금 더 많이 사용한다는 특징을 발견했다. 젊은 층의 사용 횟수가 훨씬 많다는 가정은 확실한 사실로 드러났다. 여러 연구를 통해 젊은 남성과 여성이 나이 든 남성과 여성보다는 like를 훨씬 자주 사용한다는 점을 확실히 알 수 있었지만, 리버먼의 실험 외에 대부분의 연구에서는 여성의 말버릇에서 like를 발견할 가능성이 다소 높다고 나타난다.

언어학자에게 언어 특징의 양상이 성별에 따라 달리 나타난다는 사실은 크게 놀라운 일이 아니지만 그렇다고 여성이 더 유약한 성별이라는 의미도 아니다. 결과는 오히려 그 반대다. 지난 세기 동안 영어에 유입된 많은 언어 특징이 결국 새로운 표준으로 자리 잡은 데는 여성의 공이 크다. 언어학자 루이 고샤Louis Gauchat는 1905년 스위스 샤메이 마을에서 진행한 연구를 통해 음운변화에서 가장 앞서가는 계층은 젊은 여성이라는 주장을 펼쳤다. 성별에서 보이는 아무 차이나 끌어와 여성이 지적으로 열등하고 변덕스럽다는 결론을 내리지 않고, 사회언어학적 맥락에서 언어의 형태가 분포되는 양상을 구체적으로 조사한 최초의 연구였다.[24] 이보다는 최근에 사회언어학자 빌 라보브Bill Labov와 섀론 애시Sharon Ash, 찰스 보버그Charles Boberg가 공동 집필한 《북아메리카 영어의 음운 지도Phonological Atlas of North American English》라는 방대한 저서에서는 지난 50년간 영어 모음체계에 영향을 미친 대부분의 음운변화를 여성이 주도했다고 주장한다. 이외에도 언어 변화에서 여성과 젊은 층의 역할을 증명하는 연구가 다수 존재한다. 이 앞 장에서 다루었던 시간에 따른 공백 채움말의 변화에서 일어난 일과도 같은 양상이다. 점점 '음'을 많이 사용하는 추세에 관해 살펴보았을 때도 변화의 속도가 빨라진 후에야 남성도 이를 받아들이기 시작해 결국 이 시점부터는 성별 간 차이가 거의 존재하지 않게 되었다.

언어의 세계에서는 남성이 보조 역할을 맡는다. 1990년대 텍사스주에서 언어학자 캐슬린 페라라Kathleen Ferrara와 바버라 벨Barbara Bell이 진행한 초기 연구를 살펴보면 연구가 진행되는 동안 남성의 언어 사용이 여성과 비슷해지는 경향을 보였다. 한 가지 주의할 점은 새로운 언어 형태가 지나치게 여성적이라고 여겨질 경우 학술 용어로 언어적 후퇴가 일어나 남성의 행동이 역전될 수 있다는 것이다. 이성애 중심주의의 언어적 버전이라고 볼 수 있으며 간단히 이야기하면 마초처럼 행동한다는 뜻이다. 다음 장에서 다시 다루겠지만 언어 사용에서 남성성을 드러내고 싶은 욕망이 때로 지금까지와 다른 새로운 언어 형태를 받아들이는 모습으로 표출될 수 있다. 그러나 like에 한해서는 남성적 후퇴를 맞이할지 따라잡는 역할을 계속할지 아직 판단하기 이르다. 개인적으로는 like는 버티고 살아남으리라 본다.

좋든 싫든 계속된다

우리가 자주 사용하는 말이 모두 그렇듯 like 역시 자기만의 이야기를 지니고 있고 언어적 패턴이 있으며 많은 사람들이 받아들이고 사용자 수도 날로 늘어나고 있다. 미국 영어에서는 물론이고 또 다른 영어권에서도 like 사용이 조만간 사그라질 기미는 보이지 않는다. 그러므로 단지 문법적으로 틀렸다고 해서 like를 무시하기는 어렵다. 담화 표지와 인용 동사로서 like의 기능이 충분히 입증되었을 뿐 아니라 어원의 역사에도 뿌리가 깊다.

like를 이런 방식으로 사용하고 싶지 않은 사람도 있겠지만 그럼에도 like는 놀라운 언어적 혁신임에 분명하고 그 자체로 의미가 있다. 아직도 like가 마음에 들지 않거든 100년 후에는 like도 오늘날의 'fie(에잇, 쳇)'처럼 고전에서나 볼 수 있는 단어라고 생각하면 조금 위안이 될지 모르겠다.

4

dude

dude가
멋진 남성성을
상징하게 된 데는
흔히
생각하는 것보다
훨씬 많은
뒷이야기가 있다.

젊은 남성의 언어에서 가장 두드러진 특징이 무엇일까 생각하면 딱히 예의 바른 단어가 떠오르지는 않는다. 현대 언어에서 주목받는 새로운 특징을 젊은 여성이 주도한다면 남성은 언어의 미래를 위해 어떤 역할을 할까?

빌과 테드의 끝없는 모험 이야기(영화 〈엑설런트 어드벤쳐〉의 등장인물—옮긴이)가 전 세계적으로 불가사의한 성공을 거두고 도통 풀리지 않는 수수께끼 같은 〈웨인즈 월드Wayne's World〉를 보면 정답은 네 글자 안에 있는 듯하다. 지금 머릿속에 떠오르는 그 단어는 아닐 텐데, 힌트를 하나 줄까 한다. 처음에는 결투 신청이나 마찬가지일 만큼 모욕적인 의미로 시작했지만 지금은 어딘가 여유로워 보이고 매력적인 느낌을 주는 단어가 되었다.

또 like와 마찬가지로 지난 50년 동안 의사소통에서 활용도가 기하급수적으로 증가했다. 인사로도, 마무리하는 말로도 쓸 수 있다. 거절의 표시가 되기도 하고 공감의 표현이기도 하다.

과연 어떤 단어일까? 음, 당연히 'dude(친구, 인마, 녀석)'다. 그런데 um(음)과 like가 언어의 최신 유행을 대변한다면 다기능 문장 표지로 사용되는 dude의 매력은 저항 문화 특유의 무심한 듯 여유로운 정신이라고 할 수 있다. 여기서 궁금한 점이 있다. 한때 조롱하는 표현이던 dude는 어떻게 일상 대화와 맥주 광고, 외국 영화 대사에 이렇게나 많이 쓰이게 되었으며 또 도금시대Gilded Age(급격한 산업화가 진행되던 미국의 1865~1898년을 의미—옮긴이)의 성 규범과 하위문화(한 사회에서 일반적으로 통용되는 가치관과 행동 양식을 '전체 문화'라고 하며 그 안에 존재하면서 독자적 정체성을 보이는 특정 집단의 문화를 '하위문화'라고 한다—옮긴이), 지방 방언은 이 단어의 부상에 어떤 역할을 했을까?

남자아이들의 말?

대학에서 교수들이 dude라는 단어의 의미와 기능을 연구하고 있다는 걸 알았을 때 어떻게 반응했는가? 클링온(미국 TV 시리즈 〈스타트렉〉에 등장하는 외계 생물종—옮긴이)의 구조나 애니메이션 〈심슨 가족〉의 철학을 가르치는 강의가 있다는(수업료 다

날아갔다는 뜻) 이야기를 들었을 때와 별반 다르지 않을 듯하다. 하지만 여보게, 친구dude. 그런 게 아니다. 교수들이 정년 보장을 위한 밑거름으로 삼으려고 dude를 연구하는 것도 아니다. 현대 젊은 남성들 사이에 널리 퍼진 dude라는 말이 어린 남자아이들에게 요구되는 말투와 행동 양식을 결정하는 더 큰 문화적 요인과의 관계를 이해하고자 하는 것이다. 젊은 여성이 사용하는 언어는 감각적이고 도시적이고 세련되면서도 무심한 듯한 특징이 있다. 혁신 자체가 젊은 숙녀가 지녀야 할 사회적 규범에서 크게 벗어나지는 않는 경향을 보인다. like나 totally(완전) 같은 말은 비표준어도 아니고 관행에 어긋나지도 않는다. 단지 유행하는 말일 뿐이다. 하지만 남자아이들은 반항적이고 거칠고 결정적으로 남성적이어야 한다는 사회적 압박을 받으며 그로 인해 언어에서도 매우 다른 선택지를 갖는다.

Dude, what the fu×k?[1]
인마, 시× 뭐라고?

이 한마디면 앞에 나열한 모든 사항을 충족할 수 있다.

개인적으로 우리 집에도 dude에 관한 일화가 있다. 아들이 5학년일 때 갑자기 '두드스플레이닝dudesplaining(dude와 explain[설명하다]의 합성어로 거들먹거리며 설명하는 것—옮긴이)'이라고밖에 볼 수 없는 이상한 현상에 동참하고 있다는 것을 알아챘다.

이런 식이었다.

Dude, UFOs are real!
이봐, UFO는 진짜야!

Want some, dude?
어이, 이것 좀 먹어볼래?

또는 주의를 끌어야 할 때 별다른 말 없이 짧고 명료하게 "Duuuude!" 하고 소리치는 등이다. 아들이 흥분해서 자기도 모르게 나를 dude로 부르곤 했던 것을 보면 가끔 나도 그 대열에 낄 수 있었나 보다. 이제 dude는 언제 어디서나 의사소통에 필수 요소가 되었다. 몇 년이 지나며 아들의 두드스플레이닝은 점차 줄어들긴 했지만 한때 like만큼이나 문장 여기저기 들어갔던 dude는 여전히 친구들과 이야기할 때 빠지지 않는 단어다. 그런데 왜 dude인가? 'hey(어이)'나 'you know(알지)'로는 안 되는 무엇이 있길래 아들과 수백만 청년들이 dude에 열광하는 걸까? dude를 그저 어린아이들이 쓰는 비속어 정도로 생각하는 사람도 있겠지만 사실은 그 정도가 아니다. dude가 멋진 남성성을 상징하게 된 데는 흔히 생각하는 것보다 훨씬 많은 뒷이야기가 있다.

지난날의 의미

dude라는 단어를 듣고 떠오르는 얼굴을 말하라면 제목부터 그럴듯한 〈내 차 봤냐Dude, Where's My Car?〉(미국 코미디 영화—옮긴이)에 나오는 애슈턴 커처 아니면 빌과 테드를 꼽는 사람이 많을 듯하다. 아니면 다들 속으로 부러워해온 천성이 여유롭고 느긋한 누군가가 마음속에 떠오르거나. 어쨌든 모든 dude는 편안하고 자유로운 멋을 지니고 있다. 친구가 많고 남들에게 영향력을 발휘하는 자질이다. 하지만 dude는 원래 안 좋은 의미로 쓰였으며 남성을 구별하는 특정 옷차림과 행실에서 나온 단어다. 오늘날의 dude는 소년이 아닌 성숙한 어른 남자라는 뜻이지만 과거에는 오히려 나약한 부류를 지칭할 때 사용했다.

《옥스퍼드 영어 사전》에는 dude의 원래 뜻이 '옷이나 외모에서 차림새로 허영을 부리고 겉치레하는 남자. 멋쟁이, 샌님'이라고 되어 있고 요즘은 더 이상 이런 의미로 사용되지는 않는다고도 안내한다. 확실히 그렇긴 하지만 오늘날과 과거의 dude 사이에도 공통점은 있다. 둘 다 사회에 퍼진 '남성적' 가치에 대한 선입견을 보여준다. 19세기에는 미적 감각이 있고 옷과 미용에 관심 있는 남성을 지칭하는 말이었으며 이들은 남성에 대한 선입견으로 인한 한계를 극복하고 사회가 만든 경계에 도전했다. 과거와 매우 다른 방식이긴 하지만 오늘날의 dude도 마찬가지로 남성의 행동에 대한 전통적 기대를 거부한다.

1883년 미국에서 영향력 있던 〈뉴욕 월드New York World〉지에 실린 〈dude의 진짜 기원과 역사〉라는 시는 초창기 dude에 관해 엿볼 수 있는 최초의 자료다.[2] 당시 뉴욕에 힘은 없고 멋만 내는 남자답지 않은 남성들이 점점 늘어간다며 조롱하는 시였다. 오늘날 dude라고 하면 떠오르는 마초적이거나 지친 이미지와 달리 과거의 dude는 분명 여성스러운 인상을 풍긴다.

스포츠는 잔인하다며 거들떠도 안 보네.
축구도, 크리켓도, 사냥도 싫지.
그러면서 레모네이드는 1리터씩 마시네.
여자들과 모여 너무나 즐겁지

레모네이드를 홀짝이며 스포츠는 나 몰라라 하는 dude라니, 오늘날 dude의 이미지와는 사뭇 대조적이다. 자아도취에 빠져 영국적 허세를 부리고 어리석고 제멋대로인 dude다. 시에 묘사된 인물을 오스카 와일드라고 생각해보자. 미국 억양을 쓰는 오스카 와일드로 상상하면 된다. 문학에서는 서양의 방랑자 마크 트웨인이 《아서 왕궁의 코네티컷 양키A Connecticut Yankee》에서 아서왕의 기사들을 '철의 남자들iron dudes'로 묘사하며 옷을 화려하게 입는 이미지로 dude를 소개한다. 오늘날에는 dude의 의미가 달라져 현대의 독자들은 이 책을 읽으며 건장한 체격 때문에 생긴 별명이라고 생각할 법하다. 요즘 더 익숙한 '아이언 맨(마블 코믹스 영화의 초능력 캐릭터 중 하나—옮긴이)'을 떠올리는 것도 무리는 아니다. 그러나 그 당시 dude어語에 따르면 여기서 '철의 남자들'이라는 묘사는 행동이 아닌 과한 옷차림과 태도를 반영한다.

dude에 대한 관심은 곧 전국적으로 퍼져 이들의 옷차림이나 행동거지가 사람들의 입방아에 오르내렸다. 요즘으로 치면 회사 탕비실에서 나누는 뒷이야기의 도금 시대 버전이 아니었을까 한다. 1883년의 한 기사에 따르면 이 시대에는 "어떤 사람이 dude인지에 대한 논의가 잦았고 어디에나 꼭 dude가 한두 명씩은 있었다"고 한다.[3] 이 시절에 dude라는 말은 칭찬이 아니었다. 어느 젊은 신사가 누군가 자신을 dude라고 칭하자 대경실색하며 그 사람에게 결투를 신청했다 결국 명예훼손으로 고발했다는 일화가 있다. 〈뉴욕 타임스〉에서 이 사건에 대해 다루며 다툼이 있었다는 사실 자체로 진실을 알 수 있다고 했다. 진짜 dude였다면 정신이 소심해 다른 사람과 갈등을 일으키지도 못했을 것이라고 썼다.[4]

이 멋쟁이 dude에 대한 대중의 지속적 관심은 당시 새롭게 부상하던 젊은 세대 미국 남성을 여성스럽고 나약하다고 여기는 시대상의 반영으로 볼 수 있다.[5] 19세기 후반 여성이 참정권을 획득하고 남성 동성애자들이 양지로 나오면서 사회의 판도가 뒤집어졌다. 신성한 가족의 가치를 위협한다고 여겼으며 이런 분위기에서 dude는 다분히 불편한 존재였다.[6]

dude는 관습적으로 규정된 남자다운 행동을 위반했다는 점에서 보수 성향의 미국인들을 매우 날카롭게 만들었다. 정치 분야에서는 dude에 대한 이런 시선을 이용해, 사회 개혁을 추진하는 후보를 풍자하는 만평을 내는 전략도 썼는데 특히 1884년 선거에서 전략적으로 활용되었다. 전통에 어긋나는 방식으로 기존 정치와 사회를 위협하는 사람들에게 dude라는 딱지를 붙여 명예를 실추시킴으로써 매우 효과적으로 상대방의 힘을 무력화할 수 있었다.

옷 잘 입는 남자

옷이 사람을 만든다는 말이 있지만 옷이야말로 dude를 구분하는 핵심 요소이기도 하다. 영국인 교수 로버트 놀Robert Knoll이 1952년《아메리칸 스피치American Speech》(계간으로 발행되는 언어학 학술지—옮긴이)에 dude의 의미에 대한 글을 발표하며 사람들이 dude의 쓸모없는 면에만 지나치게 치중해 조롱하기 급급하다고 주장했다.[7] 1897년《옥스퍼드 영어 사전》에서는 '옷이나 말투, 몸가짐에 유난히 까다롭게 굴며 허세 부리는 남자를 조롱하며 붙이는 이름'이라고 dude를 정의한다. 놀은 1950년대까지도 dude라는 말에 비슷한 이미지가 남아 있긴 했지만 그 무렵에는 허세보다 옷을 잘 입은 외부인을 가리키는 말로 변화했다고 주장한다. 여전히 오늘날 생각하는 거친 마초와는 거리가 있다. 원래는 조롱과 폄하의 대상이던 dude가 현대사회에서 위상이 높아진 것을 두고 신데렐라 스토리를 떠올리는 사람도 있을 법하다. 그러나 사실은 그와 반대다. 그렇다면 까다롭게 굴며 멋이나 내던 dude는 어떻게 한 세기 만에 느긋한 성격의 상남자로 탈바꿈할 수 있었을까?

허영 가득한 영국식 멋쟁이를 가리키던 dude는 1930년대와 1940년대를 지나면서 옷차림 때문에 눈에 띄는 남자를 일반적으로 일컫는 말이 된다. 예를 들면 제복 입은 열차 차장이나 새 군복을 빼입은 군인을 가리키는 속어로 쓰이기도 했다.[8] 19세기 개척 시대 서부 지역에서는 관광객이나 도시에 사는 사람들을 외지인이라고 깎아내리는 말이기도 했다. 놀은 "와이오밍주 사람들 눈에는 과하게 옷을 차려입는 캘리포니아주 사람들 역시 보스턴 사람들만큼이나 dude처럼 보인다"고 언급한다. 언어학자 리처드 힐Richard Hill은 여기에 더해 서부 지역에서 정직하지 않은 사람을 지칭할 때도 dude라는 말을 사용했다며 영화 대사 한 구절을 인용했다.

That dude slickered me outta muh ranch, Hoppy![9]
저 자식이 나를 속여서 내 땅을 먹었다고!

현실에서 당시 관광객들은 옷은 부적절하게 입었을지 몰라도 서부 지역 가내공업을 부흥시킨 주역이었다. 관광용 목장이라는 뜻의 '두드 랜치dude ranch' 역시 20세기 중반에 사용하던 dude에서 의미를 차용해왔다. 당시 뜬금없는 옷차림을 한 도시인들에게 소 떼가 노니는 서부의 전원적인 라이프스타일을 판매해보겠다는 전략이었던 듯하다. 1991년 개봉한 영화 〈굿바이 뉴욕, 굿모닝 내 사랑City Slickers〉은 주인공이 서부 옷차림과 생활 습관에 맞춰보려고 어색한 노력을 기울이는 모습을 잘 표현한다. 빌리 크리스털Billy Crystal이 분한 미치가 친구의 옷차림을 마을 카우보이와 비교하는 장면이 나온다.

그렇다면 dude는 언제부터 '쿨한' 이미지로 탈바꿈했을까? 얽매인 게 많은 백인들보다 자유로운 사람들이 더 멋진 배경음악과 함께 등장하면서부터다. 1930년대와 1940년대에 재즈와 지르박의 시대가 열리면서 새로운 dude의 시대도 시작되었다. 이전 서부 관광객 느낌이 여전히 남아 있었지만 dude는 주트 슈트(1940년대 초 뉴욕의 재즈 뮤지션들이 즐겨 입으면서 유행했다. 어깨 폭이 넓고 길이가 긴 느슨한 재킷에 전체적으로 풍성하지만 발목으로 갈수록 통이 좁아지는 바지를 매치한 신사복 스타일이다—옮긴이)를 입은 아프리카계나 맥시코계 이민자들이 스스로를 dude라고 일컬으면서 저항 문화를 의미하는 속어로 자리 잡았고, 이때부터 dude를 떠올리면 부정적인 느낌이 아니라 패셔너블한 옷차림이 먼저 떠오르게 되었다. 여전히 외모에 신경을 많이 쓰긴 했지만 젠체하는 '댄디함' 대신 현대적이고 반항적인 패션이 유행했다. 이런 이유로 인종 문제가 불안정하던 당시 상황에서 dude는 세련된 멋쟁이보다는 위험한 존재로 여겨졌다.

앞으로 논의할 다른 언어 특징과 마찬가지로, 언어에 변화의 바람이 일어나는 초기에는 남들과 집단의식을 공고히 하기 위해 새로운 말을 쉽게 받아들인다. 이제 dude는 조롱의 대상이 아닌 백인 외 인종의 결속을 다지는 상징으로 새로 태어났다. 문화적 편견을 제쳐두고 삶에 대한 생각을 공유하는 친구를 부르는 말이 된 것이다. 곧 나이 어린 저소득층 백인 남성 역시 이 단어에 담긴 배경을 공유했다. dude는 그렇게 인종적 특수성을 넘어 빠른 속도로 퍼져나가 곧 중산층 남성도 사용하기 시작했다. 재즈와 비트 세대 문화를 좋아하고, 사회에서 주류라고 인식하는 기준에 따르고 싶어 하지 않는 계층이다.[10] 근사한 백인 dude가 전면에 부상한 것이다.

1970년 무렵에는 남자라면 누구나 dude로 부를 수 있었다. 더 이상 옷이나 외모에 신경 쓰는 정도를 기준으로 dude인지 아닌지를 결정하지 않게 되었다. 화려하고 까다로운 멋쟁이라는 이미지는 사라졌고 기존 질서에 순응하지 않는, 멋지고 의리 있다는 인상은 그대로 남았다. 저항 문화(마약, 서핑, 히피 등)에서는 '남자'라는 말의 동의어가 되었다. 이렇게 개념이 다시 정의된 덕분에 dude가 대중문화로 뻗어나갈 수 있었다. 힐은 dude를 1980년대와 1990년대에 일상에서 가장 많이 쓰이는 속어로 꼽으며 "영어에 실질적인 통사 혁명을 일으켰다"고 이야기한다. 또 공백 채움말이자 감탄사이며 "대화의 모든 부분에서 기능하는" 그 대단한 'f××k'에 버금가는 용법을 자랑한다고 주장한다. 그러면서도 예의가 없다고 지적당할 일은 훨씬 적으니 더 좋다. 즉 누구를 부를 때 말고도 다양한 상황에서 쓸 수 있는 다용도 단어이면서 할아버지 앞에서도 사용할 수 있는 단어다.

만세, 드디어 해냈다!

시간의 흐름에 따라 dude의 의미와 용도가 변화해왔다는 점은 충분히 알겠다. 그러나 어원학자는 또 다른 질문을 던진다. 이 단어 자체의 기원에 대한 물음이다. dude라는 단어의 어원을 맞히기는 사실 생각만큼 쉽지 않다. 잠재적 조상으로 중세 영어에서 긴 망토 형식의 겉옷을 뜻하는 'dudde'를 드는 학자도 있었다. 이와 뿌리를 같이하는 단어로 현대 구어에서 옷을 의미하는 'duds'가 있다.[11] dude라는 단어의 역사에서 옷이 늘 한 자리를 차지한다는 점을 생각하면 일리가 있다. 하지만 어원학계에서는 최근 예상치 못한 기록을 하나 발견했다.

어원학자 베리 포픽Barry Popik과 제럴드 코언Gerald Cohen은 과거의 신문과 간행물 기록을 10년간 조사한 끝에《의복과 장신구Clothier and Furnisher》1883년 호에서 dude의 어원을 보여주는 주요 대목을 찾아냈다. 당시 신조어였던 dude의 의미를

우리가 이렇게 말하는 데는 다 이유가 있어

약술하며 duds에서 나온 것이 아니라 'doody'의 줄임말이라는 주장이다. 내용은 다음과 같다.

'doody'는 /dood-y/라고 두 음절로 발음하며 뉴잉글랜드 지역 일부 도시에서 20여 년간 사용해온 단어다.[12] 아마도 '댄디함'의 축소판으로 탄생한 단어였던 것으로 보이고 옷 잘 입는 멋쟁이를 흉내 내는 사람들을 가리키는 말이었다…. 요즘은 'rude(무례한)'와 음운이 맞아 세트로도 사용하며 어디선가 읽은 외국 소설 속 병약한 느낌의 젊은 귀족 남자를 흉내 내고 싶지만 차마 제대로 따라 하지도 못하는 사람에게나 어울리는 말이다. 일상 대화나 언론에서도 인간으로서 필수적인 요소를 갖추지 못한 사람에게 쓰인다. dude에도 여러 종류의 사람이 있지만 공통점이 하나 있다. 세상에 보답하려는 의지가 없이 산다는 점이다.

이것으로 dude의 비밀이 풀린 듯 보이지만, 애초에 어쩌다 19세기 사람들은 doody라는 말을 사용하게 되었을까? 여기에는 예상치 못한 반전이 있다. 이 말은 〈양키 두들 댄디Yankee Doodle Dandy〉라는 노래에서 시작된 걸로 보인다. 독립 전쟁 당시 영국 군인들이 지저분하고 정신없던 미군을 무시하며 불렀던 군가이며 전세가 뒤집히면서는 미군이 영국군의 패배를 조롱하며 불렀다. 양측 모두의 애국심을 고취하며 오랫동안 살아남은 노래다.

군인들의 노래였던 〈양키 두들 댄디〉는 또 어떻게 dude를 위한 송가가 되었는가? 한마디로 이야기하면 마카로니 때문이다.

지금 이 대목을 읽으며 머릿속에 울려 퍼지는 노래가 있을 것이다. 이왕 그렇게 된 김에 가사도 한번 떠올려보자.

Stuck a feather in his cap and called it macaroni.
머리에 깃털을 꽂고 마카로니라고 불렀네.

유치원에서 수없이 따라 부르면서도 대체 깃털이랑 마카로니 파스타가 무슨 상관인지 궁금해한 적이 없었다. 물론 오늘날에는 상관이 없다. 그러나 그 옛날에는, 적어도 18세기에는 이탈리아 음식을 먹으며 유럽 분위기를 내던 젊은 영국인 남성을 마카로니라고 불렀다. 이 청년들은 향락을 즐겼고 패션 감각이 뛰어났다. 딱 붙는 조끼에 높이 솟은 가발을 쓰고 광이 나는 신발을 신고 다녔다. 연못(대서양을 의미—옮긴이) 건너 저편에서 온 시골뜨기 우리 '양키 두들'은 이 멋쟁이들을 따라 하려고 모자에 깃털을 꽂아보지만 생각처럼 되지 않는다. 노래 속 'doodle'과 'dandy'가 합쳐져 이 새로운 미국식 멋쟁이를 부르는 말인 doody가 탄생했다.

doody가 처음 세상에 나온 배경이다. 서부 테마의 1950년대 어린이 TV 프로그램 〈하우디 두디Howdy Doody〉 역시 doody

우리가 이렇게 말하는 데는 다 이유가 있어

가 유행하는 데 공헌했다고 추측한다. 이 프로그램은 서핑 문화와 더불어 유명한 'cowabunga(서핑할 때 지르는 감탄사)'라는 단어도 양산했다.[13,14] 〈하우디 두디〉가 인기를 끌던 시절보다 나중 세대는 레오나르도와 도나텔로(어린이 만화 시리즈 〈닌자 거북이〉의 등장인물—옮긴이)의 외침이 익숙하겠지만 cowabunga는 말하는 닌자 거북이들이 세상에 나오기 훨씬 전부터 있던 말이다. 이렇게 양키 두들에서 〈하우디 두디〉를 지나며 dude는 현재의 의미로 드디어 재탄생했다.

dude의 부상

오늘날 사용하는 dude는 마초 이성애자 남성 이미지를 유지하면서도 남성들의 유대를 공고히 한다. 이 점을 살펴보기 위해 dude가 누구인지부터 시작해보자. 최고의 dude 열 명을 뽑아보라고 하면 누가 리스트에 올라갈까? 컬트 코미디 영화 〈위대한 레보스키The Big Lebowski〉에서 대마초나 피우며 슬렁슬렁 살아가는 제프 브리지스Jeff Bridges의 '듀드The Dude'가 일단 생각난다. 〈리치몬드 연애 소동Fast Times at Ridgemont High〉에서 느긋한 서퍼로 나오는 스피콜리 역시 dude를 제대로 대중문화에 풀어냈다. 하지만 언어학자이자 dude이기도 한 스콧 키슬링Scott Kiesling은 40세 아래 세대에게 '멋진 유대'를 보여주는 좋은 예는 영화 속 주인공보다는 자신이 현실에서 어울리는 주변 사람들일 경우가 많다고 이야기한다. 키슬링의 연구에 따르면 dude는 요즘 젊은 남성들이 우정을 표하되 위협적이지는 않게 이성애자로서의 거리를 유지하고 싶을 때 사용하는 말이라고 한다.[15] 거기에 최근에는 서핑이나 스케이트, 마리화나 등 현실에 크게 개의치 않는 것 같은 느긋한 문화가 더해져 기존 질서에 고분고분하지 않다는 이미지도 생겼다. 청소년기를 지나고 있거나 이제 막 성인이 된 젊은 남성에게 '남자다움'의 길을 제시하는 요소들이다.

물론 인기를 얻고 사회적 관계를 공고히 하는 것은 특히 이 시기에는 남성과 여성 모두에게 중요한 일이다. 그러나 이를 언어적으로 달성하는 방식은 남성과 여성에게서 상당히 다른 양상으로 나타나며 시간이 지나면서 이것이 언어에 중요한 영향을 미친다. 성별에 따라 특정 언어 형태로 기우는 생물학적 경향이 따로 있지는 않지만, 사회적으로 남성과 여성이 선호하는 표현법에 차이가 생기기는 한다. 상당 부분이 사회적 기대치에 의해 발생한다. 소년은 그대로 소년으로 남지만 소녀는 숙녀가 되어야만 한다. 그 결과 여자아이들은 남자아이들보다 엉뚱한 행동에 대해 더 제재받고 외부인과 소통하기 용이한 언어를 사용하도록 요구받는 경향이 있다. 비속어는 덜 쓰고 조금 더 공식적이고 세련된 언어를 사용하길 바라는 사회적 기대가 존재한다. 언어에서 여성이 주도하는 새로운 특징은 시간이 지나면 새로운 표준이 되는 일이 많지만 남성이 사용하는 언어 특징은 방언에 머무는 경우가 많다. 특히 특정 인종이나 노동자 계층에서 사용해 유행하게 된 말일 때는 더욱 그렇다. 남성이 사용해 인기를 끌게 된 말은 공식적으로 인정받는 상태까지 올라가지 못하는 경우가 많은데, 바로 이 점이 해당 언어 특징을 매력적으로 만드는 부분이기도 하다. 부모님 앞에서 누군가에게 "시×, 꺼져F××k off"라고 할 수는 없지만 친구들에게는 분명히 강한 인상을 남긴다. 즉 어떤 단어나 언어 특징은 비공식적 대화에서만 쓰이기 때문에 집단 내 공동체 의식을 강화하기도 한다.

영국에서 인기 있는 코크니 방언이 왕족이나 정치인의 연설에 감칠맛을 더하기도 한다. 에스추어리 영어Estuary English(잉글랜드 남동부에서 사용하는 억양—옮긴이)라고 불리는 억양은 표준어가 아니지만 서민적인 느낌을 주어 연설에 자주 등장한다. 이뿐만이 아니다. 단어에서 g를 빼고 발음하고 t를 삼키듯 말하기도 한다.

Don' mess with me bu' how 'bout we grab a pint or somefin'.
열받게 하지 말고 그냥 맥주나 한잔하러 가든지.

상대방을 'mate'나 'bloke(미국 영어의 dude와 같은 용법이다—옮긴이)'로 부르는 것도 마찬가지다. 좀 더 최근에는 여러 문화권의 억양이 섞인 런던 영어Multicultural London English, MLE가 젊은 세대에게 인기를 얻고 있다.[16] 'what's up'을 /whagwan/이라고 이상하게 발음하고 독특하게 man을 대명사로 사용하는 식이다. 카리브해풍 힙합 음악과 도시 노동자들의 문화가 뒤섞인 느낌이다.[17] 물론 남성들만 이런 말투를 좋아하고 잘 쓰는 것은 아니지만 보통 이로부터 사회적으로 이득을 보는 쪽은 남성인 경우가 많다.

dude의 의미가 계속 바뀌던 때와 마찬가지로 미국 젊은 남성들은 도시적 언어 특징을 취하는 경우가 많은데 반항적이고 기존 질서에 순응하지 않는 이미지 때문이다. 물론 이 같은 현상은 언어 형태 자체에 내재하는 특징이 아니라 특정 언어 특징을 사용하는 사람에 대한 문화적 고정관념과 관련이 있다. 실제 도시 언어는 영화나 음악 속 거친 인물들이 쓰는 '갱스터' 말투 말고도 다양한 측면이 있다. 그중 특히 혁신적인 특징은 인종에 관련된 언어 특징에서 두드러지는데, 이는 외부 집단으로부터 위협이 있을 때 언어가 집단 내 연대를 형성하는 데 주요한 역할을 하기 때문이다. 그러나 외부 집단에서 생각하는 젊은 흑인 남성에 대한 고정관념(예를 들어 힘이 세다, 위험하다 등) 때문에 말투에 '터프함'이라는 특징을 만들어내 연관성이 생기기도 한다. 그 결과 강하고 멋있어 보이고 싶은 시골 백인 소년에게는 랩이나 힙합 문화에서 접하는 'ain't(be not)'나 'aks(ask)', 'thang(thing)' 같은 특정 말투가 무척 매력적으로 느껴진다. 제프리 초서Geoffrey Chaucer(중세 영국 시인—옮긴이) 시대에는 aks

가 지금보다 훨씬 유행했고 찰스 디킨스 같은 문학 거장들도 ain't를 사용했다는 사실을 아는 사람은 많지 않다. 또 아프리카계 미국 영어 역시 다른 영어만큼이나 복잡하고 문법 규칙의 지배를 받는다. 그렇다고 해서 매력이 사라지는가? 그렇지는 않을 것이다.

비속어는 길거리 문화를 반영한다는 면에서 의미가 있고 남자아이들에게 인기 높은 이유도 바로 그 때문이다. 여자아이들이 사용하는 말도 기존에 존재하던 언어 특징에서 비롯하지만 '음'이나 보컬 프라이처럼 사회적 낙인이나 인식이 드러나지 않는 말을 선택하곤 한다. 특정 입장을 취하거나 다른 사람에게 맞서거나 남들과 어울리기 위해 언어 특징을 사용할 때 그 말에 사회적 의미가 담기게 된다. 남자아이들은 새로운 언어 특징을 채택하는 경우가 많은데 말 자체에 이미 낙인이나 사회적 의미가 담겨 있곤 하며 바로 그 점이 남자아이들을 부추긴다. dude 말고도 이런 이유로 10대 소년들이 좋아하고 자주 사용하는 네 글자 단어가 또 있다(fuck을 의미한다—옮긴이). 역시 (부모님의 기대에 반하며) 기존 문화에 저항하는 언어라는 점에서 남자아이들의 흥미를 끈다. 이런 면 때문에 표준어 반열에 오르기는 어렵겠지만 사람들이 매력적이라고 생각하는 새로운 의미(느긋함, 초연함 등 같은)가 더해지면서 새로운 지지자들을 끌어들인다.[18] 그러면서 처음 그 말을 사용하던 특정 집단을 넘어 다양한 사람들이 사용하는 기능적 언어로 자리 잡는다.

dude 역시 정확히 이런 과정을 거쳐 주류 언어가 되었다. 느긋하고 여유로우며 남자들끼리의 연대를 중시하지만 너무 필사적으로 관계에 연연하지는 않는 남성의 분위기를 풍긴다. 키슬링은 dude를 떠올릴 때 마약이 연상되는 점 역시 "반항적이고 매사에 너무 심각하지 않은 남성" 이미지 때문이라고 제안한다.[19] 느긋한 문화와 연관성을 갖기 전에도 주류가 아니라는 점 덕분에 오히려 쉽게 대중화될 수 있었다. dude는 처음에는 특정 집단에서만 사용되다 점차 일반적인 대화에 퍼져나갔다는 점에서 담화 표지 like나 '음'과 비슷한 길을 걸었다고도 볼 수 있다. 앞으로도 계속 논의하겠지만 이런 현상은 언어가 변화하는 과정에서 흔히 일어난다.

이 앞 장에서 이야기한 언어 패셔니스타의 남성화 버전이라고 하면 의아해할 dude들이 있겠지만 젊은 남성 역시 여성과 마찬가지로 dude를 통해 같은 종류의 사회적 페르소나를 획득하고자 했다. 단지 사회에서 업신여기거나 멍청하다고 비난하지 않을 뿐이다. dude를 사용하면 경력에 치명타가 될 거라고 경고하거나 이를 '전염병'으로 진단하는 신문 기사를 얼마나 본 적 있는가? 거의 찾아보기 힘들다. 인터넷에서는 오히려 이 현상을 '듀드이즘dudeism'이라고 이름 붙여 마치 철학 사상인 양 다루는 사람도 있고, 〈롤링스톤〉 같은 잡지에서는 'dude의 10년The Decade of the Dude' 같은 기사를 싣기도 한다. like를 입에 달고 사는 엘 우즈(영화 〈금발이 너무해〉 시리즈의 여주인공으로

리스 위더스푼이 연기했다—옮긴이)가 언제 이와 비슷하기라도 한 대우를 받은 적이 있었던가? 반려견 치와와 브루저가 사랑받았던 부분까지 치면 모를까, 없다.

우리 모두의 친구

이 모든 것이 〈양키 두들 댄디〉라는 노래에서 시작되었을지 몰라도 에어로스미스의 〈여자 같은 사내 Dude Looks Like a Lady〉라는 곡은 어떤가? 원래 dude의 뜻이 여자 같은 멋쟁이였다는 사실을 떠올리면 꽤 그럴듯하다. 하지만 에어로스미스가《의복과 장신구》구독자도 아닐 텐데 굳이 dude의 초창기 의미를 상기하려고 이런 곡을 쓰지는 않았을 것이다. 그보다 가사 중에 한 남성이 다른 남성에게 "우리는 멋지니까 다른 남자들에 대해 이야기할 수 있지"라고 말하는 부분이 있는데 이것이 현대적 dude의 핵심 요소다.

에어로스미스가 이 노래를 부르고 돌연변이 닌자 거북이 영화가 히트한 후로 dude의 인기는 점점 높아지고 있다. dude의 현대적 사용을 분석하기 위해 스콧 키슬링은 학생들에게 상황별로 dude가 사용된 예를 모아 'Dude 코퍼스(언어 연구를 위해 전자 파일 형태로 구조화한 데이터베이스—옮긴이)'를 생성하게 했다. 학생들은 각각 3일간 일상생활에서 dude가 사용된 정황을 구체적으로 기록했다. 말한 사람과 dude라는 말을 들은 대상, 대화의 맥락 등에 대해서다. 키슬링은 전체적인 상황을 파악하기 위해 대학 동아리에서 민족지학ethnography 현장 조사를 할 때 녹음했던 자료도 살펴보았다.

이 연구를 통해 강의실 밖 대학생들의 생활에 대한 지식을 얻을 수 있었고 또한 dude가 대화에서 일종의 접착테이프 역할을 하며 다양한 활약을 한다는 사실을 알아냈다. 잘 알려진 인사의 기능 외에도 상대방의 상황을 공감할 때(힘들었던 수업 후에 한탄하며 "Dude, 시험 너무 어려웠지"라고 말하는 등), 또는 흥분하거나(고음으로 "Dude!") 경멸을 표현할 때(저음으로 "Dude!")도 사용한다. 강압적이거나 대립하는 듯한 상황을 상쇄하기도 한다("Dude, 그러지 마" 또는 "이번에 네가 빨래할 차례야, dude"). dude 한마디만 적절히 배치해도 하루를 엉망으로 보낸 사람을 위로할 수 있다(비통한 말투로 "Dude").

dude의 여러 용법에서 기본이 되는 부분은 사용자 간의 유대감을 표현한다는 점, 그리고 부적절한 성적 친밀감 없이 평등한 느낌을 준다는 점이다. 자신이 이성애자라는 사실을 언어로 전달하는 것은 청소년기 남성에게 특히 중요한 문제로 보인다. 남자들 사이 우정과 우애로 연결되는 인종적 공통점이나 노동자 계층의 유대감 등에 동참하려면 반드시 그 점을 증명해야 한다. 또 미국 문화에서 남성에게 기대하는 신체적 우월함이나 강인함이라는 요소에도 부합한다.

예상했겠지만 키슬링에 따르면 남성은 애인과 대화할 때는 dude라는 말을 거의 사용하지 않으며 다른 남성과 이야기할 때만 사용한다. 데이트 상대를 dude라고 부르면 앞으로 있을 만남이나 작별 키스에 전혀 도움이 되지 않는다. 그러나 성별이 여성일 뿐인 그냥 친구는 dude라고 불러도 별문제가 없어 보인다. 실험에 참여했던 남성들은 이를 두고 남성성과는 관계가 없지만 상대 여성과 낭만적 관계가 아니라는 신호로 dude를 사용한다고 밝혔다. 학생들은 감탄사나 강조어로 dude를 사용하는 일이 많았다. 어떤 일에 대해 이야기를 나누는 중에 상대방에게 공감하며 고개를 옆으로 저으면서 길게 "duuuuude"라고 하는 것이다. 성별에 관계없이 dude를 쓰게 될 날도 머지않아 보인다.

실제로 dude가 남성의 전유물이던 시대는 저물어가는 듯하다. 요즘 dude는 여자처럼 보이는 게 아니라 실제로 여성이기도 하다. 도무지 끝날 기미가 보이지 않는 〈엑설런트 어드벤처〉 시리즈의 최근 편에서는 주인공의 딸들이 다음 세대 dude로 나오며 이전 시리즈에서 아버지들만큼이나 자주 dude를 외친다. dude에 사회적 뉘앙스가 더해지면서 더 이상 남성성을 강조하지 않게 되었다. 남성성보다는 친밀하고 느긋한 동지애의 느낌, 또는 친구가 잘못했을 때 핀잔주는 용법이 우세하다.

Dude, WTF? That was my pizza!
뭐야, 장난해? 그거 내 피자잖아!

한 언어 특징이 어떤 사회적 정체성의 상징으로 인정받고 자리 잡으면 그 정체성을 지니고 싶어 하는 사람들은 그 말을 더 자주, 널리 사용한다. 그렇게 더 많은 사람들이 채택해 쓰면서 시간이 지나면 새로운 규범과 의미가 정착한다.

원래는 남성에게만 사용하던 말에 여성도 매력을 느낀다는 점이 이상할 수 있다. 하지만 남성만을 위한 용어였다가 여성에게까지 확장된 예는 얼마든지 있다. 2인칭 대명사 'you'는 복수형이 따로 없는데 영어 사용자들은 이를 해결하고자 you의 다양한 복수형을 생각해냈다. 'youse', 'yinz', 'you folks', 'ya'll' 등이 있고 가장 많이 쓰이는 말로는 'you guys'가 있다. 여기서 'guys'는 보통 남성을 지칭하는 말이지만 2인칭 대명사로 쓸 때는 성별에 관계없이 자유롭게 사용한다.

그런데 생각해보면 여성을 지칭하는 단어를 남성에게 확장해 사용하는 경우는 많지 않다. 애정을 과장되게 표현하는 'girl' 정도를 빼면 말이다. 그러나 사실 놀랄 일도 아니다. 성별에 의해 제한적이던 용어가 포괄적으로 사용되는 예는 역사상 언제나 한 방향으로만 흘러왔다. 남성의 용어는 여성에게도 사용할 수 있지만 여성의 용어는 남성에게 큰 인기를 얻지 못할 뿐 아니라 모욕으로까지 여겨진다. 이쯤 되면 어떤 위계 체계 같은 것이 있어 dude가 맨 위 서열을 차지한 게 아닐까 궁금할 지경이다.[20] 남성이 국가를 운영하고 기업을 통제하며 같은 일을 해도 여성보다 돈을 더 많이 받는 세상처럼 말이다.

이렇게 성별을 뛰어넘어 널리 퍼지는데도 dude가 곧 사그라들 말이라고 생각하는 사람도 있다. 수명이 짧았던 '맨번man-bun(머리카락을 둥글게 말아 묶는 남자 헤어스타일—옮긴이)'이나 '브로플레이크broflake'처럼 말이다. 현대적 dude가 미치는 영향력과 확산을 과소평가하는 태도다. dude의 여러 용법 중 무엇이 가장 유용한지 알고 싶다면 슈퍼볼(미국 프로 미식축구 결승전—옮긴이) 광고나 만화를 읽어보라고 말하고 싶다. 아니면 고등학교에 가봐도 좋다. 어디서나 다양한 의미와 용법으로 dude가 퍼져 있는 것을 목격할 수 있다.

dude의 잠재력에는 한계가 없는 듯하다. 구글에서 2022년 버드 라이트(미국의 대표적 라거 맥주 브랜드—옮긴이) 광고를 검색해보자. 오직 dude라는 단어만 사용해 의사소통하는 남자의 이야기다. 같이 사는 친구가 너무 가까이 앉자 비키라는 의미로 "Dude"라고 말한다. 우유에서 상한 냄새가 나면 "Duuuude"라며 불평한다. 공원에서 야구를 하다 공을 잡을 수 있을 것 같으면 친구에게 "Dude, Dude!" 하고 소리친다. 여자와 나란히 소파에 앉아 영화를 보다 친구에게 나가라는 신호를 주고 싶으면? 짤막하게 "Dude"라고 말한다. 사무실 앞자리에 앉은 동료가 연필로 책상을 계속 치고 있다면 짜증 난 목소리로 "Dude"라고 하면 된다. 광고 전체가 dude로만 이루어져 있고 다른 말은 아예 안 나온다. 다양한 어조와 목소리로 뱉는 dude 한 마디로 많은 말을 할 수 있다. 표현이 많지 않은 남자들의 전형적인 모습을 웃기게 그리기도 했지만 사람들의 대화에 언제나 등장하는 dude를 잘 표현했다. 게다가 광고를 보는 누구나 무슨 말인지 알아듣는다는 데서 이 광고의 천재성이 드러난다.

운명의 단어

대화에서 dude를 활발히 사용하는 중이라면, 또는 못마땅하게 지켜만 보는 입장이라고 해도 dude가 지금까지 지나온 길은 인정해야 한다. 그저 네 글자로 이루어진 또 다른 단어에 불과하다고 생각할 수도 있지만 이 단어는 조롱의 말로 시작해 여러 복잡한 의미를 전달할 수 있는 놀라운 용어로 진화하고 역사에 자기만의 획을 그으며 지금에 이르렀다. 기운 없어 보이는 댄디 가이부터 화려한 주트 슈트를 입은 남자, 그리고 서핑을 하며 인생을 여유롭게 즐기는 남자까지, 그리고 마침내 여자인 친구를 의미하기도 하는 dude는 우리 언어에 길이 살아남을 것이다.

5

ing CH
g
'in'

현실에서
-ing를 정장
이라고 한다면
-in'은 편안한
트레이닝복
정도라고 보면
된다.

언어는 시간이 지나면서 변화한다. 이 점은 앞에서 확인한 바 있다. 그러나 언어에 일어나는 지각변동만으로 모든 대화를 설명할 수는 없다. 각기 다른 상황에 표현하고자 하는 것이 달라 발음이나 단어에 변화를 주기도 한다. 마치 비싼 레스토랑에 갈 때 청바지에 티셔츠 대신 드레스를 입는 것과 비슷하다고 할 수 있다. 기본적으로는 공중도덕을 지키기 위해 옷을 입어야 하지만 어떤 옷을 입을지 선택하는 것은 단순히 몸을 가리기 위함을 넘어 사회적 행동에 대한 의지를 드러낸다.

언어도 이와 마찬가지다. 그런데 왜 우리는 누군가가 이유가 있어 선택한 언어를 그토록 빨리 평가절하해버릴까? 언어적으로 유연한 사람을 보면 매사 주의 깊지 않고 말을 아무렇게나 한다고 쉽게 낙인을 찍어버린다.

예를 들어 영어에서 '-ing'로 끝나는 단어를 /-in'/으로 발음하는 일이 많은데 흔히 '자음을 삼키는' 발음과 동일시하곤 한다. 이렇게 발음하는 사람을 게으르고 말을 정확하게 하지 않는다고 힐책하지만 현실에서 -ing를 정장이라고 한다면 -in'은 편안한 트레이닝복 정도라고 보면 된다. 언어학적 관점에서만 보면 모두 맞는 발음이지만 수 세기 동안 두 형태가 공존해온 것을 보면 다른 이유가 있지 않을까?

생략이 아니다

단어를 말할 때 모든 음절을 또박또박 소리 내 발음하지 않으면 발음이 엉성하고 무식해 보인다고 생각하는 사람이 많다. 특히 철자와 다르게 발음할 때 이런 경향이 두드러지는데 그렇게 생각하는 사람은 당연히 규칙을 한 번도 어긴 적이 없다고 스스로 믿는 듯하다. 그렇다면 그들에게 'often(종종)'이나 'knight(기사)', 'gnaw(갉아먹다)'는 어떻게 발음하는지 묻고 싶다. 우리가 아무렇지도 않게 생략해버리곤 하는 묵음은 과거에서 온 유령 같은 존재다. ING로 끝나는 단어에서 끝에 'g'가 아직도 매달려 있는 이유는 그저 현대 영어에 -in'과 -ing라는 두

가지 선택지가 모두 존재하기 때문일 뿐인데 우리는 여전히 철자만 갖고 스스로의 눈을 가린다.

게다가 따지고 보면 g를 실제로 발음하는 사람은 아무도 없다고 봐도 무방하다. -ing와 -in' 두 발음 모두 흔히 생각하는 일반적인 g 소리(발음기호 /g/로 쓰는 소리)는 어차피 포함되어 있지 않다. 철자만 따지면 다르게 보여도 두 발음 모두 사실은 모음 하나에 비음이 더해진 형태이며 의미 있는 차이는 이 비음에서 생겨난다. -ing 발음은 혀 중간이 입천장 뒷부분(연구개) 쪽으로 들리면서 나는 비음이다. 이를 연구개비음이라고 하며 발음기호로는 /ŋ/이라고 쓴다. 'king(왕)'이나 'sing(노래하다)'을 발음해보면 이 신기한 조음이 어디서 일어나는지 알 수 있다. 이와 달리 -in' 소리는 우리가 좋아하고 익숙하기도 한 비음으로, 'n' 소리이며 발음기호로는 /n/이라고 나타낸다. 혀끝이 앞 윗니 바로 뒤쪽 치경에 닿기 때문에 언어학에서는 이것을 치경비음이라고 하며, 치경은 뜨거운 피자를 먹다 잘 데곤 하는 부위다. kin과 king을 각각 발음해보자. 또 sin, sing을 발음해보면 혀의 위치가 어떻게 다른지 느낌이 온다. 어쨌든 두 가지 모두 한 음절이다. king을 발음할 때 /kin/을 먼저 하고 그 뒤에 /g/를 붙이는 게 아니다.

실제로 /g/ 발음이 있는 게 아니라는 말이 잘 이해가 안 간다면 'finger(손가락)'와 'singer(가수)'를 비교해보자. finger의 경우 보통 /g/ 소리를 중간에 넣어 /fing-ger/로 발음하지만 singer

는 /sing-er/로 /g/ 소리가 나지 않는다. 이 경우 역시 연구개 비음이지 /n+g/ 발음이 아니다. 더 좋은 예로 〈아메리칸 아이돌American Idol〉의 심사 위원 루크 브라이언Luke Bryan의 singer 발음을 들어보자. 원래 없어야 할 /g/ 소리를 의식적으로 추가해 /sing-ger/로 발음한다. 실제로는 /g/ 소리가 나지 않는데 있지도 않은 /g/ 발음을 '생략'한다고 생각하는 이유는 고대 영어에 존재했던 접미사가 철자에 그대로 남아 있기 때문이다. 연구개음과 치경음을 섞어 쓰는 것은 게을러서도, 혀에 한 피어싱 때문에 혀가 입천장에 닿지 않아서도 아니며, 이 두 형태로 각기 다른 사회적 의미를 전달할 수 있기 때문이다. 사실 누구에게나 자신만의 언어 특징이 있고, 말투도 다양하다. 그중 각자의 사회적 상황에 맞게 말하는 방식과 말투를 선택한다. 'want to(~하길 원하다)'를 'wanna'라고 하고 'don't you'를 'donchu'라고 말하는 식이다. 물론 -ing을 -in'이라고 말하는 것도 마찬가지다. 이렇게 형태를 바꾸는 것을 변화라고 볼 수는 없다. 한 가지 형태가 시간이 지나며 다른 형태를 대체하지는 않기 때문이다.[1] 그보다는 공존하며 사회적 맥락에 따라 다양한 표현을 할 수 있게 해준다.

우리가 이렇게 말하는 데는 다 이유가 있어

사회적 구분

사회언어학에서는 사회적으로 의미 있는 언어 특징을 연구한다. 어떤 언어 특징은 사용자의 정체성을 드러내기도 하고 일반적인 **규범**에서 벗어나 사회적으로 구별된다. 종종 한 집단에서 특정 유형을 유난히 많이 사용하기도 하는데 이럴 경우 그 집단과 연관된 모든 것이 해당 언어 특징과 연결된다. 예를 들어 친구들은 -in'을 많이 쓰는데 직장 상사는 사용하지 않는다면 -in'은 편안하고 가벼운 분위기에서 쓰는 말이지 직장에서 협상할 때 사용하는 말은 아니라는 것을 알 수 있다. 정비소에 자동차를 수리하러 갔는데 다들 -in'이라고 말하는 것을 들으면 그때부터 -in'은 유대가 끈끈한 블루칼라 노동자들의 정서와 연관 관계가 생긴다.

다른 사람과의 대화는 말하고자 하는 바를 전달하는 것 이상의 목적을 지닌다. 이 과정에서 의사소통을 원활히 하고 사회적 의도를 드러내기 위해 다양한 언어 특징을 활용한다. 예를 들어 "Whatcha doin'(지금 모 해)?" 같은 질문은 편안하고 가까우며 격식을 차리지 않는 관계를 표현한다. 이에 비해 "What are you doing(지금 뭐 하시나요)?"은 훨씬 냉담하게 들리고 거리가 느껴진다. 직업을 묻는 간단한 질문을 하면서도 왠지 소리 지르며 나무라는 듯한 느낌을 줄 수 있다. 이렇게 표준 규범에 따르지 않는 것만으로 대화 상대에게 자신의 모습을 드러내고 상대방과의 관계에 단서를 제공한다.

우리의 일상 대화는 서로 주고받는 사회적 힌트로 이루어진다. 지금 얼마나 진지한지, 상대와 얼마나 친밀한지는 물론, 출신 지역, 나이, 사회적 지위 등에 대해 신호를 보낸다. 이런 맥락에서 -in'과 -ing를 둘 다 사용해야 이 모든 것을 효과적으로 표현할 수 있다.

ING란 무엇인가

한두 해 전 크리스마스 직후에 반품할 물건이 있어 UPS(미국에 본사를 둔 물류 운송업체—옮긴이) 지점에 들렀다. 카운터 뒤에 걸린 플래카드를 보니 갈색 유니폼을 입은 UPS 직원들에게 더할 수 없이 공감했고, 친근감마저 들었다. 언뜻 생각하기에 택배 회사와 언어학자 사이에 공통점이 많지는 않다. 게다가 나는 보통 UPS보다 페덱스FedEx를 이용한다. 페덱스가 내 고향인 멤피스에 본사를 두고 있으니 그럴 만하다. 그러나 ING 덕분에 나는 UPS 직원과 하나가 되는 듯한 느낌이 들었다. 플래카드에는 이렇게 적혀 있었다.

Every ing, all in one place
모든 ing를 한곳에서

이것이 하늘이 맺어준 인연이 아니라면 무엇이란 말인가. 지금 이 장에서 나는 UPS와 거의 같은 이야기를 하고 있다. 이 ING가 우리의 언어 및 사회적 삶에 얼마나 중요한 역할을 하는지에 관한 이야기다. 물론 UPS 말대로 물건을 포장하고packing, 보내고shipping, 문서를 프린트하는printing 것이 내 삶에서 가장 중요한 ING인지는 잘 모르겠지만 그 문구의 창의적인 말솜씨는 확실히 내 마음을 울렸다.

언어학적으로 ING는 접미사로 단어 끝에 붙어 현재 진행 중인 활동을 이야기할 때 사용한다. 'thinking(생각하고 있는)', 'dancing(춤추고 있는)', 'eating(먹고 있는)', 'screaming(소리 지르고 있는)', 'dreaming(꿈꾸고 있는)', 'breathing(숨 쉬고 있는)'. 모두 위대한 ING가 붙어 만드는 단어들이다. 물론 'posting(부치는)', 'mailing(편지를 보내는)', 'shredding(종이를 분쇄하는)'도 마찬가지다(UPS에서 제공하는 서비스—옮긴이). 조금 더 문법적으로 말하자면 접미사 ING는 동사 뒤에 붙어 동사의 행위가 진행 중이라는 의미를 더한다. 예를 들면 이렇다.

He is singing loudly.
그가 큰 소리로 노래하고 있다.

I am always eating Oreos.
나는 늘 오레오를 먹는다.

이렇게 특정 접미사가 함께 정해진 문법 기능을 수행하는 것을 '문법화grammaticization'라고 한다. 형태를 보고 바로 기능을 인식할 수 있다는 뜻이다. 예를 들면 누구나 동사가 '-ed'로 끝나면 과거형이라고 알아보는 것처럼 'be 동사+ing' 형태는 현재 진행 중인 동작을 의미한다.

ING 접미사는 명사 뒤에도 올 수 있지만 일반적으로 동사에서 파생된 명사에만 해당된다. 이런 명사 형태를 현대 영어에서는 동명사라고 한다.

His singing that song made my ears hurt.
그가 노래 부르는 것을 들으면 귀가 아프다.

여기서 'singing'이 동명사다. 그러나 고대 영어의 구조는 지금과는 꽤 달랐다. 고대 영어에도 gaderung(gathering, 모임)같이 ING로 끝나는 명사가 있긴 했지만 실제 용법이 요즘의 동명사와 같았는지는 확실하지 않다.[2] 알다시피 현대 영어에도 동사에 -ing가 오는 경우보다는 -ness를 붙여 명사형을 만드는 경우가 더 많다. 명사 중 'evening(저녁)'이나 'ceiling(천장)'처럼 동사적 특징 없이 평범하게 늘 사용하는 단어가 있다. 반면 동사의 특징을 띠어 목적어가 따라오지만 문장에서 명사로 기능하는 단어도 있는데 이를 동명사라고 한다. 다음 문장을 살펴보자.

Learning life lessons makes us stronger.
인생의 교훈을 배우는 것은 우리를 강하게 만든다.

여기서 'learning(배우는 것)'은 동사처럼 목적어를 취하지만 문장에서 명사처럼 쓰여 주어 역할을 한다. 명사구를 'The learning of life lessons(인생의 교훈 배우기)'로 바꾸면 이때의 learning은 전치사구를 목적어로 받으며 구두적 느낌이 덜해지는 대신 명사로 작동하는 동명사로 변환된다. 고대 영어에 이 중 어떤 형태로든 동명사가 존재했는지에 대해서는 논란이 있지만 구어에서 확실하게 동명사를 사용한 것은 상당히 최근의 일로 중세 영어 시기가 되어서야 시작되었음이 분명하다.[3]

앞으로 살펴보겠지만, 이처럼 ING가 현재진행 동사형으로 기능하는지 명사나 동명사로 기능하는지 그 문법적 차이에 따라 -ing가 오늘날의 용법으로 발전하게 된 과정과 단어를 발음하는 방식(예를 들어 'walking'인지 'walkin''인지)이 크게 달라진다. 친구들과 수다 떨 때 편하게 하는 말이라고 생각했던 특징은 사실 고대 영어 시기 단어의 어미 사이에 벌어진 치열한 전쟁의 결과다. 미리 결과를 흘리자면 ING가 승리했다. 그러나 어떻게 승리했는지는 언어학계의 전설로 남아 있다.

ING 시해범

조지 R. R. 마틴George R. R. Martin의 《얼음과 불의 노래》 시리즈를 읽었거나 〈왕좌의 게임〉을 본 적이 있다면 이 단락의 소제목을 보고 '국왕 시해범king slayer(ING slayer에서 k를 붙이면 king slayer가 된다—옮긴이)'이라는 별명이 붙은 제이미 라니스터 경의 특별한 능력과 관련이 있을 것이라고 생각할지 모르겠다. 중세 시대 초기 영어에서 접미사가 우열을 겨루며 자리다툼을 하던 중 ING 역시 '시해 사건'을 맞이했다. 사실 초기 영어의 형태 통사적 유혈 사태를 겪으며 형태론적으로 더 단순해진 현대 언어로 넘어오는 과정에서 영어의 정교한 굴절 체계(단어 자체의 형태 변형으로 문법적 기능이나 의미를 전달하는 언어 체계—옮긴이)를 통째로 잃을 뻔했다.[4] 그리고 특히 현대에 ING가 득세하게 된 현상을 통해 9세기에서 15세기까지 영국제도에서 삶과 언어가 어떻게 변화했는지 엿볼 수 있다.

대략 중세 영국을 배경으로 한 〈왕좌의 게임〉에는 가공의 대륙인 웨스테로스라는 장소가 나온다. 5세기부터 이 제도에 정착했던 게르만족의 유산인 영어는 초기에 여러 왕국으로 퍼져나간다. 각 나라에서는 어느 정도 비슷하긴 하지만 서로 다른 언어를 사용하며 뿌리에 따라 영어뿐만 아니라 현대 독일어와 네덜란드어를 사용하기도 한다. 10세기 초반 앵글로색슨족의 왕 에델스탄Æthelstan이 통일을 이룬 후에도 이들 초기 왕국은 오랫동안 언어적 다양성을 지켰다.

　서西게르만족인 앵글족이 북부 영국에 정착했고 이후 8세기에는 우리 바이킹 친구들이 고대 노르웨이어를 들여오며 언어에 상당한 영향을 미쳤다. 잉글랜드 남부에서는 색슨족이 주로 살던 웨섹스Wessex 왕국이 정치, 경제적 영향력을 행사했다. 앵글로색슨Anglo-Saxon이라는 용어의 기원도 이런 초기 정착 역사에 바탕을 둔다. 영국제도를 터전으로 삼아 가장 큰 영향력을 발휘했던 두 게르만족을 합친 이름이다. 남부인들은 북쪽을 향한 경계의 시선을 거두지 않았고(반대도 마찬가지였다), 양쪽을 오가는 것을 배반 행위로 여기다 보니 영국 내 지역 간에 언어 변화가 퍼지는 속도 역시 느려졌다. 그러다 보니 오늘날 영국 남부와 북부의 억양에 차이가 생겼고(예를 들어 욕실을 뜻하는 'bath'를 한쪽에서는 /bath/로, 다른 한쪽에서는 /bahth/로 발음한다), 앞으로 살펴볼 ING에도 지대한 영향을 미쳤다.

　중세에 이르며 남부 잉글랜드가 권력과 명성에 있어 우세를 점하고(오늘날까지 이어지고 있다) 언어 형태에서도 북부인을 무시하게 되었다. 한 예로 12세기 매혹적인 작품《영국 주교 연대기The Chronicle of English Bishops》에서 베네딕트 수도사였던 맘즈버리의 윌리엄은 북부인들이 몰상식한 것은 야만인들과 가까이 지내기 때문이라고 설명한다. 윌리엄은 언어 혁신의 원천에 대해 배울 게 한참 더 많아 보인다.

진행 중인 사건

그렇다면 이 모든 이야기가 앞에 나온 현재분사(진행형)와 대체 무슨 관련이 있을까? 매우 큰 관련이 있다. 하지만 이를 이해하기 위해서는 초등학교 6학년 문법 시간으로 잠시 추억 여행을 다녀와야 한다.

오늘날의 영어와 달리 고대 영어는 방대한 굴절 체계를 갖고 있었는데 줄여 말하면 단어의 원형 뒤에 붙이는 접미사가 매우 많았다는 뜻이다. 당연히 당시의 음성 기록은 남아 있지 않기 때문에 이들 특징에 대해서는 주로 종교 문서나 필사본, 연대기, 문학작품같이 문서로 남은 자료에 의존해 정보를 얻을 수밖에 없다. 그러므로 문서에 남은 철자가 각양각색이라는 점으로 미루어 말하는 방식도 다양했으리라 유추할 뿐이다. 철자의 표준화는 1400년대 후반 인쇄기가 발명되면서 파란이 일고도 한참 후에야 이루어졌다. 대부분의 문서는 당시 지역 방언으로 기록되었으므로 그때 단어를 글로 적은 방식을 통해 각 지역의 말이 어땠는지도 알 수 있다. 중세 영어 시대 이전에는 오늘날과 달리 모든 단어의 끝(예를 들어 'stone(돌)'과 'tale(이야기)' 같은 단어 뒤에 붙는 'e')을 전부 소리 내 발음했으며[5] 이를 통해 단어의 문장 내 역할(격)과 수, 문법상의 성별 등 매우 중요한 언어적 정보를 전달했다.

고대 영어로 쓰인 설교와 문서를 살펴보면 -ing(또는 -ung)

는 동사를 명사로 만드는 접미사였다.[6] 고대 영어의 'masse sinnynge'는 현대어로 'mass singing(군중의 노래)'이며 'hergiung'은 '약탈 행위'를 의미하는데 둘 다 9세기의 경향을 드러낸다는 주장도 있다.[7] 현대 영어의 'walking(걷는)', 'talking(이야기하는)' 같은 동사 형태를 분사라고 하는데 고대 영어에서는 -ing 대신 접미사 '-ende'를 붙여 분사형을 만들었다. 예를 들면 'were specende' 또는 'singende' 등이 있는데 현대어로는 각각 'were speaking(이야기하고 있었다)', 'singing'이라는 뜻이다. 언어역사학자 로저 라스에 따르면 접미사 -ende는 때로 '-ande'로 쓰기도 했는데 특히 고대 노르웨이어의 영향을 받은 북부 지역에서 이런 현상을 발견할 수 있다. 반면 남부에서는 같은 접미사의 철자를 '-inde'라고 쓰는 일이 자주 있었다. 이처럼 접미사를 표기하는 방식이 달랐다는 것은 초기 영어에서 지역 방언별로 모음을 발음하는 방식 역시 달랐음을 암시한다. 철자는 달랐지만 고대 영어에서 -e/inde 접미사가 붙은 분사는 문장에서 'beon(현대 'to be'의 전신)'과 함께 진행형 분사로 쓰이기보다 주로 형용사나 부사적 문맥에서 등장했다.

Swooning, he fell.
그가 기절했다.

명사에 -ing가 붙는 경우도 어렵지 않게 볼 수 있으며 이들은 현대의 'evening(저녁)', 'gathering(모임)', 'blessing(축복)' 등의 단어로 진화했다. 그러나 -e/inde가 붙은 동사로 진행 중인 행위를 표현하는 경우는 찾아보기 힘들며 이는 당시에 진행형 문법화가 이루어지지 않았음을 시사한다.[8] 이 시기 연결 동사 to be와 함께 나타나는 분사의 유일한 예는 라틴어를 번역했을 때뿐이다.

물론 진행 중인 행위의 개념을 이해하는 여러 방법이 있었겠지만 초기 영어에서는 오늘날의 진행형(to be+동사+ing)처럼 문법적으로 정해진 규칙은 없었다는 뜻이다.

He is hunting.
그는 사냥 중이다.

이 문장은 현대 영어에서는 진행형 분사의 주요 용례지만 고대 영어에서는 이렇게 직접적으로 표현하지 않았다.

He wæs on huntinge.

대신 진행 중인 일에 대해 이야기할 때 고대 영어에서는 이와 같이 말했으며 문장의 주어가 사냥을 하고 있다는 대략적 의미를 전달한다. 여기서 사냥은 명사지 동사가 아니므로 명사형 어미로 주로 쓰이던 -inge가 'hunt' 뒤에 온다.[9] 진행 중인

우리가 이렇게 말하는 데는 다 이유가 있어

느낌이 담겨 있기는 하지만 현대의 진행형과 완전히 같은 의미
는 아니며 문법적으로 장소를 나타내는 처소격 구문에 해당한
다. 초기 문학작품에서는 계속 이어지는 일을 묘사하기 위해 단
순 현재 시제를 자주 사용하기도 했다. 제프리 초서의《캔터베
리 이야기Canterbury Tales》에도 "Ye goon to Canterbury(769번째
줄)"라는 문장이 나오는데 명백히 진행 중인 행위에 대한 묘사
로 현대어로는 "You are going to Canterbury(당신은 캔터베리에
가는 중이다)"로 번역할 수 있다.

매우 복잡해 보이겠지만, 실제로도 복잡했고 중세 영어를 쓰
던 우리 조상들도 그렇게 생각했다고 한다. 14세기 초서 시대
런던에서는 동명사와 진행형에서 모두 접미사 -inge(이 시기에
는 -ynge로도 많이 썼다)를 더 일반적으로 사용했다. 정리하면 고
대 영어에서는 -ende가 진행 분사를 만드는 원래 주인공이었
다. 그러나 중세 영어 시기로 넘어오며 고대 영어에서 명사형을
나타내던 -ing 접미사가 진행 분사의 영역을 슬금슬금 침투하
는 모습을 볼 수 있다.

접미사의 마지막

Shit happens.
때로 똥 밟는 일도 생기지.

9세기부터 12세기까지 영국에서 접미사 -ende에 벌어진 일이라고 보면 된다. 이 시기에는 영어에 굉장히 많은 일이 일어났는데 대부분은 고대 노르웨이어나 노르만 프랑스어가 침투한 덕분이다.

이렇게 여러 언어가 섞이면서 점차 변화가 일어났고 그중 강세가 없는 음절을 거의 발음하지 않는 현상이 두드러졌다. 이를 약화weakening라고 한다. 결과적으로 강세가 없는 형태론적 어미, 즉 단어 끝에서 수와 격, 성별 등을 표시하던 부분을 매우 약하게 발음하게 되었다. 그러다 중세 영어 시기 후반에는 단어의 마지막 모음을 아예 발음하지 않았는데 굴절 어미의 마지막 흔적으로 남아 단어 끝에 붙어 있던 'e'를 예로 들 수 있다. 13세기 이후 문서를 살펴보면 단어 끝의 e가 생략되는 일이 많다(예를 들어 -inge는 -ing나 -yng로 표기하곤 했다).[10,11]

마지막 모음이 사라진 후 이런 어미와 붙어 있던 자음도 더 버티지 못하고 탈락했다. 14세기 무렵에는 -inge와 -ende, 두 접미사 모두 간단하게 -in으로 대체되는 일이 일어났다(예: drynkyn[drinking, 마시고 있는]). 철자에서 마지막 자음이 탈락했다는 사실로 보아 고대 영어에서는 이런 자음을 발음했지만 중세 영어 시기에도 그랬는지는 확실하지 않고, 설사 발음했다 해도 어떤 형태로 남았는지는 불분명하다.[12]

그러나 마지막 자음이 삭제된 시기와 관계없이 단어의 강세가 바뀌고 발음이 약화되면서 한때는 명확히 구분되던 명사와 동사형 접미사는 소리 나는 방식이 비슷해져 더 이상 구분하기 어려워졌다.

미묘하지만 한 가지 차이가 있다면 비음을 발음하는 방식, 즉 동사 분사의 치경비음 /n/과 명사 형태 어미의 연구개비음 /ŋ/의 차이 정도다.[13] 그러므로 몇 세기 전부터, 우리 증조할머니가 태어나기도 전부터 −in'과 −ing를 혼합해 썼다고 볼 수 있다.

새로운 형태의 정착

중세 영어 시기의 어미는 비슷한 발음 때문에 헷갈릴 뿐 아니라 문법적 기능 면에서도 겹치는 부분이 생겼다. 고대 영어에서는 −ende와 −inde가 동사 분사를 만드는 유일한 어미였지만 중세 영어에서는 이전에는 명사형이던 −ing가 합세해 동사의 유형을 늘리고 동명사처럼 기능하거나 진행의 의미를 추가하며 동사와 비슷한 역할을 수행했다. 고대 영어에서는 be + 분사 형태(예: beon + −ende)로 진행형을 만드는 것이 꽤 드문 일이었지만 중세 영어에서는 쉽게 볼 수 있는 형태였다. 중세 영어에서는 부정사의 진행형('to be going')과 완료 진행형('have been going') 같은 언어 혁신을 맞아 구문에서 진행형의 역할이 커졌다. 이 두 가지 모두 고대 영어에는 없던 형태다. 이런 진행형 표현 덕분에 중세 영어 시기에 −ing를 사용해 이전보다 쉽게 행동을 말로 표현할 수 있게 되었다. 특히 잉글랜드 남부에서는 발음이 비슷한 -ind와 -ing를 동시에 사용했기 때문에 -e/inde로 끝나던 기존 단어에 혼란이 가중됐다.

12세기에서 15세기까지 문서를 보면 진행 중인 행동이라는 뉘앙스를 전달하는 데 -ing를 점점 더 많이 사용한다.[14] 두 가지로 나뉘었던 어미가 점차 -ing로 통합되는 모습이다. 물론 이런 현상이 하루아침에 일어난 것은 아니며 영국 전역에서 동시에 일어나지도 않았다. 잉글랜드 북부에서는 지역 방언에서 -ande가 많이 발견되는데, 해당 지역에서는 -e/inde 어미의 e나 i 대신 a를 사용했던 것으로 추정할 수 있다. 북부에서는 이런 지역적 특색이 더 뚜렷했고 -ing를 받아들여 일반적으로 사용하기까지는 100년 정도 더 걸렸지만 15세기 무렵에는 영국 전역에서 고대 영어의 분사 형태가 거의 사라졌다. 적어도 문서로 남은 기록에 한해서는 그렇다. 16세기에 접어들면서 고대 영어에서 원래 쓰던 분사형은 거의 잊혔다. 접미사 -inde는 진정한 내리막길을 맞아 〈왕좌의 게임〉에 나오는 죽지 않는 백귀White Walkers처럼 완전히 사라지지는 않았지만 껍데기만 남았다.

문어文語에서는 -ing로 끝나는 형태가 표준으로 바뀌었지만 18세기에도 여전히 /-in/으로 발음하는 일이 많았다는 근거를 어렵지 않게 찾을 수 있다. 얼마나 많았나 하면, 문법학자 솔로몬 로Solomon Lowe는《꼭 필요한 맞춤법 책: 쉽고 정확하게 읽고 쓰는 법을 그 어떤 책보다 편안하게 소개하다Critical Spelling Book: An Introduction to Reading and Writing Readily and Correctly in a Manner More Commodious Than Any》에서 'herring(청어)'과 'heron (왜가리)', 'coughing(기침)'과 'coffin(관)' 등의 단어를 동음어로 언급할 정도였다. 기침이 난다고 했을 뿐인데 관에 들어갔다고 오해하는 일도 있었을 듯하다. 책 제목부터 '간결함'과는 거리가 있어 이 정도는 예상했던 일이다.

유령처럼 맴도는 과거의 흔적

오늘날의 다양한 말투 역시 이 복잡한 접미사 발달 역사의 연장선에 있다. 글로 적을 때 보통 진행형을 -ing로 쓰다 보니 /-in'/이라고 발음하면 주의를 기울이지 않고 대충 말한다고 생각하곤 한다. 그러나 -ing과 -in'을 사용하는 상황을 실제로 살펴보면 둘 사이에는 분명한 차이가 있다. 영국과 호주, 미국에서 사용하는 현대 영어에서 -ing가 쓰이는 양상을 분석한 결과, 'the building(건물)'이나 'the dancing(춤)' 같은 명사를 말할 때 연구개비음 /ŋ/을 더 자주 사용하는 것으로 나타난다. 그러나 'I was building(나는 건물을 짓고 있었다)'이나 'they were dancing(그들은 춤을 추고 있었다)'같이 진행 분사 형태를 말할 때는 'they were dancin''처럼 치경비음 /in/(-in')으로 발음하는 경우가 훨씬 많았다.

앞에서 이야기한 -ing/-inde의 복잡한 역사적 배경을 염두에 두지 않은 채로도 여전히 고대 영어 형태론에서 이어지는 구분을 유지하고 있다는 뜻이다. 본질적으로는 -ing는 명사이고 -in은 동사를 의미했다. 똑같이 -ing로 끝나는 단어라도 puddin'(푸딩) 또는 darlin'(다정히 부르는 호칭)이라고 발음하면 더 유별나게 들리는 이유이기도 하다. 명사를 -in'이라고 발음하는 것이 문법적 직관에 어긋나 왠지 어색한 느낌이다. 오늘날 쓰는 -in'은 그 옛날 분사 기능을 하는 동사에 사용했던 -e/inde 어미의 흔적이다.[15] 또 현대에 -in'을 많이 사용하는 것 역시 -e/inde 어미가 중세 영어 시대에 가장 오랫동안 남아 있었다는 사실과 관련이 있는 듯하다. 15세기까지 동사 어미 -ande와 -ing를 구분했던 영국 북부 및 스코틀랜드, 아일랜드 등지에서는 현대에도 잉글랜드 남부보다 -in' 발음을 훨씬 많이 한다.

이런 발음이 귀에 거슬릴 수는 있지만 언어 규칙을 위배하지는 않으며 역사적으로 어미가 변화해온 상황을 반영한다. 복잡한 문법도 시간이 지나면서 해석이 달라져, 현대에서 -in'을 많이 사용하면 세련된 느낌이 덜하다. 그러나 사실은 그 편이 영어의 원래 모습을 더 잘 보존한 형태다. 지금까지 살펴본 바와 같이 우리가 말하는 방식은 언어적 패턴에 따라 계속 변화하고 그에 더해 사람에 따라서도 차이가 생기는데 그런 점을 간과하고 사회적 요인의 영향 때문이라고 무턱대고 단정하는 일이 많다.

우리가 이렇게 말하는 데는 다 이유가 있어

ING와 IN' 중 고르시오

한 가지 발음에 정착하지 못하는 것을 두고 문법적 확신이 없어서 그렇다고 생각할 수도 있지만 그렇지 않다. 두 가지 발음 중 하나가 확실히 우월했다면 지금쯤은 하나로 정해졌어야 한다. 지난 수백 년간 계속해서 두 가지 발음을 섞어 사용해왔다는 사실을 증명할 기록이 많이 남아 있고 이는 현대에도 마찬가지다. 여기서 한 가지 의문이 든다. 고대 영어 이후로 계속해서 발음이 변하고 문법도 달라지는데 그냥 -ing로 정하고 끝내지 않은 이유는 무엇일까? 어째서 우리는 1,000년이 지난 지금까지도 -in'과 -ing 사이에서 방황하는 걸까?

인간은 단순히 정보 전달을 위해서만 의사소통하지 않는다. 우리는 서로에 대해 어떻게 생각하는지, 그리고 자신이 누구인지 알리는 적절한 방식을 찾아내는 데 탁월한 능력을 지녔다. 언어의 대격변기 한가운데서 ING는 문법적 표현보다 사회적 표현을 위해 생겨났다. 현대에는 대부분이 따로 의식하지 않고도 -in'과 -ing 중 사용할 말을 선택해 사회적 상황을 간편하게 드러낸다. 이는 단지 어투의 문제일 뿐이며 글에서도 마찬가지다. 만화나 대화 인용문 등에서는 단순히 단어의 의미를 전달하는 데 그치지 않고 화자나 작가가 전달하려는 바를 훨씬 더 잘 드러내기 위해 -ing보다 -in'을 선호한다. 스코틀랜드와 아일랜드, 호주, 캐나다, 영국, 그리고 당연히 미국에 이르기까지 전 세계적으로 ING가 정확히 나타내는 바를 밝히기 위해 -ing/-in'의 활용에 대한 연구가 활발하게 이루어지고 있다. 그리고 놀랍게도 모든 영어권의 이 두 가지 어미 형태에서 동일한 사회적 연관성을 찾을 수 있다. 대부분이 -in'을 비공식적 상황과 연관시킨다는 사실이다. 그러나 이는 앞으로 살펴볼 ING의 사회적 메시지 측면에서 보면 빙산의 일각일 뿐이다.

사회인류학자 존 피셔John Fischer는 1950년대에 ING의 사회적 측면에 관해 최초로 연구를 진행했다.[16] 피셔와 그의 부인은 원래 언어 자체가 아니라 육아 습관을 연구하고 있었는데 연구에 참여한 아이들이 -in'과 -ing를 혼합해 사용한다는 점을 발견했다. 피셔는 두 어미를 같이 사용한다는 사실 자체보다는 어떤 아이들이 더 많이 이 둘을 함께 사용하는지에 관심을 가졌다. 그는 여자아이들보다 남자아이들이 말할 때 -in'을 더 많이 쓴다는 사실을 알아냈는데 여기에 더욱 흥미로운 점이 있었다. 남자아이들 중에서도 다른 아이들의 본보기로 일컬어지는 '모범' 소년은 '일반적인' 아이들보다 말할 때 -ing를 훨씬 많이 사용했다. 그리고 피셔는 '일반적인' 남자아이를 "신체적으로 강하고 주도적이며 장난기가 넘치지만 잘못했을 때도 거침없이 솔직하다"고 묘사한다. 지역 방언인 ain't(be 동사의 속어 형태)나 다른 비표준 언어 특징과 마찬가지로 이 아이들이 사용하는 -in' 역시 고분고분하고 말 잘 듣는 아이가 아니라는 이미지를 구축하는 역할을 하는 듯했다.

피셔에 따르면 노동자 계층에서 -in'을 더 자주 사용하고, 당연한 말이겠지만 더 편안한 대화를 할 때 두드러진다. 이는 -in'과 -ing의 사용을 통해 일반적으로 알 수 있는 화자의 성격과 기분 외에 대화에 대한 태도와 상대적 상태를 알 수 있다고 주장한 최초의 연구였다. 누군가 지나치게 격식을 차려 말하는 사람이 있다면 -ing 어미를 많이 사용할 가능성이 높으며 이 때문에 오만하고 가식적인 분위기를 풍기기도 한다. 실제로 이후에 진행한 좀 더 정밀한 언어학 실험에서 피셔의 초기 가설, 즉 -ing를 많이 사용하면 전문적이고 격식이 있으며 여성스러워 보이지만 한편으로는 딱딱하고 규칙을 추종하는 고루한 사람이라는 이미지를 줄 수 있다는 점을 확인했다.

앤 휴스턴Ann Houston은 ING의 역사와 활용에 대해 자세히 서술한 논문에서 19세기 이전 문법책에 -ing에 대한 특별한 언급이 없다는 점을 근거로 초기 문법학자들은 이 어미에 대해 별다른 점을 발견하지 못한 것으로 본다. 당시 문법학자들이 기존 규칙에서 벗어나는 언어적 오류에 대한 지적을 마다하지 않았던 분위기를 고려하면 충분히 수긍이 가는 주장이다. 20세기 초 언어역사학자 헨리 세실 와일드Henry Cecil Wyld에 따르면 요즘의 인식과 반대로 17세기와 18세기에는 오히려 -in'이 젠체하는 사람들의 전유물이었을 가능성이 있다.[17] 와일드는 당시 언어에 대해 논평한 기록을 살펴보았는데 조너선 스위프트는 궁정에서 쓰는 예의 바른 표현으로 'learning(배우는)' 대신

'learnen'이라고 적었고 웅변가였던 존 워커John Walker도 훌륭한 연설가는 'king(왕)'을 -ing이 아닌 -in으로 발음한다고 썼다.[18] 이로 보아 19세기 전에는 마음대로 -in'을 써도 눈살 찌푸리는 사람이 아무도 없었던 듯하다. 그러나 1800년대 초반 이후 남 일에 참견하기 좋아하는 사람들이 나서서 분사의 용법이 틀렸다, 게으르다며 훈수를 두기 시작하면서 이런 조화로움이 사라진다.[19] 이때부터 본격적으로 -in'을 향한 반발이 시작된다.

1902년 한 영어 순수주의자가 당시 영국의 주간 풍자만화 잡지 〈펀치Punch〉에 "현재 분사에서 마지막 g를 빼는 것은 여왕의 영어에 대적하는 불충한 움직임"이라며 장문의 탄원서를 보냈다.[20] 엘리자베스 2세 여왕이라면 몰라도 엘리자베스 1세 여왕은 이 말에 동의하지 않았을 것이다. 여왕이 직접 쓴 편지에서도 여기저기에 -in'이 보이니 말이다.[21]

와일드는 19세기에 -ing 어미가 유행하게 된 이유에 대해 당시 글을 읽고 쓸 줄 아는 사람이 늘어나면서 아무래도 글에서 -ing 형태를 많이 사용하다 보니 -in'은 구어에 머물게 되었다고 이야기한다.[22] 글은 말보다 우월하다고 여겨졌고 이에 따라 -ing 형태는 교육 수준과 사회적 지위를 나타내는 표지가 되었다. 이때부터 구어를 표기할 때 아포스트로피(생략된 글자나 숫자, 또는 소유격을 표시하는 부호—옮긴이)를 붙이기 시작했으며 글에서 지식층과 대비해 계층이 낮은 서민의 말을 표기할 때 -in'을 즐겨 쓰게 되었다. 1870년 아서 스케츨리Arthur Sketchley의 소설

《유럽 여행을 떠난 브라운 부인Mrs. Brown on The Grand Tour》에서는 영국 하층민 여성인 브라운 부인이 고초를 겪은 후 다음과 같이 말한다.

··· they're all a-runnin' about in nothink but beads and a few features as ain't common decent: a-yellin' of their war 'oops, and flourishin' about their Tommy 'awks.²³

사람들은 옷도 제대로 갖춰 입지 않은 채 여기저기 뛰어다녔다. 전쟁에 대한 이야기를 하며 소리를 질렀고 자랑스럽게 무기를 내보이며 군인임을 떠벌렸다.

브라운 부인은 계속해서 -in'을 사용하는데 중간에 ain't를 섞고 h도 빠뜨려 독자는 브라운 부인의 출신을 오해할 일이 절대 없다.

노동자 계층 여성이 말할 때 -in'을 많이 사용한다는 이미지는 현재와는 조금 상반되는 면이 있다. 요즘은 남성들이 -in'을 주로 쓰기 때문인데 앞에서도 말했듯 언제나 새로운 언어 특징을 처음에 즐겨 쓴 쪽은 여성이었다. 현대 여성들은 진행형을 말할 때 -ing라고 정직하게 말하는 편이지만 와일드에 따르면 17세기와 18세기에 여성들이 쓴 편지에는 -in' 형태가 자주 등장한다. 상류층 여성이라고 해도 같은 귀족 계층 남성만큼 읽고 쓰지 못하는 경우가 많았으므로 여성이 쓴 철자는 당시 비슷한 환경에 있던 사람 사이에서 유행하던 발음을 매우 정확하게 반영한다. 20세기 초반의 언어학자 오토 예스페르센Otto Jespersen 역시 상류층에서 -in'을 **올바른** 발음으로까지 여기지는 않았지만 어느 정도 유행은 했을 것이라고 말한다.[24] 앞에서도 계속 이야기한 대로, 여성은 유행을 선도하고 언어에서도 마찬가지로 최신 유행을 주도하는 최정점에 있다. 그러나 시간이 지나면서 -in'은 노동자 계층이 많이 쓰는 언어 형태라는 고정관념이 생기면서 남성의 언어로 더욱 인기를 얻게 되었다.

사회적 선택

앞 장에서 소개한, dude의 다양한 면에 대해 심도 있게 파헤친 사회언어학자 스콧 키슬링은 버지니아주 소재 대학 동아리에 가입한 남성을 대상으로 ING 연구 역시 오랜 시간 진행했다.[25] 남자 대학생들의 동아리 방에서 가장 많이 들리는 단어가 네 글자짜리 욕이긴 하지만, 이 단어가 dude보다 가족 친화적이지 않다는 이야기는 앞에서 했다. 그런 의미에서 ING는 또 얼마나 많이 쓰였을지 짐작할 수 있다. 무슨 말인지 알 거라 믿는다(욕과 -ing를 결합한 'fucking'을 의미한다—옮긴이).

대학 동아리 내 남학생들의 -in'과 -ing 사용을 관찰한 결과, 키슬링은 격식의 유무보다는 어떤 식으로 남자다움을 표현하고자 하는지에 따라 선택이 달라진다는 사실을 발견했다. 모임에서 권력을 행사하고 싶지만 그에 필요한 서열이나 직급이 낮을 때 -in'을 더 많이 사용하기도 했다. 이유가 무엇일까? 중산층이 주로 쓰는 -ing와 달리 -in'은 노동자 계층의 정서를 담고 있으며 육체적으로 더 당당한 이미지를 주기 때문이다. 앞서 dude의 발달 과정에서 살펴보았듯 남자아이들은 거친 신체적 이미지를 주는 언어 습관을 선호한다. 항만 노동자나 군인, 운동선수의 탈의실에서 나누는 농담을 생각해보자. 대학교수가 나누는 대화와는 아예 다르다. 거들먹거리며 남자들 간 연대를 뽐내는 대화다. 표준어를 주로 사용하는 대학 환경에서는 지역 방언과 연관성이 있는 -in'을 사용해 남자들끼리의 소속감을 확인한다. 다시 말하면 실제로 권력이 없을 때 말로 힘을 줄 수 있는 방법이 바로 -in'이다. 키슬링의 주장대로 "권력은 남성의 정체성에 있어 핵심 개념"[26]이며 힘 있는 남성이라는 이미지를 구축하는 데 언어는 매우 중요한 요소다.[27]

키슬링의 연구 외에도 -in'이 남성성 및 지역 문화와 관련 있다는 주장을 찾아볼 수 있다. 1950년대에 피셔가 처음 이 같은 양상을 파악했고 이후 호주와 영국, 미국에 이르기까지 ING와 관련된 모든 연구에서 -in'과 남성성 및 블루칼라의 관련성을 발견했다. 이중부정이라든가 성문음 t(예를 들어 'butter[버터]'를 /bu'ah/로 발음) 같은 다른 방언 형태에서도 남성은 표준에서 벗어난 것을 선호하며, 이성애자로서 유대감을 불러일으키는 남성적 언어 형태를 취하고자 한다. 특히 청소년기에는 더욱 그렇다. 비속어와 지역 언어가 남성들 사이의 유대를 다지는 데 반해 여성은 -ing 형태를 더 자주 사용한다. 앞에서 살펴보았듯 여성에게는 거친 대화나 기존 체제에 대한 반항 같은 것이 남성처럼 사회적으로 중요하게 작용하지 않기 때문이다. 특히 중산층 여성의 경우 타인에게 잘 보여 사회적 영향력을 발휘하길 원하고, 세련되거나 매력적이고 유행을 앞서가는 사람으로 보일 수 있는 언어 형태를 선택한다. 그렇다고 여성이 -in'을 아예 사용하지 않는다는 말은 아니다. 단지 일반적으로 남성만큼 자주 쓰지 않고 사회적 평판에 노동자 계층의 문화가 크게 영향을 미치지 않을 뿐이다.

ING 이야기를 하다 보면 사회계층이 중요하게 다가온다.[28] 여러 ING 연구가 있지만 거의 모든 연구에서 성별에 관계없이 사회경제적 계층이 낮을수록 중산층에 비해 -in'을 사용하는 빈도가 높다는 결론을 내린다. 이 같은 연관성은 언어적 **올바름**과는 전혀 상관이 없다. 그보다 사회적 규범에 따라 만들어낸 개념이며 이 규범은 화자가 속한 사회계층에서 선호하거나 유리하게 여기는 화법이 무엇인지에 따라 달라진다. 변호사나 은행원이 되고 싶다면 체계적인 표준어가 유리하며 비슷한 길을 가는 사람들과 어울리는 데 무리가 없을 것이다. 그렇다고 모든 사람들이 항상 사회적 지위만 고려해 언어를 선택하지는 않는다. CEO라고 해서 꼭 경제적 이득을 위해 상류층 말투만 사용하지도 않는다. 회사 밖에서는 친구나 가족과 어울리며 우정과 친밀함이 드러나는 말을 쓴다. 격식을 차린 표준어가 필요한 상황에서는 누구라도 -ing를 사용할지 모르지만 그렇지 않을 때는 -in'을 사용한다. -in'을 쓰는 사람이 따로 정해져 있다기보다 사람마다 사용하는 정도에 차이가 있을 뿐이다.

　남성이 둘 중 어떤 형태를 사용할지 결정하는 데 우정, 공동체, 연대 같은 요소가 중요해 보인다. 미국과 호주 영어를 분석한 연구에서 언어학자 벤지 월드Benji Wald와 티머시 쇼픈Timothy Shopen은 사람들이 가족과 있을 때보다 친구들과 이야기할 때 -in'을 가장 많이 사용한다는 사실을 발견했다.[29] 흔히 하는 말처럼, 친구는 고를 수 있어도 가족은 스스로 선택할 수 없다. 그러다 보니 부모님 앞에서 조금 더 '제대로 된' 영어를 사용해야 한다는 압박이 있을 수 있다. 월드와 쇼픈은 -in'이 상대방에 대한 친밀감을 표현한다면 -ing는 지위와 존중을 의미한다고 이야기한다. 또 이 연구에 따르면 남성과 여성 모두 다투거나 논쟁할 때보다 농담을 주고받을 때 -in' 형태를 자주 사용한다. 장난치는 상황에서보다 서로에 대한 존중이 필요하고 거리를 두는 상황에서 -ing를 더 많이 사용하는 것은 당연한 일이다. 이렇게 되면 친구와 가족의 대비가 훨씬 뚜렷해진다. 특히 명절을 떠올려보면 이해하기 쉽다. 할머니가 옆에서 계속 -ing로 이야기하면 슬쩍 아이들 노는 곳으로 피신하는 편이 좋다.

어떻게 인식하는지가 중요하다

그렇다면 여기서 또 한 가지 의문이 든다. 말하는 사람은 그렇다 치고 듣는 사람에게도 -in'인지 -ing인지가 중요할까? 내가 말하는 ING에 상대방이 몰랐으면 하는 무언가가 담겨 있지는 않을까?

간단히 대답하자면, 맞다. 두 형태 중 무엇을 더 많이 사용하는지로 알 수 있는 정보가 많다. 요즘에는 컴퓨터 음성 합성 프로그램을 통해 이미 녹음된 내용에 원하는 언어 특징을 빼거나 넣을 수 있다(원래 말에 -in'이나 -ing를 추가해 합성한다). 외모를 변장하는 것과 마찬가지로 -in'이나 -ing를 말에 끼워 넣거나 빼서 합성한 버전을 만들고 같은 사람이 한 말인 양 '변장'해서 실험 참가자에게 들려준다. 그리고 이 녹음본을 들은 사람에게 화자의 사회적 특징이 어떨지 묻는다. 실제 대화에서 한 가지 특징만 바꾸고 그것이 화자를 평가하는 방식에 미치는 영향을 알아보는 실험이다.

'정상적인' 목소리를 미키 마우스가 말하는 것처럼 바꾸는 등 녹음된 말을 완전히 바꿀 수도 있기는 하다. 재미있기는 하겠지만 학술적 관점에서는 크게 쓸모가 없다. 다른 것은 그대로 두고 한 가지 측면(예를 들어 -in'이나 -ing를 실제보다 더 많이 사용한 것처럼 합성)에만 변화를 주어 들려준 뒤 화자의 '유쾌함', '정확함', '전문성' 등에 대해 점수를 매기게 하는 편이 훨씬 흥미로운 지식을 얻을 수 있다.

　실험 결과는 어떨까? 사람들은 -in'을 자주 쓰는 사람과 더 어울리고 싶어 한다. 물론 이들의 게으르고 부정확한 면을 참아 낼 수 있다면 말이다. 어떤 사람이 -ing를 많이 사용하다 -in'을 한 번만 섞어 써도 전문성에 대한 평가는 달라졌다.[30] 2006년의 한 실험에서는 화자가 대화 중에 처음 -in'을 사용한 순간 전문성 점수가 떨어지는 것을 볼 수 있었다. 그 뒤로 어떤 어미를 사용하는지는 중요하지 않았다. 이 실험 결과에 따르면 한 번 -in'을 쓰면 그 뒤로 -ing를 쓰면 고친다 해도 전문성 점수를 되돌릴 수 없었다. 반면 -ing는 고용에 도움이 될 수는 있겠지만 친근하고 여유로운 사람으로 보이기는 힘들다. 사실 이 부분은 누구나 알고 있을 법한 내용이다. 그렇지만 깊이 파고들수록 -in'과 -ing 뒤에 미묘한 사회적 의미가 있다는 것을 알 수 있다. 한 예로 미국 남부 지방에서는 매우 강하게 -in'을 사용한다. 한 연구에서는[31] 남부 지방 출신이 아닌 실험 참가자에게 원고를 준 뒤 읽을 때 -ing 대신 -in'으로 말하게 했다. 이때 연구자들이 다른 사투리나 억양에 대해서는 따로 지시하지 않았음에도 실험에 참가한 사람들이 자발적으로 다른 남부 지방 억양을 추가로 사용하는 모습을 보였다. 무의식적으로 -in' 형태를 남부 지방 억양으로 인식하고 있다는 뜻이다. 지방색을 드러내는 명백한 단서는 아무것도 주어지지 않았지만 한 가지 언어 특징을 마주하자 특정한 말투를 떠올렸고, 실험 참가자들은 마음속에서 ‑in'이라는 특징과 특정 화자의 유형을 연관 지어 생각했다.

남부의 이념과 ‑in' 말투가 얼마나 강하게 한데 묶여 있는지 보려면 거친 남부 정서가 담긴 컨트리음악을 들어보면 된다. 그리고 전설적인 '맨 인 블랙man in black(조니 캐시의 별명이다—옮긴이)', 조니 캐시Johnny Cash보다 남부의 이념과 정서를 더 잘 드러내는 가수는 없다고 봐도 된다.

We crashed through the wall and into the street

Kickin' and a‑gougin' in the mud and the blood and the beer

진흙과 피와 맥주에 파묻혀 발로 차고 칼질을 하며

우리는 벽을 부수고 길바닥에 굴러떨어졌지

성미가 불같은 아버지에게서 아들로 이어지는 강인함을 노래하는 조니 캐시의 명곡, 〈수라는 이름의 소년A Boy Named Sue〉 가사의 일부다. 이 노래를 ‑in'이 아닌 ‑ing로 불러도 여기서 드러나는 몸싸움과 남성적 객기가 주는 느낌이 똑같을까? 전혀 그렇지 않을 것이다. 사실 이 노래의 작사가는 캐시가 아닌 시인이자 아동문학가 셸 실버스타인Shel Silverstein이다. 실버스타인은 해학 넘치고 여러 사람의 공감을 불러일으킨 시집 《인도가 끝나는 곳Where the Sidewalk Ends》으로 널리 알려진 작가이기도 하다(국내에서는 《아낌없이 주는 나무》로 유명하다—옮긴

우리가 이렇게 말하는 데는 다 이유가 있어

이). 거칠고 난폭한 싸움 장면을 그리는데 -in'이 효과적으로 작용하며 우리가 지니고 있는 -in'의 이미지에도 들어맞는다. 욕심 없는 나무와 그 나무를 사랑하는 우화적인 이야기 《아낌없이 주는 나무》와는 분명히 다른 감성이다. 《아낌없이 주는 나무》의 원제는 'The Giving Tree'인데, 여기서는 'Givin' Tree'라고 하지 않았다는 점에 주목하자. 대신 -ing를 사용해 진지하고 성숙한 느낌을 풍긴다. 두 가지 중 어떤 형태를 선택할지 정하는 문제는 단지 격식을 차리는 말투를 써야 할지 정하는 수준을 넘어 다른 여러 언어 특징과 결합해 사회적 의미를 전달하는 방식의 하나다.

멋진 이야기에는 늘 어두운 면이 따라온다. -in'의 경우 g가 빠지면서 남부 정서뿐 아니라 무식한 백인 남자나 시골뜨기 이미지도 함께 떠오른다. TV 시트콤 〈베벌리 힐빌리즈The Beverly Hillbillies〉에서 유전을 발견해 대박을 터뜨린 사람들을 기억하는가? 애팔래치아 지방 사투리를 쓰는 배운 것 없는 촌뜨기 딸 엘리 메이는 암호해독을 배우고 싶어(사실 그냥 산수다) 학교에 가려고 하는 사촌 제스로에게 이렇게 말한다.

I can hep(help) him fight if the big kids in the fifth grade get to pickin'(picking) on 'im(him).
5학년 큰 애들이 괴롭히면 내가 도와줄게.

이 대목에서 웃긴 부분은 키가 180센티미터가 넘는 제스로는 5학년과는 전혀 거리가 멀다는 점이다. 지능은 몰라도 최소한 몸집에서는 그렇다. 〈베벌리 힐빌리즈〉뿐만 아니라 또 다른 TV 시리즈 〈해저드 마을의 듀크 가족The Dukes of Hazzard〉 역시 기존 체제에 순응하지 않는 남부 특유의 아웃사이더 기질을 그린다. 등장인물의 행동으로도 보여주지만, 결정적 단서는 말하는 방식에 있다. 말 빠르고 r 발음을 하지 않는 '뉴여커New Yawkers(r 발음을 뺀 뉴요커New Yorker의 발음을 흉내 낸 것—옮긴이)'들이 아무리 강가에서 밴조(미국에서 컨트리음악이나 민속음악 연주에 쓰이는 현악기—옮긴이)를 튕긴들 제임스 디키James Dickey(조지아주 출신 시인이자 소설가—옮긴이) 소설이나 존 부어먼John Boorman(영국 출신 영화감독—옮긴이)의 명작 〈서바이벌 게임Deliverance〉(제임스 디키의 원작 소설을 바탕으로 한다—옮긴이) 같은 화음을 낼 수 있을까? 존 보이트Jon Voight와 버트 레이놀즈Burt Reynolds, 네드 비티Ned Beatty가 들으면 일단 말을 왜 그렇게 빨리 해야 하는지 의아해할 거라 단언할 수 있다(세 명 모두 남부 지역을 배경으로 한 영화에 출연한 영화배우다—옮긴이). 시골 출신 남성 캐릭터를 보여주는데 -in' 발음만 한 게 없는 듯하다.

하지만 노래나 영화, 시트콤 등에서 남부 억양을 -in'으로 그리다 보니 남부인에 대한 강한 편견을 낳기도 한다. 좋게 말해 따뜻하고 친근한 말투라고 하지만(남부인에 대한 이미지도 마찬가지다), 언어학자 캐스린 캠벨키블러Kathryn Campbell-Kibler의 연구에 따르면 -in'을 사용하는 사람은 교육 수준과 사회계층이 낮다는 이미지가 있다.[32] 이는 원래부터도 남부인에 대해 만연한 선입견이기도 하지만 -in' 때문에 더 공고해진다. 앞에서 언급한 음성 합성 연구에서 -in'을 여러 번 사용하는 화자를 묘사할 때 '레드넥redneck(교육 수준이 낮고 정치적으로 강경하며 보수적인 미국 시골 노동자를 비하하는 말—옮긴이)'이라는 단어가 더 자주 등장했으며 남부 억양을 쓰거나 지방 사투리를 쓸 때도 마찬가지였다. 말에서 다른 부분은 모두 그대로 두고 -in' 대신 -ing을 더 자주 쓰도록 바꾸면 같은 사람의 말인데도 교육 수준이 더 높고 발음이 정확한 사람이라는 평가가 따랐고 레드넥이라는 묘사도 줄어들었다. 한 사람이 동시에 레드넥이면서 레드넥이 아니기도 할 수는 없는 법이다. 같은 사람이 한 같은 말인데 발음이 정확하다는 평가와 부정확하다는 평가를 동시에 받을 수도 없다. 말할 때 -in' 또는 -ing를 쓰는 특정 부류에 대해 갖고 있던 편견에 따라 화자 개인에 대한 평가도 달라진다는 증거다. 실제로는 우리 모두가 -in'을 사용하는데도 유독 남부인과 하층민을 이 발음과 연결 지을 때가 많아 보인다.[33]

예상치 못한 반전도 있다. 캠벨키블러는 음성 합성으로 -ing를 추가하면 -in'을 더 많이 쓸 때보다 화자를 동성애자로 인식한다는 점을 발견했다. 동성애자 말투가 따로 있다는 생각은 마치 유니콘 같은 것으로, 여기저기서 말은 많지만 실증적으로 증명된 바는 없다. 말하는 것을 듣고 상대방의 성 정체성을 알아본 경우도 있지만 대부분 화자가 자신이 동성애자임을 감추지 않는 경우였다. 잘 드러나지 않는 동성애자의 언어 특징을 조사하는 연구가 있긴 하지만 일관된 근거를 찾지는 못했다. 그러나 캠벨키블러에 따르면 사실 여부와 관계없이 사람들은 동성애자 말투가 따로 있다고 생각하며 거기에 -ing가 한 역할을 한다. 키슬링의 동아리 남학생들과 이름이 '수'인 남자아이 예에서 볼 수 있듯 -in'은 남성적 이미지를 전달한다. 그에 반해 동성애자는 남성성이 덜하다고 생각해 조금 더 세련된 느낌을 주는 -ing를 들으면 동성애자 말투를 더 연상하는 듯하다.

과거의 그림자

지역마다 확연히 다른 발음, 고대 노르웨이어와 프랑스어의 침투, 수 세기에 걸친 문법 전문가들의 매서운 눈초리. ING는 이 모든 풍파를 뚫고 그냥 살아남은 정도가 아니라 날로 번창하고 있다. 참으로 대단하다. 게다가 영어권 전역에서 사회적, 언어적 자산으로서 영향력이 날로 확장되고 있으니 더욱 놀랍다. 분명 전 세계 어떤 지도자도 이 위세를 따라올 수는 없다. 그리고 인식하지 못하는 사이 영어 사용자 모두가 -ing의 영토 확장과 통합 과정을 함께 지켜보고 참여했다. 누구나 알고 사랑하는 귀여운 노래 한 곡을 통해서다. 바로 〈12일간의 크리스마스The Twelve Days of Christmas〉라는 캐럴이다.

캐럴을 부른 지가 언제였는지도 기억나지 않는 이들을 위해
간단히 적어보겠다.

On the tenth day of Christmas
크리스마스 열 번째 날에
My true love gave to me
사랑하는 이가 나에게 준 선물
Ten lords a-leaping,
뛰어다니는 열 명의 나리,
Nine ladies dancing,
춤추는 아홉 명의 아가씨,
Eight maids a-milking,
우유 짜는 여덟 명의 하녀,
Seven swans a-swimming,
헤엄치는 일곱 마리 백조,
Six geese a-laying,
알 낳는 여섯 마리 거위,
Five golden rings,
다섯 개의 금반지,
Four calling birds,
네 마리 노래하는 새,

Three French hens,
세 마리 프랑스 암탉,
Two turtle doves
두 마리 산비둘기
And a partridge in a pear tree.
그리고 배나무에 꿩 한 마리.

귀에 익은 곡일 것이다. 그런데 이 노래를 부르면서 왜 나리들이 뛰어다니고 하녀들은 우유를 짜는지 궁금했던 적이 있는가? 여기 나오는 사람들이 모두 애팔래치아(미국 남부 앨라배마주와 조지아주에 걸친 거대한 습곡산맥—옮긴이) 출신이라서 a를 꼭 접두사로 써야 했던 것도[34] 아닐 텐데 말이다.[35] 하지만 이제까지 우리가 함께 논의한 내용을 잘 이해했다면 의문이 풀릴 것이다.

He's a-huntin'.
그는 사냥 중이다.

이 문장에는 고대 영어에서 명사형을 만들던 접미사 -inge의 흔적이 남아 있다. 당시에는 'He wæs on huntinge'라고 썼다. 그리고 이미 알고 있듯 전치사 on에서 점차 마지막 자음 발음이 떨어져나가 마지막 모음 a만 남았고 이 역시 시간이 지나며 사라졌다. 지금은 결국 간단한 진행 형태로 바뀌어 'He was hunting'이 되었다. 생략을 언어의 퇴보라고 보는 시각대로라면 여전히 접두사 a를 간직하고 있는 남부인이야말로 다른 지역 사람들이 영어를 훼손한다고 따질 자격이 있다. 그러나 지난 수백 년 동안 그 정도 죄를 짓지 않은 사람은 없다. 이 장에서 논의했듯 언어의 형태 통사론적 구조와 역사적 발달 사항에 따른 용법은 사회적 선호도와 시간 및 장소에 따라 실제로 사용해야 하는 말과는 큰 차이가 있다. 게다가 -in'과 -ing의 차이에 신경을 쓴 것은 최근 한두 세기 일일 뿐이다. 어미를 둘 다 사용한다고 해서 손해 볼 게 있을까? 전혀 없다. 오히려 -in'이 틀린 말이 아니라 한때는 찬란했던 분사의 과거에 주어진 훈장이라는 것을 이해하면 우리 대화가 사회적으로 한층 풍요로워질 수 있다. 다음에 자신이 문법에 대해 너무 딱딱하게 군다 싶거든 조용히 〈12일간의 크리스마스〉 캐럴을 불러보자. 노래에 맴도는 영어의 어미 유령이 잘 알지도 못하면서 남의 말을 평가하지 말라고 일깨워줄 테니 말이다.

6

literally

'진짜로really'
기쁜 상황에서
그냥 기쁘다고,
'완전히totally'
멋있는데 그냥
멋있다고 할
이유가 없지
않을까?

남의 말 평가하는 이야기를 하다 보니 생각나는 일화가 있다. 남편은 늘 내가 과장을 잘한다고 하는데 특히 DMV(미국에서 자동차 등록과 운전면허 등을 관리하는 기관—옮긴이) 대기 시간이나('죽을 만큼' 오래 걸린다!) 아침 조깅에 장갑을 안 갖고 갔을 때 손가락이 시린 정도('말 그대로' 얼어붙는다!) 등을 묘사할 때 그렇다고 한다. 하지만 표현력 향상을 위해 이 정도 언어적 도움이 필요한 사람이 나뿐만은 아닌 듯하다. 윈스턴 처칠부터 뱀파이어 잡는 버피(영화 〈루크페리의 뱀파이어 해결사Buffy the Vampire Slayer〉의 주인공—옮긴이)에 이르기까지 매한가지다. 영어에서 가장 급진적으로 진화하고 혁신을 겪는 영역, 바로 강조 부사를 마음껏 쓰고자 하는 마음은 모두가 갖고 있다.

처음 보는 용어라도 별것 아니니 당황할 필요 없다. 강조 부사는 형용사를 부풀리거나 강화해 맛을 더하는 역할을 한다. 예를 들면 'really happy(진짜 행복하다)'에서 'really'나 'so rad(너무 멋있다)'에서 'so', 'extremely annoying(어마어마하게 짜증 난다)'에서 'extremely' 같은 단어를 말한다. 난해한 문법적 용어를 몰라도 지금까지 잘만 사용해왔다. 대통령과 학자, 아장아장 걷는 아기부터 10대 아이들까지 누구나 '강화(형용사를 더 강렬하게 만드는 것—옮긴이)'의 단어를 사용한다. 모두가 좋아하는 방식은 아닐지 모르지만 강화어가 있으면 과장하고자 하는 욕구를 충족하고 말하고자 하는 바를 강조할 수 있다. 과장하기를 부끄러워하지 않았던 우리 전 총사령관 도널드 트럼프는 지나친 강조로 종종 비판받곤 했다.

You are sooo lucky to have me as your President.[1]
나 같은 대통령을 두다니 우리 국민들은 너어어어무 운이 좋다.

그가 트위터에 남긴 말이다. very(매우)를 유난히 좋아해 말할 때 "very, very"를 자주 사용했다. 그러나 과장이 지나친 트럼프 역시 이런 단어가 '매우, 매우' 유용하다고 여기는 많은 사람들 중 한 명일 뿐이다.

누구나 말할 때 강화어를 사용한다. 말하고자 하는 바를 더 효과적으로 표현할 수 있기 때문이다. '진짜로really' 기쁜 상황에서 그냥 기쁘다고 하고 말 이유가 있을까? '완전히 totally' 멋있는데 그냥 멋있다고 할 이유가 없지 않을까? 더 정확히는 '최고로super' 섹시하고 싶지 않은 사람이 있을까?

강화어를 통해 어떤 상태의 정도를 표현할 수 있고 그로 인해 의사소통 효과도 높일 수 있다. 주로 감정을 전달하고 싶을 때 강화어를 사용하며 배우자나 자녀가 있다면 특히 더 자주 사용한다. 재수 없는 상사나 반려동물이 있을 때는 말할 것도 없다. 바로 앞 문장에서도 우리가 강화어를 얼마나 자주 쓰는지에 대해 '특히 extremely'라는 강화어로 전달할 수 있다. 어마어마하게 tremendously 유용한 단어다. 강화어는 마치 감자칩과 비슷해서 안 쓰면 안 썼지 한 번만 쓰고 말 수는 없다.

그러나 한 가지 강화어를 너무 많이 사용하면 그 말은 곧 힘을 잃는다. 그러면 말하려고 하는 내용이 보통을 넘는다는 점을 설득하기 위해 새로운 방법을 찾아내야 한다. 트럼프라면 '매우'를 한 번 더 추가하는 정도로 만족하겠지만 언어의 혁신을 일으키는 사람들은 다르다. 생각지도 못한 재미있는 단어에 '-ly(-하게, -히)'를 붙여 어울리는지 본다. 이런 끝없는 노력 덕분에 강화어는 언제나 언어 유행의 선두에 선다. 물론 그게 강화어의 목적지이긴 하지만 한편으로는 그래서 경멸의 대상이 되기도 한다. 말끝마다 super나 so를 쓴다고 비웃고 literally가 널리 퍼지는 현상에 깜짝 놀라기도 한다. 인기를 얻으면 그만한 대가가 따르고, 이 규칙은 강화어에도 똑같이 적용된다. 이렇게 생각하면 문법적으로 강화어가 정확히 무엇인가 하는 의문이 생긴다. 기원은 무엇이고 마치 7월 농장의 토끼처럼 기하급수적으로 늘어나는 새로운 강화어는 어떻게 계속 생겨나는 걸까?

과장의 맛

성경 저자부터 고대 음유시인에 이르기까지 우리는 누구나 말할 때 극적인 효과를 주고 싶어 한다.

That's so hot.
정말 짜릿하네요.

이 말이 없었다면 패리스 힐턴이 그렇게 인기를 얻을 수 있었을까? 턱도 없었을 것이다. 어떤 사람과 사물, 사건에 대해 다른 사람과 이야기할 때 자신의 관점을 표현할 상대적 기준이 필요하다는 사실은 누구나 알고 있을 테니 따로 설명할 필요도 없다. 그렇지 않으면 모든 일은 똑같이 진부하거나 뻔해지고 어떤 일이 일어나도 실제보다 과소평가하게 될 가능성이 크다.

저녁 식사에 사람들을 초대해서 주방에서 검보(미국 루지애나

우리가 이렇게 말하는 데는 다 이유가 있어

주에서 먹는 스튜―옮긴이)에 넣을 루(소스를 걸죽하게 만들기 위해 밀가루를 버터로 볶은 것―옮긴이)를 열 시간 동안 저었다고 생각해 보자. 그저 "맛있었다It was good" 정도의 인사로는 성에 차지 않는다. 강화어가 꼭 필요한 분야가 바로 칭찬이다.

사람들은 감동적인 경험을 포착해 간직하고자 하는데, 강화어의 힘을 빌리지 않는다면 아무래도 표현에 한계가 있다. 다음은 2020년 코로나19 팬데믹 기간에 중환자 관리를 맡았던 한 전문의의 말이다.

It was a very scary, very overwhelming experience. It was a nightmare.[2]

매우 무섭고, 매우 견디기 힘든 경험이었다. 악몽 같았다.

여기서 강화어를 사용해 '무서운scary'과 '압도적인overwhelming'이 묘사하는 바를 더 크게 확장하고 이 시기에 겪은 죽음과 불확실한 미래에 대한 두려움을 실제 감정에 더 가깝게 말로 표현할 수 있다. 형용사로도 전달하고자 하는 감정을 표현할 수는 있겠지만 그것만으로는 맛이 충분히 살지 않을 때가 있다. 언어를 통해 정보를 전달하기도 하지만 어떤 일이 일어나는 순간과 그때 경험한 느낌을 압축적으로 표현하는 것 역시 언어의 기능 중 큰 부분이다. 이를 위해 언어적으로 우리의 경험과 감정의 깊이를 충분히 해석하고 표현해낼 방법이 필요하다.

강화어는 정도 부사(형용사나 부사의 정도나 등급을 표현하는 부사—옮긴이) 또는 형용사나 다른 부사를 수식하는 부사 역할을 하며 그중에서도 말하고자 하는 바를 풍부하게 하거나 강조하는 의미를 더한다. 어렸을 때 많이 했던 매드 립스Mad Libs(주어진 품사나 문법적 조건에 맞는 단어를 아무것이나 쓴 후 문장의 빈칸에 채워 넣는 영 단어 게임—옮긴이) 빈칸 채우기 게임을 떠올려보자. 전체 문장을 알려주지 않고 일부 단어만 말하게 한 후 나중에 읽어보면 우스꽝스러운 이야기가 되는 게임이다. 예를 들면 이런 문장이다.

She is [insert adverb] knowledgeable about [insert body part].
그녀는 [신체 부위를 넣으라]에 대해 [부사를 넣으라] 아는 게 많다.

강화어는 여기서 부사 자리에 들어가는 말이다. 매드 립스를 재미있어하던 여덟 살에는 부사라고 하면 '-ly로 끝나는 말' 정도로 생각했고 되도록 이상한 신체 부위를 떠올리곤 했으므로 보통은 다음과 같은 문장이 완성되었다.

She is awfully knowledgeable about butts.
그녀는 엉덩이에 대해 끔찍하게 아는 게 많다.

이 이상한 단어의 조합에 모두 웃음을 터뜨렸다. 내용을 모른

채 빈칸을 채우고 나면 의외의 문장이 만들어져 놀라웠다. 언어를 사용하는 기존 방식과 달리 혁신이 이루어졌기 때문이다. 강화어는 계속 변하고 우리가 하는 말을 더욱 풍성하게 만들어준다. 매드 립스 게임이 재미있고 신기한 이유와 같은 원리다.

대부분의 강화어(예: absolutely[전적으로], horribly[끔찍하게], wholly[전면적으로], completely[철저히], totally[완전히])는 원래 양태 부사(방식이나 방법을 나타내는 부사—옮긴이)다. 그런데 어떻게 'They perished horribly(그들은 끔찍하게 죽었다)'처럼 무섭고 끔찍한 사고를 묘사하던 horribly 같은 부사가 'He is horribly handsome(그는 엄청 잘생겼다)' 같은 문장에 쓰이도록 변화한 걸까?

단어의 원래 의미와 상관없이 부사를 문맥상 사용하는 일이 많아지고 있다. 이를 언어학 용어로 비어휘화라고 한다. 언어학자 마이클 이스라엘Michael Israel은 이를 더 직관적으로 표현해 **의미의 탈색**이라고 부른다.[3] 시간이 지남에 따라 단어의 원래 의미는 약해지고 다른 단어의 의미를 강조해주는 기능만 남는다. 이런 식으로 horribly의 원래 의미가 약해진 것은 셰익스피어의 《헛소동Much Ado about Nothing》에서도 찾아볼 수 있다. 베네디크가 베아트리체에 대해 이야기하며 다음과 같이 말하는 대목이 있다.

I will be horribly in loue(love) with her.[4]

여기서 horribly는 사랑의 정도를 은유적으로 표현하며 너무나 강렬해서 무서울 정도라는 뜻이다. 실제로 사랑 때문에 끔찍한 일이 일어나기도 하는 걸 보면 아예 관련 없는 이야기는 아닐지 모른다. 그러나 실제로는 문맥상 원래의 의미는 아주 살짝만 담은 채(예: a sound that is horribly loud[엄청나게 시끄러운 소리])쓰기 때문에 공포스러운 느낌 자체보다 그로 인한 감정의 강렬함만 전달한다.

그렇다면 비어휘화가 이루어졌는지 어떻게 알 수 있을까? 더이상 무섭다는 뜻을 담고 있지 않다면 비어휘화가 완료되었다고 봐도 좋다. 'horribly happy(엄청나게 행복하다)'는 행복해서 무섭다는 뜻이 아니며 셀 수 없이 많은 단어가 이 과정을 거쳤다. 'fairly(상당히)' 가난한 사람이 그 상황이 '공평하다fair'고 생각하는 건 아니다. 'terrifically(지독하게)' 화가 났다고 해서 '무시무시terrific'하다는 뜻은 아니다. 영국에서는 'dead posh(어마어마하게 고급스러운)'라는 말을 쓰는데 그렇다고 실제로 '죽었다dead'는 의미는 아니다. 강화어가 나머지 부사와 다른 점은 단어 자체의 원래 의미는 없어지고 대신 '다소pretty', '매우very', '가장the most'같이 정도를 표현하는 말이 되었다는 것이다.

되돌아가기엔 이미 늦었다

유난히 비어휘화가 확실하게 일어난 부사가 있다. 바로 literally라는 단어다. 무슨 이유인지 이 단어는 비어휘화 과정에서 큰 저항에 부딪혔다. 단어를 원래 뜻에 가둬두고 싶어 하는 사람들의 반발이 심했다. 검색창에 literally라고 쳐보면 이 단어가 '오용'되고 '남용'되는 현상에 대한 기사를 비롯해 닉 클레그Nick Clegg와 린지 그레이엄Lindsey Graham 같은 정치인을 비난하는 글이 쏟아진다. 조 바이든 대통령조차 감히 이 말을 했다 뭇매를 맞았다. 이 정도로도 설명이 부족하다면 TV 리얼리티 프로그램 출연자들이 literally를 잘못 사용한 예시 모음집을 찾아볼 수도 있다. 스스로를 'literally Tsar(말 그대로 황제)'라고 칭하며 비유의 지옥에서 literally를 살려내겠다고 공언한 코미디언도 있다. 다들 literally에 대해 할 말이 많은 듯 보인다. 뉴욕에는 literally라는 말을 사용할 경우 5분 안에 얼른 마시고 나가라는 안내문이 붙은 술집도 있다.[5] 여기저기 만연한 literally의 남용 사례를 정리한 블로그 글도 쉽게 찾아볼 수 있다. 그중 한 블로그에는 literally를 둘러싼 사람들의 원한을 생각하면 언어의 아마겟돈(선과 악이 마지막 결전을 벌일 곳—옮긴이)이나 마찬가지라고 표현하기도 했다. 이렇듯 변화를 싫어하는 사람들의 주장을 살펴보면 그 '말 자체는literally' 맞을지 몰라도 언어학적으로는 틀렸다. 이 점은 앞에서도 충분히 확인했다. literally가 진화한 원리는 지난 세월 영어에 일어난 여느 의미의 탈색과 크게 다르지 않다.

이 단어의 기원은 프랑스어 'literal'과 라틴어 'littera'이며 둘 다 '문자의', '문자에 따라'라는 뜻이다.《옥스퍼드 영어 사전》에 따르면 영어의 literally는 '문자 그대로, 정확히 또는 실질적인 의미로'라는 뜻이며 그 기원은 1429년까지 거슬러 올라간다. 그때도 프랑스어에서 유래한 의미를 비유적으로 확장해 사용했으며 글자를 한 글자씩 옮겨 적는다는 뜻이었다. 희한하게 오늘날 사람들은 literally의 비유적 사용을 그토록 경멸하지만 사실 literally는 생각보다 긴 역사를 자랑한다.《옥스퍼드 영어 사전》에는 1769년 프랜시스 브룩Frances Brooke의《에밀리 몬터규의 역사The History of Emily Montague》에서 literally의 초기 사용 예시를 볼 수 있다고 기록한다.

He is fortunate man to be introduced to such a party of fine women at his arrival: it is literally to feed among the lilies.
도착하자마자 그토록 아름다운 여성들을 소개받다니 운이 좋은 사람이네요. 말 그대로 백합을 먹는 거죠(성경의 〈아가〉서 4장 5절의 구절로 순수하고 평화로운 상태를 의미한다―옮긴이).

여기서 백합은 비유적으로 여성을 의미하는데 당시 좀비물이 유행했던 게 아니라면 실제로 여성을 잡아먹는다는 뜻은 아닐 것이다. 이때부터 비유와 은유, 상징의 위대한 문학적 전통이 시작되었다. 제인 오스틴, 제임스 페니모어 쿠퍼James Fenimore Cooper, 샬럿 브론테, 찰스 디킨스, 제임스 조이스James Joyce 모두 literally에 책임이 있다.《옥스퍼드 영어 사전》편집자 제시 셰이들로어Jesse Sheidlower는 〈슬레이트Slate〉(정치, 문화, 시사에 대해 다루는 미국 온라인 잡지—옮긴이)에서 마크 트웨인이《톰 소여의 모험》에도 쓰고《위대한 개츠비》에서는 F. 스콧 피츠제럴드도 썼는데 뭐가 문제냐고 묻는다.[6]

Tom was literally rolling in wealth.
톰은 그야말로 돈 밭에서 굴렀다.

He literally glowed.
그[개츠비]는 그야말로 빛이 났다.

작가에게 단어를 원래 뜻 그대로만 쓰라고 할 수는 없다. 말장난과 비유는 작가의 예리함을 드러낸다. 그런데 이렇게 오래전부터 사용해왔는데도 이제 와서 굳이 문제 삼는 걸 보면 전과는 다르게 무언가 새로운 방식으로 literally를 사용하는 게 아닐까 생각해볼 수 있다. 여러 언어 용례집에 literally가 등장한 것은 1900년대 들어서였는데, 그 무렵 이미 실생활에서는 널리 쓰이고 있었으리라 추정한다. 규범주의자들에게는 조금 짜증 나는 일일 수 있겠지만 언어에서 의미 변화는 필수적으로 일어난다. 그리고 회전목마처럼 돌아가는 의미 변화의 소용돌이에 비단 literally만 휘말리는 것도 아니다. 충격적이거나 나쁜 일이 있을 때 'awful'이라는 말을 쓰는데 이 단어는 원래 '경외로 가득 채우다'라는 뜻이다. 또 'hardly'는 '거의 ~하지 않다'라는 뜻으로 문장에서 'I am hardly tired(나는 피곤할 때가 거의 없다)'같이 사용하지만, 원래 'hard'라는 단어는 '힘들다' 또는 '어렵다'는 뜻이다. 그뿐인가. 요즘에는 'bad(나쁜)'를 'good(좋은)'이라는 의미로 사용하기도 하니 더 말할 필요도 없다.

강조를 위해 literally를 사용하는 것은 단어의 전통적 의미와 반대된다는 점에서 특히 의미가 있다. 이미 지난 한두 세기 동안 이 단어를 강화어로 사용해왔는데 이제 와서 거부감을 드러내다니, 뒤늦은 처사일뿐 아니라 언어의 진보에도 걸림돌이 된다. 제인 오스틴이나 마크 트웨인이 사용할 때는 알아채지 못하고 신경도 쓰지 않다가 literally가 여기저기 퍼져 이전에는 감히 생각지도 못했던 자리를 차지하자 거슬리는 모양이다. 의미의 탈색이 이루어졌다는 확실한 신호다. 어떤 일의 강도를 달리 표현할 새로운 방법을 늘 찾아 헤매지만 갈증이 쉽게 가신 적이 없다. 또 이를 위한 문법학자들의 노력 역시 미비하며 때늦은 경우가 많다. 새로운 강화어가 주류로 정착할 때쯤이면 언어의 유행을 선도하는 사람들은 이미 또 다른 새 단어를 찾아 나선 지 오래다.

강화어의 과거

강화어는 여느 부사와 달리 재생산 및 재활용이 용이하다는 점에서 언어학적으로 특별하다. 워낙 일상생활에서 자주 사용하는 말이다 보니 새로움을 잃지 않고 계속 쓰려면 창의적일 필요가 있다. 누군가 'hella good'이나 'f××king awful'이라고 외치는 말을 들으면 평소에 늘 쓰는 부사가 아니다 보니 이목이 쏠린다. 바로 이 점이 중요하다. 혁신적이거나 비속어의 형태를 띠는 부사는 언제나 그 자리에 있어 닳고 닳은 very나 really 같은 단어보다 더 귀에 잘 들어오는 데다 강력한 표현력을 자랑한다.[7] 누군가 책을 추천하며 '매우 좋다very good'고 말할 때와 '깜짝 놀랄 만큼 좋다amazingly good'고 할 때를 비교해보자. 어느 쪽에 먼저 관심이 가는가?

영어에서는 very를 너무 오랫동안 사용한 나머지, 단어의 의미와 무게, 표현력이 예전만 못하다. 고대 영어나 중세 영어 시절에도 오늘날만큼이나 새로운 강화어가 자주 필요했던 것으로 보인다.[8] 수없이 많은 정복 전쟁과 대결, 궁중 모략과 전염병을 겪고 르네상스 시대까지 거치면서 강조할 일이 오죽 많았을까 싶다.

초기 영어사에서 가장 인기가 높았던 강화어는 'swiþe'[9]라는 단어였는데 지금은 도도새 신세(멸종되었다)가 된 지 오래다. 이 단어는 원래 '강하다'는 뜻이었는데 나중에 '극도로, 굉장히'라

는 강조의 의미를 담게 되었다. 예를 들면 지금으로부터 1,000년
도 더 된 앵글로색슨족 격언에 이런 구절이 나온다.

He hine lædde upon swiþe hea dune.[10]

오늘날 영어로는 'He led him up on an extremely high hill
(그는 그 사람을 끝없이 높은 언덕으로 데리고 올라갔다)' 정도로 번역
할 수 있다. 엄청나게 재치가 번뜩이는 격언이라고 할 수는 없
겠지만 언덕이 높았다는 것만은 확실히 알 수 있다. 그로부터
얼마 후 'full'[11]이 강화어의 기능을 하기 시작하는데 1300년 무
렵에는 swiþe를 대체해 여러 문서에서 가장 자주 등장하는 강
화어가 된다. 예를 들어 《캔터베리 이야기》의 '총 서시' 부분에
서 full이 이런 방식으로 사용된 것을 찾아볼 수 있다.

French she spak ful faire and fetisly.
그녀는 프랑스어를 매우 아름답고 우아하게 말했다.

여기서 full은 수녀원 원장이 '제대로 된' 억양(파리 억양을 말한
다) 없이도 프랑스어를 얼마나 잘했는지 강조한다.

이 같은 강화어는 현대 영어에도 어느 정도 흔적이 남아 있
다. 강한 확신을 의미하는 'I know full well' 같은 표현이 한 예
다. 물론 full은 추수감사절 저녁 식사 후 얼마나 배가 부른지 full

설명할 때도 유용하긴 하지만 실제 의미는 '매우 확실하다'는 뜻이다.

비슷한 시기에 부사 'well' 역시 강화어 자리를 넘보기 시작한다(형용사 well은 반대의 길을 걸었다). 14세기 시 〈팔레른의 윌리엄 William of Palerne〉(〈팔레른의 기욤 Guillaume de Palerme〉이라는 프랑스 시의 영어 번역본이다—옮긴이)의 한 구절에서도 이런 예를 찾아볼 수 있다.

in flat forest… fler woned a wel old cherl
대지가 평평한 숲속에… 나이가 아주 많은 남자가 살았다

숲에 사는 한 남자를 묘사하는 구절이다.[12] 여기서 'wel(well)'은 안타깝지만 남자의 건강하다는 말이 아니라(well은 형용사로 쓰일 때 '건강한'이라는 뜻을 갖는다—옮긴이) 그의 무르익은 나이를 강조한다. 1400년 무렵에는 well도 옛날 말이 되고 반짝이는 새 강화어로 'right'가 등장했다. 얼마 후 셰익스피어의 작품에 다음과 같은 문장이 나온다.

The better angel is a man right fair.[13]
더 좋은 천사란 지극히 공정한 사람이다.

여기서 강화어로 쓰인 right는 원래 의미인 '정확한' 또는 '딱

맞는' 등과는 거리가 멀다. 바이킹을 통해 고대 스칸디나비아어 'rätt'가 돌고 돌아 영어로 유입되었을 가능성이 있다. rätt 역시 스웨덴어에서 강화어 자주 쓰였다.[14] 16세기가 되자 'pretty'가 새로운 강화어 1위 자리를 탈환한다. 오늘날 우리가 쓰는 용법(예를 들어 'That's pretty cool[꽤 멋진 일이다]')과 매우 비슷하다. 그래도 강화어 well이 완전히 사라지진 않았다. 'well worn'이나 'well done' 등에서 여전히 강화어 well의 흔적을 찾아볼 수 있다. **매우** 많이 닳거나well worn 익었다well done는 뜻이다. well은 수 세기 동안 숨죽이고 있다가 현대 영국 영어 구어체에서 강화어로 부활했다. 모든 것은 돌고 돈다는 말의 진정한 현신이 아닐까 싶다.

That's well good.[15]
그거 아주 좋다.

그러나 뭐니 뭐니 해도 강화어 중 역사상 제일 오랜 시간 공전의 히트를 치며 가장 바쁜 아이는 very다. 어원은 고대 프랑스어의 'verai'로 '진실, 진짜'라는 뜻이다. 현대 프랑스어에서는 'vrai'로 쓴다. 말 그대로 불로장생을 누리는 중이다. 앵글로 노르만어와 중세 영어에서는 'verrai'였으며 '진실' 또는 '진실하게'라는 의미로 사용했다. 1526년 윌리엄 틴들William Tyndale의 《성경》에도 very가 같은 뜻으로 쓰인 구절이 나온다.

All men counted Ihon, that he was a veri prophet.[16]
모두가 예수를 바로 그 예언자라고 여겼다.

예수를 진짜 예언자로 밝히는 대목이다. 드물긴 하지만 현대 영어에서도 이런 초기 용법의 흔적을 찾을 수 있다. 이때 very 는 강화어가 아니라 사실을 정확하게 묘사할 때 사용하며 'on this very day(바로 이날에)'나 'in this very spot(바로 이 자리에서)' 등을 예로 들 수 있다. 또 14세기부터 very가 '최고로, 완전히'라 는 부사적 의미로 사용되었다는 증거 역시 발견된다. 초서의 작 품에서도 이와 같이 사용된 용례를 찾아볼 수 있다.

That he nys but a verray propre fole [17](That he is nothing but a complete fool).
그는 완전히 바보에 불과하다.

초서의 작품 다른 부분에서는 very가 원래대로 '진실'이나 '실 제'라는 의미로 사용된다. 비어휘화가 점차적으로 이루어지며 단어의 원래 의미가 변화한 현상의 좋은 예다. 다른 단어의 의 미를 끌어올려주거나 강조하는 very의 역할은 오늘날에도 이어 진다.

부사적 의미로 사용된 초기의 예가 있긴 하지만 그래도 현대 적 의미의 very는 근세에 이르기까지는 그다지 자주 나타나지 않는다. 그러나 일단 모습을 드러낸 이후에는 강렬하게 자리를 잡는다. 16세기에는 very가 쓰이지 않는 곳이 없었다. 앞에 언급한 우리 대통령 트럼프의 very 사랑 역시 '매우 매우' 지극하고 말이다.

이렇게 very를 여러 번 반복하는 것도 사실 오래된 일이다. 16세기부터 사용한 예를 여럿 찾아볼 수 있고 대니얼 디포Daniel Defoe나 찰스 디킨스 등 문학계 거장들의 작품에서도 발견된다.[18] 대니얼 디포의 소설에는 다음과 같은 대목이 나온다.

It was indeed very, very, very dreadful.[19]
정말로, 매우, 매우, 매우 끔찍했다.

지난 수 세기 동안 등장한 강화어 중 very야말로 진정한 성골이라고 할 수 있다. 400년 넘게 영어를 빛내고 21세기에도 최고의 강화어 자리를 지키고 있으니 말이다. 강화어 세계에서 영원히 질리지 않을 '블랙 드레스'가 되었다고 해야 할까.

이렇게 오래 살아남고 여기저기 안 쓰이는 데가 없는데도 여전히 very를 향한 적대 세력은 존재한다. 아무리 단정하게 잘 차려입은 '블랙 드레스'라도 그렇다. 1916년 한 신문 사설에서는 윈스턴 처칠이 very를 지나치게 자주 쓰는 버릇을 영 못 고친다고 비판했다.[20] 전생에 진실을 증명하는 역할을 담당했던

단어다 보니 총리나 대통령에게 꼭 필요한 말일 수도 있고(총리
나 대통령은 진정성을 증명할 일이 참 많다), 아니면 그냥 과장할 일
이 워낙 많아 자주 쓸 수도 있다. 말보다 글에서 쓰면 비판은
더 심해진다. 문법책이나 제인 프리드먼Jane Friedman 같은 글쓰
기 전문가도 very의 남용에 대해 경고한다. literally나 totally 등
의 다른 강화어와 함께 very 역시 〈포브스〉가 선정한 '그야말
로literally 죽도록 쓰는 아홉 가지 단어' 중 하나에 포함되기도
했다.[21]

　very를 지나치게 많이 사용한다는 이미지를 피할 새로운 방
법이 등장했다. 트위터에서 very를 v.로 줄여 쓰던 것이 이제 실
제 구어까지 잠식하기 시작했다.[22] 예를 들면 이런 식이다.

He was v. upset.
그는 매우 화가 났다.

트위팅tweeting이라는 단어를 들으면 아직 새가 지저귀는 소
리를 떠올리는(원래 새가 지저귀는 소리를 뜻하지만 트위터에 글 쓰는
행위를 의미하기도 한다—옮긴이) 이들에게는 경악을 금치 못할 일
이다. 그러나 이렇게 단어를 잘라먹는 현상 역시 또 다른 변화
의 신호탄일지 모른다.

왕위의 계승

샐리 태글리아몬티는 토론토에 사는 10대 청소년들이 강화어를 어떤 식으로 사용하는지 조사했다.[23] 이 연구에 따르면 나이가 어린 청소년들은 성인보다 상대적으로 강화어를 더 많이 사용하며 새로운 강화어를 사용하는 비중 또한 높았다. very는 청소년들 사이에서도 여전히 굳건히 버티고 있긴 했지만 선호도에서 1순위는 아니었다. 청소년들이 많이 쓰는 새로운 강화어는 가볍고 일상적이면서 젊은 문화와 관련된 단어다. very를 지난 몇백 년간 썼으니 이제는 물릴 만도 하다.

그러면 very를 대신한 획기적이고 새로운 단어는 무엇일까? 놀라지 마시라, 다름 아닌 really다. 18세기부터 조금씩 사용해온 강화어다. 물론 very에 비하면 really는 한참 아래 신참이나 다름없지만 현재 강화어 세계에서는 최신 유행의 선두 자리를 대차게 꿰차는 중이다. 강화어에서 언어 변화가 빠르게 일어난다고는 하지만 그렇다고 새로운 단어가 데뷔하자마자 인기를 얻을 수 있는 상황은 아니다. 새로운 강화어가 등장하고 나면 very처럼 단어의 원래 의미를 전부 잃고 아무 형용사나 부사에 붙어 널리 사용되려면, 즉 비어휘화를 거치려면 시간이 좀 걸릴 수 있다. 어떤 강화어는 한동안 원래 의미를 완전히 버리지 못한 채 사용되기도 한다. 이럴 때는 강화어가 되기 이전 원래 갖고 있던 뜻과 자연스럽게 부합하지 않는 단어와

우리가 이렇게 말하는 데는 다 이유가 있어

는 함께 사용하지 않는다. 한 예로 'horrifically(끔찍하게)'를 살펴보자. 'horrifically traumatic(끔찍하게 충격적인)'이라고는 써도 'horrifically good(끔찍하게 좋은)'이라고는 하지 않는다. really는 이 과정을 거치는 데 200년 정도 걸린 듯하다. 하지만 really가 현대적 말하기에 등장하는 횟수와 널리 퍼진 정도를 연구한 자료를 참고하면 실질적으로는 very의 반열에 올랐다고 볼 수 있다.

미국에서는 1980년대에 이미 새로운 강화어로 really를 많이 사용했지만 영국인들은 워밍업하는 데 더 오랜 시간이 걸렸다.[24] 그러나 관련 연구에 따르면 영국에서도 35세 아래 세대가 사용하는 강화어 중에는 really가 very를 왕좌에서 끌어내릴 강력한 후보로 떠올랐다. 영국식으로 말하자면 강화어의 새로운 공작부인 정도로 표현할 수 있겠다.[25] 공식 문서나 나이 든 세대의 말하기에서는 very가 여전히 굳건히 자리를 지키고 있지만 구어에서, 특히 젊은 여성[26] 사이에서는 really가 가장 인기 높은 강화어다. 보통 새로운 강화어가 부상한다고 해서 기존 강화어가 사라지지는 않고, 다만 그 전보다 사용 횟수가 훨씬 줄어든다. 더욱 의외인 점은 사용자의 교육 수준이 높을수록 really를 사용하는 횟수가 증가한다는 연구가 있다. 언어학자 로널드 매콜리Ronald Macaulay가 스코틀랜드에서 진행한 실험 역시 이를 뒷받침한다.[27] 이 연구에 따르면 상위 계층에서 더 자주 강화어를 사용한다. 우리가 흔히 갖는 뻔한 편견과는 상반된 결과다. 상류층의 경우 주어진 현상을 그대로 받아들이기보다 직접 평가하고자 하는 경향을 보이는데 매콜리는 이런 특징 때문에 상류층에서 강화어를 많이 사용한다고 가정한다. 상황을 매우very 좋다, 꽤quite 재미있다, 완전히utterly 암울하다 등으로 표현하는 식이다. 한편 강화어는 사실을 묘사할 때(예: 붉다, 가느다랗다)보다 감정을 표현하는 단어(예: 반갑다, 무섭다)와 함께 쓰는 일이 잦아 남성보다 여성의 사용 횟수가 많다고 한다. 유명한 TV 시트콤 〈프렌즈〉의 대사에 쓰인 강화어를 조사한 연구를 보면, 감정을 표현하는 형용사가 강화어 사용을 부추기기는 하지만 이는 남성과 여성 모두에게서 동일하게 나타나는 현상이므로 이 점에 대해서는 아직 명확한 결론을 내리지 않았다.[28]

very를 밀어내고 인기를 누리던 really조차 신인 강화어의 부상에 지금의 자리를 얼마나 보전할 수 있을지는 미지수다. so(너무)가 영국과 미국 양쪽에서 빠르게 치고 올라와 really를 목전까지 따라잡았다. really 역시 힘이 빠지기 시작했다는 의미다. so 역시 새롭고 반짝이기는 하지만 완전히 갓 태어난 존재는 아니다. 888년 고대 영어로 작성한 서류에 'swa'라는 형태로 등장하며 '~의 방식으로' 또는 '~로서'라는 의미로 쓰였다. 그러나 강화어로 주목받은 지난 세기부터였으며, 1901년 문서에 언급된 기록을 볼 수 있다. 이번에도 역시 여성이 즐겨 사용하는 말이었다.[29]

태글리아몬티의 연구에 따르면 so를 사용할 때도 주요 키워드는 젊은 세대와 여성이었지만 very와 마찬가지로 젊은 세대에서는 성별의 영향이 크지 않았다. 대학교 1학년 나이의 남성은 같은 나이 여성보다 so를 더 자주 사용하는 것으로 나타난다.[30] 젊은 남성이 담화 표지 '음'과 like를 사용하는 양상에서도 볼 수 있었던 현상이다. 그러나 새로 떠오르는 강화어가 so만 있는 것도 아니다. pretty와 totally도 급부상하는 중이며 성별에 따른 pretty 사용을 비교한 태글리아몬티의 연구에 따르면 청소년 남성이 청소년 여성보다 강화어 pretty를 더 많이 사용한다.[31] 이는 so와 pretty가 누구나 일반적으로 사용하는 강화어로 자리 잡는 중이며 동시에 곧 수명이 다할 수 있다는 점도 시사한다. pretty의 경우 현대에 들어와서는 북아메리카에서 주로 쓰인다. 16세기에 비하면 그렇다.

really와 so, pretty는 공전의 히트를 치고 젊은이들만의 언어를 벗어나 널리 사용되고 있지만 미국의 'hecka'나 'hella', 'all', 'way', 영국의 'proper', 'enough', 'well', 스코틀랜드의 'pure' 같은 새로운 강화어는 여전히 나이 어린 세대의 대화에만 등장한다. 또래 집단 밖에 있는 사람들에게는 우스꽝스럽게 들릴 수 있지만 그중 어떤 강화어가 살아남을지, 아니면 빛을 보지 못하고 사라져버릴지는 사실 이들 어린 세대에게 전적으로 달려 있다.

본모습을 드러내는 강화어

강화어는 과장하고자 하는 욕구를 채울 수 있다는 점 말고도 유용한 면이 하나 더 있다. 말하는 사람의 정체성과 소속 집단에 대한 단서를 제공한다는 점이다. 예를 들어 'wicked(멋진)'를 자주 쓴다면 뉴잉글랜드 지역 출신이고, 'bloody(엄청난)'를 자주 쓰는 사람은 영국인이다. totally처럼 so 역시 한때 문 유닛 자파가 인기를 몰아 남부 캘리포니아주 말투로 자리 잡았지만 현재는 특정 지역을 드러내지는 않고 영어 전반에서 자주 쓰이며 주류의 반열에 올랐다. 남부 캘리포니아인이 둘째가라면 서러울 정도로 누구보다 강화어를 즐겨 쓰긴 하지만 그래도 로스앤젤레스에서 누군가 'hella'라고 한다면 분명 외지인이다. 자존감 높은 캘리포니아인이라면 'hella'가 캘리포니아스럽지 않다는 사실 정도는 자연스럽게 안다. 당연히 'f××king', 'freaking', 'crazy-ass', '-af('as f××k'의 줄임말로, 예를 들면 happy-af 식으로 쓸 수 있다)' 등의 강화어는 말하는 사람이 뿜어내는 전체적인 분위기를 결정한다. 이들 단어가 주는 강렬함이 기존 질서에 순응하지 않는 젊은 세대라는 이미지를 형성하고, 거칠고 강인한 사람이라는 인상을 부여한다.

'모방은 가장 진실한 형태의 찬사'라는 속담이 있지만 한 집단에서 사용하던 강화어가 밖에서도 널리 쓰이면 원래 집단에서 사용할 때 갖던 고유한 특성은 사라진다. 이런 모방은 언어 혁신의 모태가 되어 새로운 강화어를 등장시키는 원동력이 된다. 그렇다면 이처럼 새로운 언어가 탄생하는 데 영향을 미치는 사회적 요소는 무엇일까? 또 이렇게 탄생한 새로운 언어가 실제로 사용될지 여부는 어떻게 결정될까? 그 부분은 우리가 어울리는 무리와 잘 보이고 싶어 하는 대상에 따라 달라진다.

〈루크페리의 뱀파이어 해결사〉는 자신이 운명적으로 '흡혈귀 제거자'로 낙인찍혔다는 사실을 알게 된 10대 소녀의 이야기다. 주인공 버피는 흡혈귀를 잡아 죽이면서 학교생활까지 하느라 꽤 바쁜 나날을 보낸다. 강화어와 이 영화가 무슨 관련이 있길래 갑자기 이 대목에서 언급하는지 궁금하다면 둘 사이 공통점을 살펴보자. 일단 둘 다 젊은이들의 문화에 대한 이야기다. 그리고 한쪽에서는 뱀파이어를 없애는 중이고 한쪽은 언어의 혁신을 이루는 중이지만 어쨌든 둘 다 학교에서 다양한 능력을 발휘한다. 영화 속 등장인물이 겪는 사회적, 문화적 성향을 다채롭게 그려내기 위해 시나리오 작가가 10대 청소년들의 언어 세계를 어지간히 파헤친 모양이다.

각 등장인물이 사용하는 강화어를 분석해보니 인물의 성격에 따라 강화어의 격렬함 정도가 달랐다.[32] 예를 들면 고상한 영국인으로 나오는 자일스는 very와 quite을 자주 사용하며 상류층 영국인[33]임을 드러낸다. 같은 영국 출신인 뱀파이어 스파이크는 길거리 문화에 익숙하고 태도가 불량하다. 그러다 보니 'bloody(끝내주는)'라는 강화어를 종종 쓴다. 좋아하는 음료

(피blood—옮긴이)와 딱 맞기는 하다. 스파이크가 조종하는 사이보그가 버피 행세를 하지만 '버피봇'이 말할 때 bloody를 사용하는 바람에 정체를 들킨다. 강화어로 '영국스러움'을 표현하려고 한 듯한데, very와 quite, bloody 같은 말이 미국인보다 영국인의 말투와 연관성이 있다는 점을 생각하면 적절한 설정이다. 또 같은 영국 출신이어도 서로 다른 강화어를 사용하는 것으로 고상한 인물과 삐딱한 인물의 성격적 차이를 드러낸다. 언어학자 제임스 스트래턴James Stratton 역시 비슷한 맥락으로 영국 TV 시리즈 〈인비트위너스Inbetweeners〉에서 강화어 well의 용례를 조사했는데 주로 공립학교 출신 남자아이들이 구어체에서 well을 사용하며(예: well embarrassing[무척 당황스럽다] 등) 사회계층을 드러낸다고 분석했다.[34] 이는 상위 중산층 남자 청소년들이 강화어 well을 많이 쓴다는 기존 연구에 반대되는 결과이긴 하지만 스트래턴은 어쨌든 정형화된 구어체로 사회계층을 드러낸다는 점이 중요하다고 말한다.[35] 한편 〈인비트위너스〉에서 윌은 사립학교를 나온 상류층 출신으로 very를 많이 쓴다. 〈루크페리의 뱀파이어 해결사〉의 상류층 자일스와 비슷하다.

새롭게 떠오르는 강화어 so 역시 〈루크페리의 뱀파이어 해결사〉에서 등장인물의 정체성을 드러내며, 그중 특히 젊은 여성 캐릭터를 구체화한다. 초반에 '여왕벌' 치어리더로 나오는 코델리아는 so를 굉장히 많이 사용하는데 학교에서 인기가 많은 인물이라는 설정에 부합한다. 버피의 모범생 친구 윌로우는 살짝

괴짜 같은 면이 있는데 초반 시즌에서는 so를 훨씬 적게 사용하고 당연히 또래 집단에서 코델리아만큼 영향력을 발휘하지 못한다. 그러나 후반 시즌에서 윌로우와 코델리아가 같은 무리에 속하게 되면서 코델리아는 이전보다 so를 적게 쓰고 윌로우의 대사에는 so가 더 많이 나온다. 등장인물이 so를 사용하는 횟수에 따라 인물의 사회적 역할과 관계가 어떻게 변하는지 알 수 있다. 특히 학교에서의 인기나 파벌과 관련될 때 이런 현상이 더욱 두드러진다. 물론 이 사례는 실제 상황 속 대화가 아니라 작가의 대본에 나오는 대사이긴 하지만 새로운 강화어를 사용하는 양상에 따라 집단 내에서의 위치와 소속 상태를 알 수 있다는 사실을 보여준다. 그리고 눈에 띄는 강화어를 사용할수록 그 자체로 재미있는 사람, 인기가 많고 유행의 선두를 달리는 앞서가는 사람이라는 분위기를 풍겨 해당 강화어는 쉽게 더 큰 집단으로 퍼져나간다.

발명의 어머니

앞에서 다른 언어 특징들이 그랬듯 강조 역시 오랫동안 여성의 말투와 연관되어왔다. 18세기 체스터필드 경 Lord Chesterfield 은 여성이 새로운 강화어를 많이 쓴다는 점에 주목했는데 썩 마땅히 여기지는 않았던 듯하다. 여성들이 "마치 잔돈을 바꾸듯 일상적으로 단어를 바꾼다"며, "책임감을 느낄 때도 기분이 나쁠 때도, 반가울 때나 미안할 때도 무조건 '어마어마하게vastly'라는 말을 붙인다"고 지적했다.[36] 문법학자 코르넬리스 스토펠Cornelis Stoffel은 1901년에 저술한 책에서 "여성들은 너무 지나치게 과장한다"면서 강화어 so가 "확실히 여성의 언어 습관"이라고 규정한다.[37] 비슷한 사례로, 저명한 언어학자 오토 예스페르센 역시 1922년 저서에서 여성들이 "과장하기를 좋아해" 강조 부사의 사용이 잦다고 설명한다.[38] 여성이 강화어 사용을 주도한다는 사실만 두고 보면 맞는 말이지만 이유는 '완전히' 틀렸다.

이 고상한 신사분들은 자신들이 과장의 주범으로 지목한 이 여성들이 얼마나 선견지명을 갖고 원대한 언어 혁신을 일구었는지 당시에는 알아보지 못한 듯하다. 기존 규범을 고수해야 한다는(그리고 밥줄도 보전해야 한다는) 압박 때문에 의사소통을 원활하게 해줄 생명력 있는 새로운 언어 형태가 과소평가되고 조롱당하는 일이 많다. 무엇이든 새로운 것은 눈에 띄기 때문에 비웃음을 사곤 하지만 오늘날 여성이 쓰는 말은 곧 미래에 모두가 사용할 말이라고 봐도 무방하다. 늘 그렇듯 여성은 선두에 서 있다. 이는 다음 시즌 유행할 패션에서뿐 아니라 강화어에서도 마찬가지다.

이전 시대에는 글을 읽고 쓸 줄 아는 여성이 남성보다 적었고 정식 교육을 받는 일도 드물었다. 그러다 보니 18세기 이후의 엄격하고 틀에 박힌 글쓰기 관습의 영향(자연스러운 언어 변화를 제지하는 데 혁혁한 공을 세웠다)을 덜 받았고 이 때문에 오히려 언어를 창의적으로 사용할 수 있었던 것으로 보인다. 역사언어학자 테르투 네발라이넨Terttu Nevalainen은 초기 근대 영어의 언어 변화를 연구했는데, 이에 따르면 여성이 주도한 변화(예: 'ye' 대신 'you'를 사용하고 'doth' 대신 'does'를 사용)는 주로 구어에서 시작되었거나 특정 지방에서 국부적으로 일어났다가 일상 대화에서 자리 잡으며 새로운 표준으로 부상했다. 이런 담화체 양식은 초기 연극과 개인 사이 주고받은 서신에서 주로 볼 수 있다. 남성이 주도한 변화는 보통 학문적 영역에서 인정받았다. 초기 근대 문장과 법정 문서에서 이중부정이 단일부정으로 바뀐 점 등을 예로 들 수 있다. 영국의 노르만 왕조 시기 하층민과 마찬가지로 여성은 당시의 형식적인 사회 관습의 족쇄에서 비교적 자유로웠고 그만큼 언어를 혁신적이고 감각적으로 구사하는 데 거리낌이 없었다. 그러나 정형화된 관행에서 벗어난 언어가 언제나 환영받을 수는 없으며 특히 여성이나 그 밖의 탐탁지 않은 부류가 변화를 주도한 경우라면 더욱 그렇다. 충분히 예상 가능한 일이다. 이 같은 유형의 언어 변화는 당연히 당시 문법 수호신들의 매서운 눈초리를 피할 수 없었다. 우리 친구 체스터필드 경 역시 그중 한 명으로 "여자와 일반 평민이 대놓고 문법을 무시하며 말하는 것"을 불쾌하게 여겼다.[39] 그러나 여성 때문에 과장법이 생겨났다는 오해는 사실이 아니다.[40] 여성은 단지 과장된 감정을 전달하는 새로운 방식을 만들어냈을 뿐이다.

예스페르센과 체스터필드 경을 비롯한 많은 이들이 미처 몰랐던 부분이 있다. 영어에서 강화어는 완전히 새로운 것이 아니며 여성의 전유물은 더더욱 아니다. 여성은 영어에 존재하던 표현법의 새로운 형태를 전면에 끌어냈을 뿐 표현법 자체를 더 크게 확장하지는 않았다. 강조와 강화의 표현은 지금까지 살펴본 문헌 여기저기서 쉽게 볼 수 있고, 시대에 따른 강화어 사용을 이해하기 위해 참고한 글 역시 대부분 남성이 쓴 경우가 많다. 강화어가 여성의 전유물이 아니라는 점은 명백한 사실이지만 여성이 언어 변화와 부사의 혁신에서 주도적인 역할을 하다보니 그 방면에서 명성을 얻게 되었을 뿐이다.

그런데 사람들이 싫어하는 또 다른 언어 특징을 떠올려보자. 'I think(내 생각에는 ~한 것 같다)', 'I suppose(~한 것 같다)', 'maybe(아마도)' 같이 의미가 모호해지도록 얼버무리는 말(헤지hedge)과 you know, like 같은 담화 표지, 문장을 시작할 때 일단 던지고 보는 so. 이런 말들을 생각하면 머릿속에 누가 떠오르는가? 건장하고 거친 이미지의 아널드 슈워제네거나 클린트 이스트우드는 아닐 것이다. 그보다는 리스 위더스푼이나 얼리셔 실버스톤처럼 머리는 텅 비고 인기 많은 젊은 여자 역할(대부분 마음이 착하고 알고 보면 똑똑하다)을 주로 맡았던 배우들이 떠오른다. 위더스푼은 영화 〈금발이 너무해〉에서 이런 말을 한다.

Whoever said orange was the new black was seriously
disturbed.
주황색이 대세라니. 이 말을 한 사람이 누구든 심하게 정신이
없었나 보네.

부족함 없이 자란 여고생의 성장기를 담은 〈클루리스〉에서
실버스톤은 정지 신호에서 차를 멈추지 않고 이렇게 말한다.

I **totally** paused.
이 정도면 완전 멈춘 거지.

앞에서 예로 든 두 영화의 주인공은 말할 때마다 강화어를
붙여 매력적이고 머리는 텅 빈 여성의 이미지를 완성한다. 잘못
알려진 사실이지만 여전히 그렇게 연관 짓는다. 여성이 이룬 언
어 혁신의 기능적인 면을 보지 못하고 이를 경박함으로만 치부
하고 얕잡아 본 체스터필드 경이나 예스페르센의 시대에서 아
직 멀리 나아가지는 못한 듯하다.

남성은 신체 능력과 경제적 우위를 이용해 힘과 존재를 증명
할 수 있지만 여성, 그중 특히 젊은 여성이 세상의 전면에 나서
려면 다른 상징적 요인이 필요하다. 언어는 물리력과 경제력에
상응하는 가치를 지닌 사회적 자원의 한 형태이며 여성은 언어
를 통해 사회적 지위와 소속감을 획득할 수 있다(단지 여성에게만

국한된 말은 아니다). 일반적으로 나이가 어린 사회 구성원, 그중에서도 나이 어린 여성에게 말투는 다른 사회적 표식과 마찬가지로 자신의 정체성을 드러내고 무리와 어울리게 해주는 강력한 도구가 된다. 학교를 상징하는 알파벳을 새긴 레터링 재킷을 입는지 징 박힌 검은 가죽 재킷을 입는지에 따라 이미지가 달라지는 것과 마찬가지다. 그럼에도 새로운 형태이고 구어체라는 면에서 이런 언어 혁신은 종종 부정적 시선을 받곤 한다.

강화어 가득한 미래

AT&T(미국 최대 통신사—옮긴이) 광고를 기억할지 모르겠다. 고객이 이삿짐센터와 스카이다이빙 강사, 그리고 의사에게 잘할 수 있는지 묻자 영 찜찜한 "괜찮아요"라는 대답이 돌아온다. 그리고 광고 끝에는 '괜찮은 정도로는 괜찮지 않다Just OK is not OK'라는 문구가 나온다. 강화어의 필요성에 대해 이보다 더 완벽하게 설명하는 광고는 찾기 어렵다. 우리는 이삿짐센터가 물건을 '극도로extremely 조심스럽게' 다루길 원하며 '경험이 매우very 많은' 스카이다이빙 강사를 찾는다. 수술하기 전에 잘할 수 있다고 자신 있게 말하는 의사를 바라지 "떨려요? 저도 떨리네요"라고 대답하는 의사를 원치 않는다. 이 광고 시리즈는 대충 사실만 말하기보다 강화어가 필요한 이유를 잘 보여준다. 강화어를 통해 더 많은 정보를 전달할 수 있고 듣는 사람도 상황을 더 잘 예측할 수 있다.

사실 강화어를 둘러싼 비판이 많긴 하지만 현실에서는 생각보다 훨씬 인식이 좋다. 말하기와 의사소통에 관한 연구에 따르면 강화어를 사용하면 자신 있어 보이고 대화를 이끄는 듯한 인상을 준다.[41] 또 권위가 있어 보이고 사회성 척도에서도 점수가 올라갔다.[42] 강화어는 일반적인 인식과 반대로 말하고자 하는 바에 대한 확신과 화자의 강한 의견을 드러낸다. 확신을 갖고 힘주어 말할수록 상대방을 설득할 확률도 높아진다. '절대적으로absolutely' 좋은 걸 두고 굳이 '그냥' 좋은 걸 선택할 리 없지 않은가. 의사나 변호사를 찾을 때, 직장이나 배우자를 구할 때 특히 더 그렇다. 표현력을 강화할수록 설득력이 커진다. 그러니까 말에 강화어 한두 개를 추가한다고 해서 매우, 완전히, 엄청나게, 진짜, 어마어마하게 나쁜 일은 아니다.

물론 이들 연구는 널리 쓰이는 강화어에 대한 내용이지 아직 대세로 떠오르지 못한 강화어를 따로 조사하지는 않았다. 그리고 새로운 형태의 강화어는 슬쩍 사장되는 경우가 많아 무리의 정체성을 드러내는 역할을 해내지 못하고 널리 사용되지도 않는다. 예를 들면 'crazy-ass(정신 나간)'의 경우 일반적으로 널리 쓰이는 강화어를 대표한다고 볼 수 없다. 그러나 literally와 totally, pretty 같은 강화어는 소위 문법 전문가라고 불리는 사람들의 높은 문턱을 넘어 문법책에까지 실리기 시작했다. 그러니까 이런 현상이 '환상적일 만큼fantastically' 마음에 들지 '충격적일 만큼traumatically' 짜증이 날지는 언어 변화를 얼마나 받아들일 마음이 있는지에 달렸다. 그러나 우선은 한시름 놓아도 좋다. 오늘날 우리가 격식을 차릴 때 쓰는 보수적인 말이라고 생각하는 very나 highly, quite 등도 한때는 새로운 유행어였고 구어체에서만 사용하는 말이었지만 지금은 아무도 그렇게 생각하지 않는다. 강화어와 관련된 문제는 대부분 이런 식이다. 요즘 떠오르는 유행어와 이미 자리 잡은 옛날 강화어의 차이는 단지 시간이 흐르면서 우리가 그 말을 어떻게 받아들이게 되었는지에 달려 있다. 처음에는 젊은 여성으로부터 여정을 시작하지만 결국 종착역은 남성의 대화와 책이다. 역사적으로 늘 그렇게 흘러왔다.

7

돈에 관한 힘

현대 여성은 의식적으로 목소리 톤을 크게 낮추었다. 보컬 프라이는 언어 평등을 향한 다음 발걸음이다.

What Kind of Person Fakes Their Voice?
목소리를 꾸며내는 이는 대체 누구인가?

2019년 〈뉴욕New York〉 매거진 기사의 헤드라인이다. 테라노스(2003년 창립한 미국의 의료 기업으로 2018년 문을 닫았다―옮긴이) CEO 엘리자베스 홈스Elizabeth Holmes가 원래의 '자연스러운' 목소리 대신 일부러 목소리를 깊고 낮게 낸다고 추궁하는 기사다. 혹시 모르는 사람을 위해 설명하자면, 홈스는 혁신적인 혈액검사 기술을 보유했다고 알려진 생명공학 스타트업의 창립자였다. 결국 그런 기술은 없었고 모든 게 사기임이 밝혀졌으며 홈스는 사기로 유죄판결을 받았다. 홈스가 혜성처럼 나타났다

나락으로 떨어진 이야기 자체를 두고 언론에서는 이게 웬 떡인가 싶겠지만 여기서 우리가 주목할 부분은 홈스의 목소리다. 잘 나갈 때는 일부러 목소리 톤을 낮춘 게 아니냐는 의문 자체가 언어적 선택이 사회적 행동으로 비친다는 증거다. 투자자와 의료 기관에 사기를 친 것보다 목소리 톤을 낮춘 게 홈스의 가식을 보여주는 확실한 증거라니 다소 역설적이다.

홈스의 목소리에 이처럼 관심이 쏠렸다는 사실은 목소리에 따라 화자의 인상이 달라질 수 있다는 뜻이다. 언어학자라면 진작부터 알고 있던 사실이다. 홈스처럼 범죄를 저지르지 않았어도 여성은 자신의 목소리와 말투가 남들에게 어떻게 들릴지 늘 신경 쓰고 민감하게 반응한다. 저음으로 목소리를 떨며 말하는 보컬 프라이와 말끝을 올려 말하는 방식이 짜증 나서 못 들어주겠다는 쪽이나 습관적으로 그렇게 말하는 쪽 모두 그 점을 우려한다. 많은 여학생들이 성대를 떨며 허스키한 목소리를 낸다고 지적받은 적이 있다고 이야기한다. 특히 직장이나 친척 어른들에게서 그런 말을 듣는다고 한다. 그러니 여성들은 자신의 목소리와 말투에 신경을 곤두세울 수밖에 없다.

그럴 만도 하다. '보컬 프라이 전염병'이라고까지 일컬어질 정도다. 〈애틀랜틱〉 잡지에는 '보컬 프라이 때문에 여성의 경력이 망가질 수 있다'는 우울하고 암울하기 짝이 없는 헤드라인이 실리기도 했다. 여성이라면 엄청난 악덕을 쌓지 않아도 목소리나 말투 때문에 비난받는 일이 비일비재하다. 이런 어처구니

없는 기사는 그렇다 치고, 그렇다면 보컬 프라이라 불리는 이상하면서도 새로운 목소리 특징 뒤에는 어떤 사회적, 언어적 이야기가 숨어 있을까?

보컬 프라이는 쉽게 말하면 금속 난간을 긁을 때 나는 소리처럼 귀에 거슬리는 화법을 말한다. 대중문화지에서는 보컬 프라이라는 말을 자주 쓰지만 실생활에서는 보통 '갈라지는 목소리'라고 이야기한다. 영어 사용자 대부분이 문장 끝에 보컬 프라이를 사용하는데 뒤로 가면서 목소리 음조가 떨어지는 현상과 함께 일어난다. 킴 카다시안이 보컬 프라이의 대명사처럼 자주 언급되기는 하지만 사실 카다시안이 보컬 프라이로 주목을 끌기 전에 많은 남성들이 그 길을 걸었다. 언어학자 마크 리버먼은 '갈라짐 지표Creakometer'를 만들어 블로그 '랭귀지 로그'에 소개했다. 리버먼은 저명한 언어학자 노엄 촘스키를 예로 들었는데, 촘스키의 보컬 프라이 지수를 살펴보면 꽤 높다. 귀족적 말투가 특징인 작가 윌리엄 F. 버클리 주니어William F. Buckley Jr. 역시 촘스키와의 인터뷰한 영상을 보면 꽤 높은 지수로 목소리가 갈라진다. 액션 배우 브루스 윌리스와 서부 영화의 아이콘 리 마빈Lee Marvin 역시 말할 때 자주 보컬 프라이를 낸다고 언급했다.

예전에는 보컬 프라이에 대해 요즘만큼 말이 많지는 않았지만 보컬 프라이는 성구voice register(목소리의 높낮이 범위—옮긴이) 중 하나로 30~40년 전부터 연구 주제가 되어왔다. 연구에 따르면 보컬 프라이는 "미국 영어에서 언어적(음운론적), 화용적(대화 주고받기), 메타 언어적(정서적) 역할을 한다".[1] 당시에는 의사소통을 원활하게 하는 도구 중 하나로 중요시되었으며 초기 연구에서는 여성이 보컬 프라이를 많이 사용한다는 내용은 전혀 찾아볼 수 없다. 흥미로운 부분이다. 1970년대와 1980년대 영국에서 나온 연구 결과는 오히려 반대다. 보컬 프라이는 상류층의 언어 습관으로 인식되었으며 여성보다 남성의 사용 횟수가 많았다.[2] 대체 어쩌다 보컬 프라이가 여성이 주도하는 "파멸의 언어 장애"[3] 취급을 받게 된 건지 궁금하지 않을 수 없다.

섹시한 목소리가 따로 있다는 믿음

2013년 개봉한 〈인 어 월드In a World〉라는 영화에서 성우 역할을 맡은 배우 레이크 벨Lake Bell은 여성들이 "섹시하고 싶어 안달 난 목소리"와 "삐걱거리는 장난감 같은 목소리"를 낸다고 불평한다.

섹시하려고 안달 난 여자를 만나본 적이 없는 사람을 위해 어느 정도 설명이 필요할 듯하다. 벨의 묘사에 따르면 목소리 톤이 높고 보컬 프라이를 사용하며 마치 물음표가 있는 듯 문장 끝을 올리며 말하는 방식이다. 거슬리는 여성 말버릇 하면 톱 3로 언급되는 불만의 총집합이다. 벨은 이런 치욕적인 말투

우리가 이렇게 말하는 데는 다 이유가 있어

를 쓰는 사람이 되지 않기 위해 인터뷰를 할 때는 목소리를 더 깊게 냈다고 말한다. 이렇게 해야 더 전문성이 있어 보인다고 판단했기 때문이다. 자기 의견을 표현하는 걸 갖고 뭐라 할 수는 없겠지만 남성의 목소리를 더 우위에 두는 걸 보니 우리 벨 씨는 상당히 가부장적인 사고방식을 지니고 있는 듯하다. 그건 앞에 나온 홈스도 마찬가지다.

보컬 프라이 같은 목소리 유형은 대부분 신체 크기와 호르몬, 그리고 발성기관을 조종하는 방식의 결과물이다. 그런데 이제 세상 사람들은 목소리 유형으로 성격을 판단하기 시작했다. 더 직접적으로 비판하자면 이제는 목소리에 대해서까지 고정관념을 갖는다.

그러나 원래 부드럽거나 멍청하거나 관능적이거나 비전문적인 목소리란 없다. 그보다는 어떤 특징을 띠거나 특정 역할을 하는 사람이 말하는 방식에 대한 사회·문화적 기대를 투영해 만들어낸 모형이라고 할 수 있다.

그리고 당연한 말이겠지만 여성의 목소리를 비하한 사람이 레이크 벨 한 사람만도 아니다. 여성의 말은 오랫동안 사람들 귀에 거슬리고 분열을 일으키며 위험하다고까지 치부되어왔다. 고전주의자 메리 비어드Mary Beard에 의하면《오디세이》에서 어린 텔레마코스조차 어머니 페넬로페에게 분명히 짚고 넘어가듯, 고대 로마 시대에 말이란 남성의 영역이었다. 텔레마코스가 어머니에게 한 말을 들여다보면 결국 입 다물고 가서 베나 잘 짜라는 뜻이다.[4] 이런 관점은 키케로와 아리스토텔레스, 또는 아우구스티누스 같은 초기 기독교 신학자들의 고대 철학 사상을 기록한 문서에서도 발견된다. 이들은 하나같이 공공권(많은 사람들이 관심을 갖는 사항에 대해 의견을 교환하고 정치적 의사를 형성하는 언론의 공간—옮긴이)에서 여성이 발언하는 것을 경계하며 주의를 요한다. 예를 들면 아리스토텔레스는 여성은 보이는 존재이지 들리는 존재가 아니라며 "침묵하는 여성에게 은총이 있다"라는 말을 남겼다.[5] 고대 그리스와 로마 사회에서 목소리를 내는 여성은 조롱당하거나 무리에서 추방당했다. 로마 시대 변호사였던 가이아 아프라니아Gaia Afrania의 예에서도 이를 확인할 수 있다. 아프라니아가 법정에서 변호사로 활동하는 모습이 당시 권력층의 심기를 매우 불편하게 만들어 이후 여성은 스스로를 변호할 때 말고는 변론을 금지하도록 칙령을 공포했다는 말이 있다. 아프라니아의 변론을 개가 짖는 소리에 비유하고 '가이아 아프라니아'라는 이름 자체가 부도덕한 여성을 일컫는 총칭이 되었을 정도다.[6]

중세에도 상황은 그다지 나아지지 않았다. 여성이 마음에 안 드는 발언을 하면 그냥 범죄로 규정했다. 공공장소에서 의견을 내세우는 여성은 '혀에 죄가 있다'며 비난받고 기소되기까지 했다.[7] 형벌로 '잔소리 입마개'를 강제로 착용해야 했는데 영화 〈양들의 침묵〉에서 한니발 렉터가 쓴 마스크에 필적하는 고문 도구다. 계몽의 시대로 들어서며 예전처럼 입을 막는 장비를 사

우리가 이렇게 말하는 데는 다 이유가 있어

용하는 일은 줄어들었지만 대신 예절 안내서나 설명서가 널리 퍼졌다. 여성들에게 중얼거려서도, 말을 많이 하거나 목소리를 크게 내서도 안 된다고 주의를 주는 내용이다.[8] 이전처럼 여성의 목소리 자체를 범죄로 취급하지는 않았지만 대신 작정하고 사회화하는 데 중점을 두었다. 엘라 아델리아 플레처Ella Adelia Fletcher가 쓴《아름다운 여성The Woman Beautiful》이라는 19세기 예절 지침서에는 "여성 목소리의 가장 흔한 결점은 톤이 너무 높다는 점"이라며 이 때문에 "불쾌하고 거슬리며 생기가 없거나 새된 소리가 난다"고 경고한다.[9] 당시 상류층 사교계에서 환영받았을 법한 목소리 조합은 아니다.

현대에 와서도 사회생활을 하는 여성은 목소리에 관해 원치 않는 충고를 자주 듣는다. 1950년대의 방송 지침서에는 여성은 '새된' 소리를 내지 않도록 목소리를 낮추는 게 좋다는 조언이 담겨 있다. 여성의 목소리 톤을 묘사하는 데 '새된'이라는 형용사를 쓰다니. 여성과 남성의 동등한 권리에 대한 움직임이 활발해진 1970년대에도 여성의 목소리에 관해서는 크게 나아지지 않았다. 여성주의 문헌에서도 목소리 톤이 너무 높지 않은 편이 좋다고 제안한다. 소심하고 권위 없는 사람으로 보일 수 있기 때문이란다. 이런 조언들이 효과가 있긴 했던 듯하다. 1940년대와 1990년대의 여성 연설을 비교한 호주의 한 연구에 따르면 현대 여성은 시간이 흐르며 의식적으로 목소리 톤을 크게 낮추었다.[10] 보컬 프라이는 언어 평등을 향한 다음 발걸음이다.

보컬 프라이의 원리

    목소리를 낮추면 자연스럽게 보컬 프라이가 일어난다. 그 이유와 원리를 이해하려면 보이지 않는 곳에서 일어나는 목소리의 마법에 대해 알아야 한다. 말하려면 우선 기본이 되는 소리를 낼 수 있어야 한다. 호흡할 때 폐로 들어갔던 공기가 성대를 통과하며 후두 상단의 성문 근육이 부딪혀 떨리면서 소리가 만들어진다. 후두는 소리 상자voice box라고도 하며 목젖 뒤에 숨어 있다. 성대를 팽팽한 상태로 오랫동안 유지하면서 성문 하부에 공기 압력을 충분히 가해야 한다. 그래야 부드럽고 규칙적인 울림이 생기고 이를 통해 목소리로 사람을 구별할 수 있게 된다. 그러나 이 공기 압력이 약하면(또는 성대가 다른 사람보다 클때) 성대가 울리는 속도가 느려진다. 또 성대 근육에 힘을 주면 성대가 수축하면서 짧고 두꺼워져 울림이 느리고 불규칙해진다. 그 결과 기름에 튀기는 듯한 소리가 나는데 이를 보컬 프라이라고 한다. 단지 성대가 부드럽지 않아 성문을 통과하는 공기량이 줄어들면서 울림이 불규칙해져 끓는 듯한 저음이 나는 현상일 뿐이다. 보컬 프라이는 성대의 움직임이 느려질 때 일어나고, 음색은 성대가 진동하는 속도에 따라 달라지므로 결국 보컬 프라이는 저음일 때만 나타난다. 객관적인 관점에서 봤을 때 보컬 프라이는 다양한 음색 중 하나일 뿐이며 자연스러운 현상이다. 상황에 따라 필요할 때 활용할 수 있는 부분이고 말하는 방식의 문제이기도 하다.[11] 그리고 평소에 늘 보컬 프라이를 달고 지내는 사람이 아니라면 알아채지 못할 수도 있지만, 사실 누구나 목소리 톤을 낮출 때 갈라지는 소리를 낸다.

다음 문장을 소리 내어 말해보자.

Yeah, I know that.

아, 그거 알지.

목소리가 낮아지며 'that'을 길게 빼게 된다. 이때 보컬 프라이가 살짝 들리지 않는가?

보컬 프라이의 긁는 듯 끊어지는 소리를 좋아하지 않는 사람이 많다는 점은 분명하지만 우리는 이 목소리가 굉장히 개인적인 특징이라는 사실을 간과한 듯하다. 누군가에게 그 사람 목소리가 듣기 불쾌하다고 말하는 것은 마치 그 사람의 이름이 마음에 들지 않으니 바꾸라고 요청하는 것과 마찬가지다. 그리고 언론의 주장과 달리 보컬 프라이는 병이나 장애가 아니다. 물론 목소리가 갈라져 나오는 것이 성대에 이상이 생겼다는 신호일 수는 있다. 그러나 그런 경우라면 말할 때마다 전체적으로 목소리가 갈라진 듯 들리지, 문장을 거의 끝맺을 시점이라는 사회언어적 메시지를 전달하는 보컬 프라이가 일어나지는 않는다.

언론인의 보컬 프라이

앞에서 언급한 보컬 프라이에 관한 초기 연구를 떠올려보자. 보컬 프라이는 단지 말하는 방식일 뿐이며 화자가 상황에 따라 도구처럼 활용할 수 있다는 내용이다. 그러다 2000년대에는 언론의 주도로 보컬 프라이를 쓰면 허세 덩어리에 악령에라도 씐 사람처럼 여겨지게 되었다. 보컬 프라이에 대한 인식의 변화가 여성의 사회 진출이 활발해진 시기와 맞물린다는 사실은 결코 우연이 아니다. 특히 라디오를 포함한 방송계에서 이런 현상이 두드러졌는데, 전통적으로 여성의 목소리 음조가 높다는 이유로 유난히 배척이 심했던 분야이기도 하다.[12]

1996년 로라 딜리Laura Dilley와 스테파니 섀턱허프나겔Stefanie Shattuck-Hufnagel, 마리 오스텐도르프Mari Ostendorf는 뉴스 진행자의 목소리를 분석한 연구에서 여성 진행자가 남성 아나운서보다 갈라지는 목소리를 더 많이 낸다는 결론을 도출했다.[13] 이후에 진행된 비슷한 연구에서도 마찬가지였다.[14] 그런데 흥미롭게도 같은 연구에서 아마추어 진행자를 대상으로 조사하자 상반된 결과가 나왔다. 이를 통해 두 가지 사실을 유추할 수 있다. 첫째, 실제 직업을 갖고 사회생활을 하는 여성들은 직장에서 낮은 목소리를 내야 한다는 압박을 받는다. 특히 (벨이 연기한 성우처럼) 목소리를 쓰는 직업일 경우에는 압박이 더욱 심하다. 두 번째로, 보컬 프라이는 낮은 목소리가 더 권위 있게 들린

우리가 이렇게 말하는 데는 다 이유가 있어

다는 인식에 기여한다. 이 때문에 여성 방송인이 보컬 프라이를 발성 방식으로 채택하는 경우가 많다.

이를 보여주는 좋은 사례가 있다. 라디오 프로그램 〈디스 아메리칸 라이프This American Life〉에서는 여성 출연진의 말투에 대한 불만이 지나치게 많아지자, 그동안 받은 여성 혐오적 이메일만 따로 모아서 아예 특별편을 제작했다.[15] 여성 출연자들의 관점이 한쪽으로 치우쳐 있다거나 뉴스 내용이 깊이가 없다는 비판보다 훨씬 개인적인 부분에 대해 비난이 많았다. 바로 뉴스를 전달하는 방식이 문제였다. 이 같은 불만은 남성과 여성 청취자 모두로부터 나왔고, 당연히 비난의 중심에는 보컬 프라이가 있었다.

그 여자 그르릉거리는 목소리가 짜증 나서 라디오를 꺼버렸다. 참고 들어주기 힘들 지경이다.

그중 유난히 분노한 듯한 청취자 한 명은 여성 고용에 대한 압박 때문에 이런 참담한 사태가 벌어졌다며 NPR(미국 라디오방송국—옮긴이)이 세상에서 가장 짜증 나는 목소리 찾기 경연 대회라도 여는 건지 묻기도 했다.

프로그램 진행자인 아이라 글라스Ira Glass는 "지금까지 방송 생활을 하며 본 것 중 화내는 사람이 가장 많은" 주제였다고 말한다.

청취자들이 그렇게 분노한 이유가 정확히 무엇일까? 글라스는 언어 습관 자체가 문제라기보다 여성과 관련된 특징에 대해 만연한 편견이 원인이라고 분석한다. 앞에서 논의했던, 여성이 워낙 혁신적 언어 형태를 사용하다 보니 이목을 끈다는 내용과도 일맥상통한다. 이 프로그램이 방송된 몇 년간 여성의 목소리에서 눈에 띄는 부분이 있으면 그게 무엇이든 바로 불만이 접수되었다고 한다. 첫 번째는 문장 끝을 올리는 '업토크uptalk'였고, 그다음에는 like 사용이 문제가 되었으며 이제는 보컬 프라이다. 업토크와 like에 관한 댓글이나 이메일은 보컬 프라이에 밀려 오히려 줄어들었다. 대신 보컬 프라이가 언쟁 대상 1위로 등극했다. 글라스 자신도 보컬 프라이 발성을 할 때가 많지만 이에 대해 지적이나 비판받은 적이 한 번도 없다고 한다(글라스는 남성이다—옮긴이). 재미있는 부분이다.

여성의 목소리에 불만을 제기하는 이메일 폭탄이 〈디스 아메리칸 라이프〉에만 떨어진 게 아니다. 라디오 팟캐스트 〈99% 인비저블99% Invisible〉의 프로듀서 케이티 밍글Katie Mingle은 여성 출연자들의 목소리에 대한 불만이 충격적일 만큼 폭주해 일일이 답할 수 없어 자동 응답 기능을 설정해놓았다고 한다. 목소리 혐오자를 향한 밍글의 답변은 무엇이었을까? 불만을 제기한 사람들의 이메일은 따로 특수한 폴더로 옮겨지며 그 폴더에 분류된 의견에는 '결코' 답변하지 않는다고 한다. 거기에 세련된 조언도 하나 덧붙였다.

우리가 이렇게 말하는 데는 다 이유가 있어

여자 목소리가 전혀 나오지 않는 프로그램도 얼마든지 많으니 마음에 안 들면 그냥 지나가면 됩니다.

밍글에 따르면 남성 목소리에 대한 불만은 특별 폴더로 따로 옮길 필요가 없다. 왜냐고? 그런 불만은 애초에 들어오지도 않기 때문이다.

이런 상황을 보면 보컬 프라이가 마치 여성의 전유물처럼 느껴진다. 사실 여성이 언어의 새로운 형식을 주도해 이끄는 일은 전에도 많았으니 그렇게 생각할 수 있다. 그러나 특정 언어 형태가 여성만의 특징처럼 느껴진다면, 그것은 유독 여성의 언어 습관만 자세히 들여다보았기 때문일 수 있다. 그러다 보니 실제로는 젊은 세대 전체의 언어 습관임에도 미디어에는 여성의 말투라고 잘못 비칠 때가 많다. 앞 장에서 살펴본 like도 비슷한 양상을 보였다. 젊은 남성들도 like를 자주 쓰지만 젊은 여성이 많이 사용한다는 인식이 있어 그 점이 더욱 두드러져 보인다. 넓은 범위에서 새로운 강화어라 할 수 있는 so나 totally 등의 단어 역시 어딘가 모자라고 머리에 든 것 없는 여성의 언어로 특징짓곤 하지만 젊은 남성 역시 자주 사용하는 표현이다. 언어 변화를 주도하는 계층과 여성이 공통적으로 겪는 어려움이 있다. 둘 다 남의 이목을 끌며 그다지 좋은 의미로 주목받지는 못한다.

목소리를 떠는 사람은 따로 있다?

〈투데이Today〉 뉴스 프로그램 '젊은 여성의 새로운 말하기 방식'이라는 코너에 낸시 스나이더먼 박사Dr. Nancy Snyderman가 출연해 남성은 보컬 프라이 발성법을 쓰지 않는다고 선언했다. 언어 치료학자나 언어학자가 들으면 단박에 틀린 주장이라고 반박할 수 있다. 실제로 초창기 연구에서는 보컬 프라이가 일부 영국식 영어에서 '지나치게 남성적인' 특징으로 자리 잡을 가능성에 대한 지적이 있다.[16] 그러나 스나이더먼 박사만 잘못 알고 있는 게 아니다. 이들에게 뉴스 진행자 말고도 실제로 여성이 남성보다 보컬 프라이를 많이 사용한다는 증거가 있는지 묻고 싶다.

미국의 예만 보자면 실제로 여성이 보컬 프라이를 많이 사용한다는 학술 연구가 존재한다. 언론에서는 보컬 프라이를 거의 '전염병'으로 취급하지만 이런 연구에서조차 오직 여성만 보컬 프라이 발성을 한다는 내용은 없다. 언어학자 이쿠코 퍼트리샤 유아사Ikuko Patricia Yuasa가 캘리포니아주에 사는 젊은 영어 사용자를 대상으로 진행한 연구에 따르면 젊은 미국인 여성은 비교군에 있는 남성보다 갈라지는 목소리나 보컬 프라이를 두배 정도 자주 사용한다. 유아사는 문화적 특수성이 이 같은 결과에 영향을 미쳤다고 본다. 젊은 일본인 여성의 경우 미국인 남성과 보컬 프라이 사용 빈도가 같았기 때문이다.[17] 스탠퍼드

대학교 언어학자 롭 파데스바Rob Podesva가 워싱턴 D. C.에 거주하는 남성과 여성을 비교한 연구에서도 비슷한 결과가 나왔다.[18,19] 미국 중서부 지역 거주자를 조사한 작은 규모의 연구에서도 역시 같은 추세를 볼 수 있다.[20]

그러나 모든 연구 결과가 동일하지는 않다. 예를 들어 2016년 심리학과 학생 세라 아이언스Sarah Irons와 제시카 알렉산더 Jessica Alexander 교수가 함께 연구한 바에 따르면 미국 남부에서는 남성이 여성보다 보컬 프라이를 많이 사용한다. 이 연구에서는 자연스러운 일상 대화를 집중적으로 조사해 분석했다.[21] 보통 대부분의 연구는 참가자에게 글을 읽게 한 뒤 보컬 프라이 사용 횟수를 측정한다. 같은 해 커뮤니케이션 분야에서 자동 감지 알고리즘을 이용해 보컬 프라이 사용 횟수를 조사했는데 여기서는 전반적으로 성별의 차이를 발견하지 못했다.[22] 성별에 따른 보컬 프라이 사용 횟수와 별개로 모든 연구에서 나타나는 공통점이 있다. 남성과 여성 모두 보컬 프라이를 문장이 끝나간다는 신호로 사용한다는 것이다. 이는 미국에서뿐만 아니라 다른 나라의 영어 사용자들도 마찬가지다.

여성이 보컬 프라이를 많이 쓰는 현상은 미국만의 특징인 듯하다. 말할 때 목소리가 갈라지는 현상에 관한 초기 연구는 대부분 영국에서 시작되었다. 그리고 당시에는 보컬 프라이가 주로 남성의 말투라고 여겨졌다. 최근 영국 언론에서 보컬 프라이가 유행이며 카다시안이나 다른 젊은 미국 여성 연예인의 영향이라고 보도하긴 하지만 확실한 증거를 기반으로 주장한다기보다 보컬 프라이에 대한 기존 시각을 그대로 답습한 것으로 보인다. 스마트폰 보급의 위력과 휴대폰에 쉬지 않고 자기 이야기를 하고자 하는 인류의 욕구 덕분에 최근 한 연구에서는 영국 전역의 스마트폰 사용자 2,500명의 녹음 자료를 분석할 수 있었다. 지역 사투리를 검색하고 녹음하는 앱에 사용자가 자발적으로 녹음한 자료다. 분석 결과 영국에서는 여전히 보컬 프라이의 주요 사용자가 남성인 것으로 확인되었다.[23] 그뿐만이 아니다. 나이가 많고 교육 수준이 높을수록 보컬 프라이 사용 횟수가 많았다.[24] 앞에서 한때는 보컬 프라이가 상류층의 언어 특징이었다는 주장과도 일맥상통하는 결과다. 대서양을 사이에 둔 양쪽 나라 모두(영국과 미국을 일컫는다—옮긴이) 보컬 프라이를 여성의 말투로 인식하는 현상이 '미국식'이라고 생각하는 듯하다. 영화에서 영국인과 미국인 배역을 맡은 여배우들의 말투를 조사한 연구가 있다.[25] 〈내겐 너무 가벼운 그녀〉와 〈슬라이딩 도어즈〉에 출연했던 귀네스 펠트로를 예로 들 수 있다. 조사 결과 미국인 여배우가 영화에서 미국인 역할을 맡았을 때는 보컬 프라이를 사용하지만 영국인 역할을 할 때는 그렇지 않았다. 이를 통해 보컬 프라이가 사회적 뉘앙스를 담고 있음을 알 수 있다.

　미국인의 경우 여성의 발성에서 보컬 프라이가 더 자주 발견된다고 가정해보자. 그렇다 해도 한 가지 짚고 넘어갈 부분은, 보컬 프라이가 사람들의 인식만큼 실제로 널리 퍼진 현상인지에 대해서는 근거가 충분치 않다는 점이다. 그보다는 언어학자 아널드 즈위키Arnold Zwicky가 명명한 '최신성 환상recency illusion(모르던 사실을 알게 되면 그것이 최근에 와서야 시작된 일이라고 믿는 인지 편향—옮긴이)'일 가능성이 높다. 내가 최근에 알게 되었다고 해서 그 사실 자체가 새로운 것은 아닌데도 말이다. 지금까지는 운 좋게 보컬 프라이의 존재를 모르고 있다가 어느 날 누가 보컬 프라이에 대해 말하면(대체 누가 그런 짓을 하는지는 모르겠다) 그때부터는 안 들으려고 해도 안 들을 수 없게 된다. 누구나 최근에 벌어진 일에 집중하는 경향이 있다. 거기에 1930년대에도 갈라진 목소리를 내는 현상에 대한 논의가 있었고 1970년대 초반부터는 이에 대해 활발한 연구가 이루어졌다는 사실을 생각하면 보컬 프라이가 그렇게까지 새로운 현상은 아니다. 아쉽게도 보컬 프라이 사용에 관해 과거와 현재를 정밀하게 비교한 연구는 찾아볼 수 없다. 그러므로 오늘날 과거에 비해 보컬 프라이 사용이 실제로 증가했는지 아니면 그렇게 보일 뿐인지는 단정할 수 없다. 기존 연구는 대부분 연령대에 따른 차이에 중점을 두기 때문에 시기에 따른 변화를 정확히 알기는 힘들다. 예를 들어 2016년의 한 연구에서는 젊은 세대와 중년 여성의 말투를 비교해 두 연령대 여성의 보컬 프라이 사용에 큰 차이가 없다는 결론을 내렸다.[26] 관련 문헌을 검토해봐도 시간이 지나면서 예전보다 보컬 프라이를 더 많이 사용한다는 실증적 근거를 찾기 힘들다. 그보다 보컬 프라이를 연구할 때 애초부터 젊은 여성의 목소리를 대상으로 편중하는 경향이 있어 그 때문에 여성이 보컬 프라이를 더 많이 사용한다는 인상을 심어주었다는 편이 더 설득력 있다. 언어병리학자 캐서린 댈러스턴Katherine Dallaston과 언어학자 제러드 도처티Gerard Docherty가 선행 연구를 조사한 결과 다른 집단은 배제한 채 '젊은 여대생'만 조사 대상으로 한 연구가 많다는 사실을 알아냈고, 그 비율은 무려 3 대 1에 이르렀다. 이런 결과로는 지금까지 측정된 젊은 여성의 보컬 프라이 정도를 다른 집단과 비교하기 어렵다. 남성이나 나이 든 세대의 보컬 프라이 양상을 정확히 측정하지 않았을 가능성이 매우 크기 때문이다. 그러므로 보컬 프라이가 전염병처럼 널리 퍼질지 모른다는 두려움 역시 출처가 불분명하다.[27] 앞으로 더 많이 사용될 거라는 염려 역시 근거가 없기는 마찬가지다.

물론 미국인의 대화에서 보컬 프라이가 늘어나고 있지 않다는 말은 아니다. 다만 이를 기정사실로 단정할 수는 없다는 뜻이다. 즈위키의 말대로 최신성 환상을 겪는다면 단지 최근에 보컬 프라이 현상을 접했다는 이유로 어디서든 일어나는 일처럼 보일 수 있기 때문이다. 다시 말하면 보컬 프라이가 실제로 이전보다 더 자주 일어난다기보다는, 전에 비해 눈에 더 잘 띄게 되었을 수 있다. 그러나 최소한 미국에서는 남성보다 여성이 이 목소리 형태를 선호하는 듯하며 이를 통해 특정한 사회적 정체성이 드러나기도 한다. 보컬 프라이는 늘 존재해왔지만 불과 얼마 전까지도 사회에서 직업적으로 두각을 드러내는 사람은 남성일 때가 많았으므로 보컬 프라이가 요즘만큼 눈에 띄지 않았다. 또 보컬 프라이 발성을 하려면 원래 목소리와 관계없이 목소리를 낮출 수밖에 없다. 그리고 여성의 경우 원래 목소리 음조가 남성보다 높은 경우가 많아 목소리 높이를 바꿀 때 대비가 크다 보니 더욱 눈에 띈다.[28,29] 이 때문에 보컬 프라이를 사용하는 여성은 독특하다거나 비정상적이라는 말을 듣기 쉽다.

보컬 프라이 사용이 점점 증가한다는 생각은 헛된 상상이고 허구일 수 있다. 하지만 여러 실증적 연구를 통해 현대 남성과 여성 모두 이 발성을 사용한다는 점은 분명한 사실로 확인되었다. 그렇다면 보컬 프라이는 어떻게 미국 영어에 파고들었을까? 아마도 무게 있고 자신감 넘쳐 보이도록 해주는 면 때문일 가능성이 크다. 영국과 호주를 중심으로 한 초기 연구를 살펴보면 갈라지는 목소리로 말할 때 권위 있고 사회적 지위가 높아 보인다는 인식을 확인할 수 있다. 미국에서 20대 초반 젊은이들에게 보컬 프라이가 인기를 끄는 이유를 살펴보았다. 캘리포니아주에 거주하는 젊은 층을 대상으로 한 유아사의 연구에 따르면 대학생들이 보컬 프라이를 듣고 떠올리는 이미지는 '신분 상승', '도시적', '높은 교육 수준' 등이라고 한다. 〈디스 아메리칸 라이프〉 시청자들이 방송을 보고 보컬 프라이에 대해 받은 인상과는 차이가 크다. 이런 인식의 차이를 보면 말하기와 사회적 관점에 대해 많은 부분을 알 수 있다. 스탠퍼드대학교 사회

언어학자 페니 에커트Penny Eckert는 NPR 프로그램 〈프레시 에어Fresh Air〉에 출연해 보컬 프라이를 좋아하지 않는다고 말한 적이 있다. 그러다 학생들은 이를 권위 있는 목소리로 여긴다는 사실을 나중에 알게 되었다. 이후 에커트가 내린 결론은 무엇이었을까? 자신이 어느새 나이 들어 젊은 세대가 의사소통하는 방식을 '제대로' 이해하지 못하는 것 같다고 시인했다.

그렇다면 문장이 끝나간다는 신호를 주는 것 외에 보컬 프라이를 사용해 어떤 의사소통을 할 수 있을까? 최소한 보컬 프라이를 '제대로' 사용한다면 어떤 상황이나 분위기에 대해 느끼는 바와 말하는 사람의 태도를 전달할 수 있다. 한 예로, 불만을 표시하거나 지루하다는 인상을 전달할 수도 있다. 음성학자 존 레이버John Laver는 초창기 영국 표준 영어 사용자들의 보컬 프라이를 들으면 마치 체념한 듯 지루한 느낌이 든다고 언급했다.[30] 당시 상류층 말투와 연관이 있어 보인다. 보컬 프라이의 사회적 의미를 추적하는 과정에서 보컬 프라이와 주로 함께 사용되는 형용사를 보면 '편안한'이나 '여유 있는' 등의 키워드가 등장한다.[31, 32, 33] 말하는 내내 보컬 프라이를 사용하거나, 갈라지는 목소리로 "yeah(어, 뭐 그렇지)"라고 말할 때 특히 이런 느낌이 강하다. 상대방이 한 말을 인정은 하지만 더 길게 이야기하고 싶지는 않다는 느낌이다.[34] 어쩌면 보컬 프라이를 사용하는 패턴이 달라져서 더 눈에 띄는지도 모른다. 즉 예전에는 문장 끝에 보컬 프라이가 나왔다면 요즘은 말하는 내내 보컬 프라이를 사용한다. 특히 10대 청소년들은 언어를 전형적인 방식으로 사용하지 않기 때문에 이들의 보컬 프라이가 더욱 두드러진다. 갈라지는 목소리가 난다고 해서 모두 같은 보컬 프라이는 아니다. 그리고 문장에서 보컬 프라이를 사용하는 위치에 따라 말하는 사람의 상황과 사용하는 목적이 다를 수도 있다.

남성 중심 페미니스트

젊은 여성의 발성 습관을 비난하며 가장 흔히 하는 말이 있다. 경력에 방해가 된다는 조언이다. 언어를 정해진 대로만 써야 한다고 믿는 사람들만 그런 게 아니다. 놀랍지만 페미니즘을 주장하는 사람들도 마찬가지다. 유명 진보 페미니스트 작가 나오미 울프Naomi Wolf는 〈가디언〉지에 다음과 같은 제목의 글을 기고했다.

젊은 여성이여, 보컬 프라이를 내려놓고 강인한 여성의 목소리를 되찾자.

제목에서부터 말하고자 하는 바가 분명히 드러난다.

울프는 보컬 프라이뿐만 아니라 여성이 말할 때 숨소리를 많이 낸다고, 또 목소리 톤이 너무 높다고 비판한다. 글의 상당 부분을 젊은 여성의 목소리를 비난하는 데 할애하며 힘없고 연약한 목소리, 얼버무리며 불안정하게 끝을 올리는 말투가 젊은 여성의 사회생활을 망친다고 주장한다. 사회의 여느 시각과 크게 다를 바 없다. 데이터 분석이나 리더십, 공학 기술 등 남성 인력이 주도하는 분야에서 성공하려면 여성 고유의 목소리가 지닌 문제점을 '고쳐야' 한다고 촉구한다. 여기서 울프가 놓친 부분이 있다. 목소리 때문에 여성의 힘과 권위가 약화된다는 사회의 인식은 여성이 공공권에서 목소리를 낼 수 없었던 과거의 관점에 여전히 매여 있음을 보여준다. 또 남성과 여성이 같은 화법을 쓰더라도 여성의 목소리에 유난히 엄격한 잣대를 들이대는 현실을 고려하지 않은 주장이다. 사회생활에서 젊은 여성이 맞닥뜨리는 장애물은 목소리가 아니다. 여성이라는 사실, 그리고 여성이 말을 한다는 사실 자체다. 처음부터 그랬다.

과학 전문 학술지 〈플로스 원PLoS One〉에 한 편의 논문이 실린 이후 각종 미디어에서 보컬 프라이가 여성의 경력을 망친다는 주장을 쏟아내기 시작했다. 보컬 프라이가 주는 인상에 대한 실험으로, 보컬 프라이를 들은 청자는 화자가 능력이 없고 교육 수준이 낮을 것이라고 예상했고 취직이 어려울 거라고 생각했다.[35] 직원을 뽑을 때 말투를 듣고 판단하는 경우가 많으므로 결국 여성이 고용 시장에서 불이익을 받을 수 있다는 주장이다.[36, 37] 남성의 보컬 프라이 역시 부정적 인상을 준다는 대목이 있지만 여성의 경우 남성보다 큰 영향을 받는다고 하며 미디어에서도 남성의 보컬 프라이 대목에는 그다지 흥미가 없어 보인다. 물론 보컬 프라이를 사용하면 전문성이 없어 보인다고 생각하는 사람도 실제로 있겠지만(라디오 분야에서 특히 두드러지는 듯하다), 인위적으로 흉내 낸 보컬 프라이를 실험 자극으로 이용한 연구 방법이 실제 사람들의 반응을 대변할 수 있을지 의문이다. 실험을 위해 인위적으로 따라 한 보컬 프라이에는 자연스러운 말하기 상황에서 만들어지는 일정한 양상과 형식이 반영되지 않을 가능성이 있기 때문이다. 마치 남부 출신이 아닌 사람에게 남부 사투리를 흉내 내보라고 한 후 원래 말투가 더 낫다며 놀라는 격이다.

이 같은 논리적 결함에도 이 실험을 통해 사람들이 목소리의 차이를 사회적으로 인식한다는 점을 알 수 있다. 구체적으로는 짧은 시간에 목소리로 여성을 평가한다는 사실이다. 그에 반해 남성은 목소리가 갈라진다는 이유로 지적받는 일은 극히 드물다. 목소리에 대한 일반적 선호도를 살펴봐도 음조가 낮은 목소리를 훨씬 선호한다는 연구를 볼 수 있다. 특히 사회생활에서 필요한 자질을 꼽을 때는 압도적인 선호도를 보인다.

시리는 여성인가?

이런 현상은 여성의 고용과 승진 기회에 명백한 영향을 미친다. 그뿐만 아니라 이 같은 편견은 우리가 과학기술을 개발하고 활용하는 방식에도 작용한다. 기계에서 나오는 음성을 한번 떠올려보자. 아이폰의 시리Siri는 왜 여성으로 기본 설정되어 있을까? 디지털 음성 비서 알렉사는 왜 프레드Fred가 아니라 (여자 이름인) 알렉사Alexa일까? 그나저나 이런 게 중요한 문제이긴 할까? 어차피 진짜 목소리도 아니라는 것쯤은 다들 아는 사실이 아닌가?

확실히 중요한 문제이긴 한 모양이다. BMW사社에서 처음 음성 내비게이션 시스템을 선보였을 때 독일 소비자는 전혀 달가워하지 않았다. 여성이 길을 알려주는 것이 마음에 들지 않는다며 리콜 요청이 쇄도했다. 악당이거나 명령하는 입장에 있거나 권위적인 기계는 (예를 들면 영화 〈2001 스페이스 오디세이〉의 '할HAL'이나 〈월-E〉의 '오토AUTO' 등) 거의 남성 목소리인데 시리나 알렉사처럼 필요를 채워주고 도와주는 역할을 하는 음성 비서는 대부분 여성의 목소리를 사용한다. 소비자가 여성형 기계음을 훨씬 선호하기 때문인데 이 역시 사회의 기대와 고정관념을 반영한다. BMW는 내비게이션에 여성 목소리를 넣었다가 곤욕을 치렀지만 영화 〈007 네버 다이〉에서 제임스 본드용으로 특별히 맞춤 제작한 고성능 BMW에서도 여성의 목소리가 나온다. 여성 편력으로 유명한 본드가 대놓고 무척 좋아했던 특징이다.[38]

실증적 관점에서 살펴보자. 사회심리학과 진화심리학 연구에 따르면 목소리라는 음향 특성, 그중에서도 목소리 높낮이는 사람의 성격을 파악하는 데 중요한 요소다.

'안녕hello' 같은 짧은 인사말만으로도 많은 정보를 얻을 수 있다.[39] 일반적으로 낮은 목소리는 주도적으로 여겨지며 목소리 음조가 높을 경우 순종적이고 공손하다는 인상을 준다고 한다. 그러다 보니 목소리가 낮은 남성은 매력과 사회적 지위 지수에서 높은 점수를 받는다.[40] 반대로 여성은 목소리 음조가 높을 때 외모와 젊음 지수가 높게 나오지만, 리더십이나 자기주장 등 권력 기반 자질에 대해서는 목소리가 낮을 때 더 높은 지수를 받았다.[41, 42] 1996년 영화 〈제리 맥과이어〉의 명대사 "You had me at hello(첫인사부터 사랑에 빠졌다)"는 이제 전혀 다른 각도에서 봐야 한다.

진화심리학에서는 일반적으로 몸집이 클수록 목소리가 저주파인 경우가 많다는 생각에서 출발해 낮은 목소리와 사회적 지위 간의 상관관계가 발생한다고 본다. 즉 울림이 큰 목소리란 신체적 우세함으로 받아들여진다.[43] (진화론에 따르면) 그 결과 목소리 톤이 낮은 남성이 짝짓기에서 더 유리한 위치를 점하고 경쟁자에게는 더 위협적인 존재가 된다.[44] 현대사회에서는 존재 가치를 증명하기 위해 더 이상 가슴을 쾅쾅 두드리며 저주파로 그르렁댈 필요가 없는데도 여전히 음조 낮은 목소리는 실제 몸 크기와 상관없이 지배성과 권위 면에서 우위를 차지한다.[45] 다시 말해 인간 진화의 역사에서 한때 신체적 우월함을 나타내던 특징이 현대사회에서는 사회적 우세를 상징하게 되었다.

너무 일방적인 주장처럼 들릴 수도 있다. 하지만 목소리가 낮으면 자신감이 있고 능력이 뛰어나며 권위가 있을 것이라 생각하고 목소리 음조가 높으면 무능력하고 사회적 지위가 낮으며 심지어 믿을 만한 사람이 아니라고 생각한다는 연구는 얼마든지 찾을 수 있다. 목소리가 낮으면 직장이나 조직에서 승진할 기회가 많다는 연구도 있다.[46] 〈실험 심리학 저널The Journal of Experimental Psychology〉에 실린 한 연구에서는 실험 참가자들에게 그룹 과제를 주고 각자의 목소리 음조를 설정하도록 했다. 주어진 음보다 목소리를 높게 설정한 참가자는 실험 집단에서 지위가 낮은 역할을 맡았고 목소리를 낮게 설정한 참가자는 높은 지위의 역할을 맡았다. 〈비언어 행동 저널The Journal of Non-verbal Behaviour〉에도 비슷한 연구가 소개되었다. 여기서는 실험 참가자들이 '전문가' 역할을 맡았을 때 목소리가 어떻게 달라지는지 알아보았다. 참가자들은 권위 있는 역할을 맡았을 때 평소 대화에서보다 목소리를 낮추는 모습을 보였다.[47] 남성과 여성 모두 같은 양상을 보였지만 여성은 남성보다 목소리 톤을 더 많이 낮추었다. 결과적으로 음조 낮은 목소리가 더 능력 있고 권위적으로 들렸지만, 남성의 경우 여성보다 음조를 많이 낮추지 않았음에도 더 큰 효과를 볼 수 있었다. 다시 말하면 여성은 진지하게 보이기 위해 남성보다 목소리를 더 많이 낮춰야 하지만 그에 따른 이점은 남성에 비해 크지 않다는 뜻이다.

　음조 낮은 목소리를 선호하는 경향을 통해 인간 행동의 다른 측면도 예상 가능하다. 예를 들면 짝짓기 상대로 누굴 선호할지 예측해볼 수도 있다. 연구에 따르면 데이트 상대를 고를 때 목소리 음조가 매우 중요한 요소로 작용하며 음조 낮은 남성과 음조 높은 여성이 가장 선호도 높은 조합이다.[48] 진화론적 관점에서 목소리의 음조와 상태는 몸 크기나 건강 상태, 나이 등 신체적 특징에 대한 신호로 작용했을 것이다. 이를 바탕으로 젊고 건강하며 번식력이 좋은 상대를 고를 수 있어 목소리가 짝짓기에서 중요한 요소가 되었다는 가정이다. 물론 이런 사항이 틴더Tinder(데이트 상대를 찾아주는 앱—옮긴이)에서 프로필이 상위권으로 올라가는 조건은 아니겠지만, 낮은 목소리에 대한 선호는 여전히 누군가의 매력을 결정하는 중요한 요인으로 남아 있다.

　목소리 선호도는 데이트 상대를 알아보는 데서 그치지 않는다. 목소리 음조에 따른 연상 작용을 통해 예상치 못한 부분에서 호불호를 예측할 수도 있다. 예를 들면 선거에서 누구에게 투표할지 등이다. 음향 장치를 이용해 과거 미국 대통령들의 목소리 음조를 높이거나 낮추어 실험 참가자들에게 들려주었더니 음조를 높인 목소리보다 음조를 낮춘 목소리에 투표하는 모습을 보였다.[49] 특히 보수 성향의 유권자가 대통령 후보를 선택할 때 저주파 목소리를 선호한다는 연구 결과도 있다. 상대적으로 보수 성향이 강한 국가에서도 비슷한 양상을 볼 수 있다.[50] 진화심리학의 분석에 따르면 세상을 보는 관점이 보수적일수록 세상을 '위험하다'고 인식하는 경향이 있어 이 같은 현상이 나타난다. 보수적인 사람이나 사회는 더욱 강력한 지도자를 원하고, 음조가 낮고 울림이 깊은 목소리는 신체적 우세함을 나타내는 특징으로 받아들여지기 때문이다. 실제 선거 결과를 분석한 연구에서도 이 관점은 유효했다. 상원 의원 선거에서 대통령 선거에 이르기까지 목소리가 낮은 후보가 당선되는 경우가 많았다. 이는 정치인에게만 해당되는 이야기가 아니다. 기업 리더에게 요구되는 자질에 관한 연구를 보면 목소리 음조가 낮은 CEO일수록 큰 규모의 회사를 운영하는 경우가 많고 돈도 더 많이 번다.[51, 52] 조금 더 많이 버는 정도가 아니라 훨씬 더 많이 번다. 사회적 조건과 금전적 보상 면에서 이 정도로 차이가 나니 여성은 당연히 말투를 바꾸고 '새된' 소리를 내지 말라는 충고에 귀 기울일 수밖에 없다.

점점 더 많은 여성이 오랫동안 남성의 영역이던 분야에 진출한다. 그러다 보니 여성은 될 수 있는 한 목소리 음조를 낮추려고 노력한다. 그럴 만도 하다. 사회생활에 이득이 되기 때문이다. 목소리를 높은 음으로 내봤자 얻을 게 없지 않은가? 최소한 직업적으로는 그렇다. 여성적 매력을 드러내야 성공하는 직업이 아니라면 말이다. 그런 이유로 여성은 또 다른 문제에 직면한다. 남성이라면 겪지 않아도 되는 문제다. 목소리 음조가 낮은 남성은 지배력과 남성적 매력을 모두 갖춘 사람으로 평가받는다. 여기서 여성의 근본적인 문제점이 드러난다. 바로 사회구조상 언제나 불리한 위치에 서 있다는 사실이다. 우리가 만든 사회구조에서는 여성의 특징, 즉 높은 음조와 다양한 목소리 톤 자체를 수동적이고 감정적인 목소리라고 평가한다. 설사 그 때문에 매력적이라는 평가를 받더라도 결과는 마찬가지다.[53]

그렇다면 여성이 목소리 음조를 낮춘다고 해서 부정적 시선을 피할 수 있느냐 하면 그것도 아니다. 이번에는 지나치게 남성적이라는 사회적, 문화적 부담이 작용한다. 어쩌다 성별을 잘못 타고나면 승산이 거의 없다고 봐야 한다.

그러다 보니 여성을 설득하다 보면 딜레마에 빠질 수밖에 없다. 배우 조시 브롤린Josh Brolin은 우락부락한 반신반인 타노스가 되었다가도(영화 〈어벤져스: 엔드게임〉—옮긴이) 특유의 저음으로 미국 대통령 역할도 맡을 수 있지만(영화 〈더 프레지던트〉—옮긴이), 여성이라면 상황이 완전히 다르다. 능력 있고 주도적으로 보이는 저음과 매력적인 목소리로 여겨지는 고음 사이에서 끊임없이 고민해야 한다. 매릴린 먼로처럼 말하면 쫓아다니는 남자들은 많겠지만 공직에 오르거나 CEO가 되기는 힘들다. 이렇다 보니 전통적으로 목소리가 중요하고 남성이 주도하는 분야(방송, 정치, 경제 등)에 여성이 진출하려면 필수적으로 목소리에 대한 편견을 극복해야 한다. 또 전문성을 갖춘 모습과 여성스러운 매력 사이 미묘한 균형도 골고루 맞춰야 한다.

이 모든 사항을 종합해보면 보컬 프라이가 왜 그렇게 갑자기 관심을 한 몸에 받게 되었는지 알 수 있다. 보컬 프라이는 낮은 음조에서 나는 발성법이므로 목소리를 저음으로 바꿔야만 가능하다. 그렇기에 보컬 프라이를 사용하면 전반적으로 높은 음조를 유지하면서도 잠깐씩 저음으로 넘어갔다 올 수 있어 두 마리 토끼를 다 잡을 수 있는 방법이다. 높은 음조로 여성적 매력을 유지하면서도 낮은 목소리로 주도적인 이미지를 가져야 하는 딜레마를 풀 수 있는 창의적인 방법이라고 할 수 있다. 다시 말하면 보컬 프라이는 사회생활을 위해 남성처럼 말하면서도 여성처럼 보일 수 있는 타협점이다.

성공한 젊은 여성이 전문성 있는 이미지를 주기 위해 보컬 프라이를 사용하고 목소리 음조를 낮추는 예를 얼마든지 찾아볼 수 있다. 여러 언론사에서 이방카 트럼프가 아버지의 대통령 임기 동안 중차대한 역할을 맡으면서 목소리 톤을 낮추고 보컬 프라이를 사용했다고 보도했다. 패리스 힐튼도 마찬가지다. 예전에 출연했던 TV 프로그램에서는 나중에 더 성숙한 이미지로 나올 때보다 음조가 훨씬 높다는 기사를 찾아볼 수 있다. 이후에는 보컬 프라이를 사용하기도 한다. 그 유명한 카다시안 집안의 킴, 코트니Kourtney, 클로에Khloé 자매의 보컬 프라이는 말할 것도 없다. 진지함과 전문성을 보여야 하는 대표적 직업은 아닐 수 있지만, 이들 역시 다른 여성들과 마찬가지로 어느 면에서는 여성성이 유리하면서도 다른 한편으로는 그에 따른 불이익을 감수해야 한다. 특히 진지하게 보이지 않는다는 점이 큰 압박으로 작용한다.

보컬 프라이의 부상

지금까지 다룬 여러 언어 습관이 그렇듯 보컬 프라이 역시 이 특징을 싫어하는 사람에게는 마치 손톱으로 칠판을 긁는 것처럼 거슬리는 부분이다. 그리고 보컬 프라이를 사용하는 사람은 이 때문에 수모를 겪고 내내 말투에 신경 써야 한다. 앞서 언급한 〈디스 아메리칸 라이프〉 특별편에서 여성 출연자들은 자신의 말투에 대해 혐오 발언을 쏟아낸 사람들 덕분에 말할 때마다 목소리를 의식하게 된다고 이야기했다. 이 책을 읽고 있다면 지금쯤은 잘 알겠지만 보컬 프라이는 병도 아닐뿐더러 다른 이에게 해가 되지도 않는다. 당연히 여성의 전유물도 아니다. 남성의 보컬 프라이에 대해서는 그만큼 떠드는 사람이 없을 뿐이다. 그보다는 영화 〈스타트렉〉에 나오는 말처럼 여성이나 음조가 높은 사람이 '한 번도 다다른 적 없는never gone before' 미지의 영역에서 존재를 알리는 방식 중 하나로 봐야 한다.

나오미 울프는 나이 많고 권위 있는 사람들에게 잘 보이려고 끝을 올리는 화법을 쓴다는 한 젊은 여성의 예를 들며 이렇게 한탄한다.

아무도 이 젊은 여성에게 나이 든 사람들 비위를 맞추지 않아도 된다고 알려주지 않았다니. 이는 우리 기성 페미니스트들이 할 일을 제대로 못했다는 뜻이다.

그러나 역설적이게도 보컬 프라이를 비난하는 다른 모든 이들과 마찬가지로 울프 역시 젊은 여성들이 그저 남성처럼 말하길 바라는 것처럼 보인다. 여성이 자신만의 방식과 정체성을 지키기보다 기능적, 사회적 필요에 따라 자연스럽게 진화한 말하기 특징을 이용해 기존 전문직 남성의 화법을 따르라고 조언한다.

젊은 남성이 보컬 프라이를 사용하거나(실제로 남성도 보컬 프라이를 쓴다!) 대화를 주도한다고 해서, 기존 규범에 대치되는 목소리를 낸다고 해서 남성의 몰락을 예고하는 기사가 나지는 않는다. 대신 〈GQ〉 잡지에서는 '의외로 목소리가 높은 남자 유명인'이라는 제목으로 이를 기린다. 즉 아무도 마이크 타이슨(헤비급 세계 챔피언 권투 선수로 목소리 음조가 높기로 유명하다—옮긴이)에게 성공하려면 더 남자답게 말해야 한다고 조언하지 않는다.

겉으로 많이 드러나지는 않아도 젊은 남성 역시 필요에 따라 보컬 프라이를 사용한다. 우리가 여기에 더 익숙해질 무렵이면(어디서나 들리므로 곧 일어날 일이다) 보컬 프라이는 새로운 표준이 되고, 지금과 같은 냉대도 사라질 것이다. 그러니 보컬 프라이가 듣기 싫다면 다시 말하지만 한 세대 정도 기다리길 권한다. 그때가 되면 그렇게 싫어했다는 사실조차 기억나지 않을 테니 말이다. 이미 보컬 프라이를 쓰고 있다면? 남들보다 앞서나가는 중이므로 더 이상 사과하고 다닐 필요 없다. 음조 낮고 갈라지는 목소리를 지닌 미국의 첫 여성 대통령이 당선되는 미래를 그려본다. 아니 어쩌면, 아직은 상상일 뿐이지만 언젠가는 목소리가 아니라 여성의 자질이 선택의 기준이 되는 날도 오지 않을까.

8

내 몸 안의 선물

단수형 they는 언어계의 아이돌이 되어 헤드라인을 장식하고 지칭하는 대상의 개념을 바꾸고 있다.

《메리엄-웹스터Merriam-Webster 사전》은 2019년
이 단어를 올해의 단어로 꼽았고 미국언어연구회American Dia-
lect Society에서는 지난 10년간 가장 중요한 단어로 선정했다. 신
문과 잡지에서도 최근 이 단어를 위해 언어 사용 규정을 바꿨
다. 또 이 단어는 여러 논쟁에 불을 지피기도 한다. 뭔가 강력하
고 신비로운 새 단어가 나왔냐고? 아니다. 세상을 흔들 만한 새
로운 발명이나 과학기술을 지칭하는 명칭도 아니다. 암호화폐
도, 줌도, 시리도 아니다. 이 시대에 가장 논란이 되고 있는 이
단어는 바로 몇백 년간 우리 곁에 언제나 있어왔던 단순한 대
명사다. 하지만 사용자의 요구에 따라 언어가 어떻게 진화할
수 있는지 잘 보여주는 단어이기도 하다. 단수형으로 사용하는

'they(그들)'가 바로 주인공이다. 오늘날 단수형 they는 언어계의 아이돌이 되어 각 언론사의 헤드라인을 장식하고 지칭하는 대상의 개념을 바꾸고 있다.

떠오르는 최첨단 과학기술과 함께 많은 단어가 우리 말에 새로이 등장하지만 이와 달리 단수형 they는 영어 대명사 체계의 한정성이라는 오랜 고질적 문제점을 해결하기 위해 나타났다. 단수형으로 쓰는 'they'는 지금까지 나온 언어 특징과는 확실히 다른 부류지만 그렇다고 언어와 혁신에 대해 논의하면서 이 부분을 짚지 않고 넘어갈 수는 없다. 특히 지난 수 세기 동안 굳어져 내려온 규범적 용법을 딛고 21세기 언어 발전에서 가장 유용한 역할을 한 단어이니 말이다.

dude나 like와 마찬가지로 they를 비롯한 영어 대명사의 진화 과정에도 놀라운 언어적 배경이 있다. 대부분의 사람들이 'you', 'they', 'he', 'she' 같은 단어는 언제나 강인하고 한 번도 흔들린 적 없이 제자리를 지켜왔다고 생각할지 모르겠다. 그러나 자신과 타인을 지칭할 때 쓰는 이 대명사들에도 지난 1,000년 동안 막대한 변화의 바람이 불어닥쳤다. 대명사의 과거 발자취를 거슬러 올라가다 보면 한 가지 눈에 띄는 점이 있다. 다른 사람에 대해 이야기할 때 성별을 고르지 않을 방법을 고민한 역사가 생각보다 길고, 우리 생각만큼 아주 새로운 일만은 아니라는 것이다. 그리고 대명사를 새로운 방식으로 사용하는 움직임에 반대하며 자주 등장하는 '비도덕적' 또는 '비문법적'이라는 주장이 제기된 것 역시 최근의 일이 아니다. 돌이켜 보면 대명사는 영화 같은 일을 많이 겪었다. 우리가 사용하는 현대적 의미의 they에 이르는 길은 결코 순탄치 않았으며 대명사의 영화에는 문법학자뿐만 아니라 바이킹부터 영국 영주, 문학계 거장에 이르기까지 여러 인물이 등장한다. 번역하자면, 요즘 불거지는 그까짓 사소한 논쟁에 겁먹을 they가 아니라는 뜻이다.

어디에나 갖다 붙일 수 있다

오늘날 영어에서는 어디에나 대명사를 붙이는 듯하다. 이름표와 서명 칸, 이메일, 신문 할 것 없다. 게다가 누가 어떤 대명사를 사용하는지 모두가 눈에 불을 켜고 지켜본다. 밀레니얼 세대와 시간적 차이가 조금 있는 편이라면 매우 어색하고 혼란스러울 것이다. 그렇다면 단수형 대명사 they가 불편하게 느껴지는 이유를 살펴보자. 일단 대명사를 선택한다는 것이 무슨 의미인지 명확하지 않기 때문이다. 그리고 지금까지 알고 있던 문법 규범에 위배된다는 생각 때문이기도 하다. 따라서 새로운 대명사의 세계에 대해 알고 싶다면 먼저 영어 역사에서 얼마나 빈번하게 대명사를 바꿔왔는지 이해해야 한다.

과거를 파헤치기 전에 요즘 대명사가 이토록 소란을 일으키는 이유를 먼저 알아보자. 최근 〈타임〉지에는 '단수형 they가 이토록 논란인 이유This Is Why Singular 'They' Is Such a Controversial Subject'라는 제목의 기사가 실렸다. 〈애틀랜틱〉에 실린 사설은 이보다 더 직접적이다. 제목부터 '단수형 they를 쓰지 말아야 한다The Singular 'They' Must be Stopped!'다.[1] 여러 사전을 비롯해 APA(미국 심리학회가 정한 영어 문서 작성 양식—옮긴이)와 MLA(미국 현대어문학협회의 영어 문서 작성 양식—옮긴이), 연합통신AP 문체 지침서 등 공신력 있는 언어 기관 및 언론에서도 점점 더 단수형 they를 인정하고 있지만 문법학자들은 여전히 문법적 적합성에 관해 불타는 논쟁을 벌인다.[2]

문제가 복잡해진 데는 시기에 따라 단수형 they를 다른 방식으로 사용했던 점이 한몫한다. 우선 많은 사람에게 익숙하고 논쟁의 여지가 적은 방식은 양성 대명사로 사용하는 they다. 두 성별을 포괄적으로 묶어 he로 쓰거나 he/she라고(좀 어색하다) 붙여 쓰는 대신 they로 총칭하는 방법이다. 이때의 they는 앞에서 이야기하던 사람의 성별이 특정되지 않은 경우에 주로 사용한다.

A student should study hard if **they** want to succeed.
성공하고 싶다면 학생은 공부를 열심히 해야 한다.

이 용법에서는 대부분이 별다른 문제를 제기하지 않는다. 특히 말할 때나 가벼운 글에서는 더욱 신경 쓰지 않는다. 반면 앞

우리가 이렇게 말하는 데는 다 이유가 있어

문장에서 they를 he로 바꿔보자.

A student should study hard if **he** wants to succeed.

성별을 포괄하는 '그 사람'이라는 뜻의 he지만 어쩐지 번거롭고 배타적인 느낌을 준다. 아무리 여기서 he가 양성 모두를 포함한다고 해도 he라는 단어 자체의 의미가 있기 때문에 남성을 지칭하는 것처럼 들린다. 성별이 드러나지 않는 they를 선호하는 이유가 바로 여기에 있다. 대부분의 사람들이 인식하지 못한 채 일상 대화에서 단수형 they를 많이 사용한다.

젊은 세대는 가벼운 글뿐만 아니라 공식적인 문서를 쓰거나 칠 때도(타자 말이다) 이 용법을 사용한다. 판단이 애매해지는 지점이다. 나는 개인적으로 단수형 they 쪽에 자신 있게 한 표를 던진다. 나뿐만 아니라 의견이 비슷한 영어학과 교수 동료들이 늘어나는 추세다. 내 수업에서 학생들이 제출한 과제를 보면 he나 she가 있어야 할 자리에 they가 들어가 있는 일이 항상 있다. 내가 이 부분을 틀렸다고 '빨간 펜'을 든다면(그런 일은 거의 없다) 수업이 끝난 지 10분도 안 되어 학생들이 연구실로 찾아와 어디가 틀렸는지 물을 게 분명하다. 내가 이 학생들을 비난할 수 있을까? 나 역시 누군가에 대해 말할 때, 또는 모두에 대해 말할 때도 어김없이 they를 쓴다고 기꺼이 자백한다.

이제 너무나 흔히 쓰이는 용법이라 극단적인 규범주의자를 제외하고는 더 이상 아무도 문제 삼지 않는다. 그러나 언어는 한 자리에 오래 머물지 않는다. they는 성별을 드러내지 않는 정도에 그치지 않고 정확히 남성과 여성으로 나눌 수 없는 성 정체성을 지닌 사람을 지칭하는 새로운 의미로 확장된다. 성별을 제한해 한계를 두던 he나 she와는 대조적이다. 이 부분이 반대론자들의 심기를 거스른다. 지난 700여 년간 성별을 포괄적으로 지칭할 때 they를 사용해왔지만, 이렇게 두 개의 성性 외의 성별을 지칭하는 인칭대명사로 쓰는 것은 매우 최근의 현상으로 보인다.[3] 여전히 이 용법을 어려워하는 사람들이 있는 까닭이기도 하다. 양성을 통칭하는 유형의 they에 익숙해지는 데 수백 년이 걸렸다. 그러나 they는 다시 문화적으로나 문법적으로 새로운 역할을 맡아 변화하고 있으며 많은 사람들이 이에 익숙해지려면 지금까지와는 또 다른 노력이 필요하다. 함께 언급되는 인칭과 수 일치에 대한 고민도 합의해야 함은 말할 것도 없다.

이처럼 논란이 되는 혁신적 언어 특징은 현재의 사회 상황을 상징한다. 우리가 논의 중인 they 역시 정확히 이 점이 매력적이다. 샌프란시스코 베이 에어리어Bay Area에 사는 대니얼이라는 지인은 he나 she 같은 전통적인 대명사는 스스로를 남성과 여성으로 구분하지 않는 사람들을 배제하고 이분법적 성별을 강화한다고 말한다. 그는 몇 년 전 대명사 they의 새로운 용법을 알았을 때 그동안 언어적으로 가려져 있던 자신의 일부를 되찾은 느낌이었다고 한다. 여기에 더해 자신을 지칭할 때 의식적으로 they를 사용하려는 노력을 기울이는 사람을 보면 대니얼은 자신의 본래 모습을 인정받고 사회의 일원으로 받아들여지는 기분이라고 한다. they를 사용해 스스로의 정체성을 적절히 표현할 수 있다는 점도 중요하지만 무엇보다 타인에게 존재를 인정받는다는 사실이 중요하다.

이렇듯 사회적으로 유연하고 민첩하다는 장점에도 불구하고 누군가를 단수형 they로 일컬을 때 양성을 지칭하는 포괄적 they로 사용할 때보다 더 큰 반발에 부딪힌다는 연구가 있다. 단수형 they가 문법적으로 틀렸다고 여기는 진영의 반발이다. 시대별로 단수형 they가 변화해온 기록을 추적한 연구가 있다. 이 연구에서 언어학자 커비 콘로드Kirby Conrod는 they의 여러 용법 중 존, 켈리, 수 등 특정 이름이 나온 뒤 단수형 they를 사용할 때 부정적인 평가가 가장 심하다는 사실을 발견했다.[4] 이 경우 여러 명의 집단을 가리키는 포괄적 용법(예: '이상적인 학생the ideal student', '각각의 교수each professor')으로 they를 사용할 때보다 문법적으로 틀렸다는 비판이 많았다. 이 연구에서는 they 앞에 나오는 명사가 얼마나 분명하게 성별을 드러내는지에 따라 they를 수용하는 정도가 달라진다고 설명한다. 다음 두 문장의 예를 살펴보자.

Sue was waiting for their coffee.
수는 커피를 기다리고 있었다.

That teacher always spills their coffee.
그 선생님은 항상 커피를 쏟는다.

두 문장을 들은 사람은 똑같이 'their coffee'라고 말해도 전자를 더 어색하게 여기는 경우가 많았다. 'that teacher' 역시 앞에 나온 특정인을 지칭하지만 문장에서 성별을 알 수 없기 때문이다. 그렇지만 이 경우에도 분명히 모든 성별을 포괄하는 they보다는 받아들이기가 쉽지 않다. 다음 예문을 보자.

Everyone spills their coffee sometimes.
누구나 때로 커피를 쏟는다.

콘로드의 연구에 따르면 대명사의 다양한 유형을 받아들이는 정도는 듣는 사람의 나이에 따라 달라진다. 이 역시 예상한 부분이다. 밀레니얼 세대 이후부터는 고유명사 뒤에 오는 they도 불편하게 느끼지 않지만 그 이전 세대는 이런 용법이 문법적으로 맞지 않는다고 생각하는 경우가 많았다. 지금까지 살펴본 다른 언어 특징에서 목격했던 대로다. 젊은 세대는 they를 남성과 여성 외 제3의 성별에도 자연스럽게 사용했지만 나이 든 세대는 이를 문법적으로 틀렸다고 생각했으며 이를 받아들이기 위해서는 기존에 갖고 있던 지식을 대폭 수정해야 했다. 또 트랜스젠더와 논바이너리(제3의 성. 이분법적 성별에 속하지

우리가 이렇게 말하는 데는 다 이유가 있어

않는 사람—옮긴이) 응답자들이 이런 they의 새로운 용법을 훨씬 더 잘 수용하고 사용한다. 이를 통해 늘 경계를 허물고자 하는 집단에서 언어 변화가 시작된다는 사실을 다시 한번 확인할 수 있다.

벼랑 끝에 몰린 사람들

앞 장에서 주트 슈트의 저항 문화에서 현대적 dude의 이미지가 생겨났다는 사실을 확인했다. 이렇듯 하위문화는 언어 변화에서 매우 중요한 견인차 역할을 한다. 사회적으로 '변방'에 있는 집단은 언어가 변화하더라도 언어적으로는 잃을 것이 적으면서 사회적 인정과 공동체 구축 면에서는 얻을 것이 많기 때문이다.

전형적 성별을 따르지 않는 사람을 표현할 적절한 언어가 필요하다는 주장은 1990년대에 젠더퀴어(이분법적 성별 체계와 규범에서 벗어난 성별 정체성—옮긴이) 작가와 활동가가 모인 공동체를 중심으로 시작되었다.[5] 케이트 본스타인Kate Bornstein은 1994년 저서《젠더 무법자: 남자, 여자 그리고 우리에 관하여 Gender Outlaw: On Men, Women, and the Rest of US》에서 제3의 성별을 위한 언어와 대명사의 필요성을 조목조목 명시한다. 사회적으로나 언어적으로 논바이너리 정체성을 인정하려는 노력은 당시 영어에 일어난 페미니즘 움직임과도 맞물려 있다. 1970년대에 시작된 더욱 넓은 범위의 페미니즘 운동은 언어에서 성별 중립적 단어를 사용하고자 했다. 이를테면 'chairman' 대신 'chairperson(회장)'을 사용하고 여성을 의미하는 'stewardess' 대신 'flight attendant(비행기 승무원)'라고 하는 등이다. 언어 변화는 단순히 언어만의 변화가 아니며 사회 변화의 일환이다. 언어는 적극적으로 사회의 변화를 반영할 뿐 아니라 변화를 촉진하기도 한다. 그러므로 사회적으로 성性에 대한 인식이 변화함에 따라 우리가 사용하는 대명사도 변화하는 것은 당연한 일이다. 예전에는 성별을 포괄하는 일반 대명사로 he를 썼지만 이제는 she와 he를 둘 다 사용하거나, 지칭하는 대상이 단수여도 they를 쓰는 식이다.

물론 성별이 중요치 않고, 최소한 지금보다 더 유동적인 완벽한 세상에 대한 상상은 어제오늘 일이 아니다. 양성성의 개념은 1970년대와 1980년대에 널리 퍼져 판타지 소설을 비롯해 대중문화 전반(보이 조지Boy George나 글램 록 등)에 등장한다. 판타지 소설의 고전이라 할 수 있는 어슐러 르귄Ursula Le Guin의 1969년 작품 《어둠의 왼손The Left Hand of Darkness》에는 26일 주기로 성별을 바꾸는 양성 외계인 종족이 나온다(여전히 he로 지칭되긴 한다). 고정된 성별 개념에서 탈피하고자 하는 노력은 훨씬 오래전에 시작되었다. 인도의 히즈라스(인도 신 바후차라 마타 여신을 섬기기 위해 거세한 남성들로, 신의 매개자로서 각종 의례를 집

우리가 이렇게 말하는 데는 다 이유가 있어

전한다―옮긴이), 유럽 궁중의 내시, 남미의 마치(마푸체족의 치유자이자 주술사로 생리적 성별이 아닌 성적 정체성과 영적 성별에 따라 유동적인 성별을 갖는다―옮긴이) 등을 예로 들 수 있다.[6] 남성과 여성이라는 이분법적 성별을 벗어난 다양한 성별에 대한 개념은 영어에 이를 표현할 용어가 생기기 전부터 존재해왔다. 언어 혁신의 문이 열려 있다는 증거다.

제3의 성별을 말할 때 they를 사용하는 사람이 많아지는 만큼 이에 반대하는 사람도 많다. 이 용법의 필요성에 대한 의문과 단수형 they의 문법적 부적합성에 이르기까지 다양한 논쟁의 여지가 있다는 이유로 새로운 they를 거부한다. 그러나 이를 받아들일 마음이 있든 없든 상관없다. 현대적 개념의 대명사 체계가 잡히기까지 언어의 기나긴 역사를 살펴보면 대명사가 이런 식으로 대중의 의견과 부딪히다 결국 진화하고야 말았던 것이 처음 있는 일도 아니다.

규범주의자들의 고함

대명사에 대해 문법적 적합성을 이유로 까다롭게 굴기 시작한 역사는 16세기 초반으로 거슬러 올라간다. 당시 권위 있는 문법학자 윌리엄 릴리William Lily는 라틴어에서 남성형 단어가 늘 우위에 있다는 점을 들어 대명사 he의 우월함에 대한 글을 쓰기도 했다. 그에게는 그게 당연한 일이었다. 다행히 she가 it 보다 위라고 한다. 여성이 최소한 동물이나 사물보다 상위에 있었던 모양이다. 성별 간에 가치의 차이가 있다는 그의 주장('가치에 대한 원칙'이라고도 한다)은 이후 로버트 로스Robert Lowth[7]와 린들리 머리Lindley Murray, 존 커비John Kirby 등 18세기 남성 규범문법학자에 의해 다시 수면으로 떠오른다. 이들은 꼴사납고 성가신 he/she나 대놓고 규칙을 위반하는 they를 사용하는 것을 특히 싫어했다.[8]

이 시대의 대명사 논쟁은 당연히 성 평등과는 관련이 없었다 (그 시대 여성들에게는 안타까운 일이지만, 당시는 성 평등 같은 것은 아무래도 상관없던 시절이다).[9] 그보다는 영어에 문법적 '결함'을 없애려는 노력에 가까웠다. 다시 말해 동시에 두 성별을 함께 지칭해야 할 때나 지칭하는 대상의 성별을 모를 때 수數와 성별을 모두 일치해 사용할 수 있는 대명사가 없었기 때문에 그 점이 문제가 되었을 뿐이다. 이 주제에서 자주 인용되는 예시가 있다.

Everyone loves his mother.
누구나 자신의 어머니를 사랑한다.

이 문장에서 'his'는 'everyone' 중 일부만을 가리키며 여성과 제3의 성별을 지닌 사람도 '그'와 마찬가지로 어머니를 사랑하리라고 가정한다.[10] 10대 여자아이를 둔 엄마로서 과연 이 문장이 맞는 말인지 잘 모르겠지만 일단은 그렇다고 치고 넘어가기로 한다. 그렇다고 해서 his 대신 (18세기에도 널리 쓰였던) 단수형 their를 넣자니('Everyone loves their mother') 문법적으로 수 일치가 되지 않는다. 둘 다 마음에 안 들지만 he로 성별을 포괄하는 편이 그나마 낫다고 생각했다. 적어도 당시에 문법 규칙을 정하던 일부 남성들의 생각은 그랬다.

단지 대명사가 통일되지 않아 혼란스럽다는 이유로 경멸의 대상이 되지는 않았다. 당시 언어의 **순수성**을 지키고 문법을 표준화하고자 하는 더 큰 움직임이 있었다.[11] 18세기에는 글을 읽고 쓸 줄 아는 사람이 많아지고 교육적, 경제적 기회가 증가하면서 사회계급 구조에 변화가 있었다. 먹이사슬의 최상단에 있던 사람들은 이 같은 변화가 달갑지 않았고 언어 문법의 옳고 그름에 그토록 집착한 것 역시 이런 사회 상황과 맞물려 있었다. 언어는 가진 자와 갖지 못한 자를 구분하는 얼마 남지 않은 확실한 표식이었다. 그러므로 상류층의 규범을 바탕으로 기준을 세우고 문법책을 편찬하는 일이야말로 언어적, 사회적으로 자신의 신분을 굳건히 할 수 있는 훌륭한 방법이었다.[12] 또 신분 상승에 도움되는 일이라면 무엇이든 마다하지 않았던 중간계급이 부상하면서 사전과 언어 용례집 출판 사업이 부흥하고 언어 예절이 탄생했다. 지배계급을 공고히 하는 동시에 지갑도 공고히 하는 방법이라니, 나쁘지 않았다.

he를 일반 대명사로 사용하자는 규범주의는 1850년 의회법이 통과하면서 절정에 달했다.[13] '해석법Act of Interpretation' 또는 '브로엄 경 법Lord Brougham's Act'[14]이라고 불리는 이 법안에서는 he가 올바른 일반 대명사라고 선언한다(몇 년 후 미국에서도 비슷한 법안이 국회에서 통과되었다).[15] 굳이 그런 법까지 필요했던 이유는 무엇일까? 원래 취지는 의회법이 장황해지는 것을 막고자 함이었다. '그'라고 한 번만 쓰면 될 것을 '그 또는 그녀he or she'라고 쓰는 게 어지간히 성가셨던 모양이다. 그나마 10년에 한 번이나 쓸까 말까 했을 텐데 말이다. 사실 숨이 차도록 말이 많은 정치인들을 없애는 편이 원래 목적을 달성하는 데 더 효과적이었을 것이다. 그러나 곧 문제가 드러난다. 그렇다면 분칠한 가발을 뒤집어쓰고 일반 대명사의 성별을 법으로 정하기까지 하며 방 안 가득 앉아 있던 남성 전체를 말할 때는 어떻게 해야 할까? they를 써보라고 권해도 될지 모르겠다.

대명사 전쟁은 계속된다

이 법률 하나로 일반 대명사 he를 둘러싼 싸움이 끝날 리 없었다. 영어 교사라면 잘 알겠지만, 어떻게 말해야 하는지 가르친다고 해서 모두가 실제로 그렇게 말하지는 않는다. 언어와 말은 언제나 그 전과는 다른 길을 찾아내며 언어를 표준화해 정비하려고 시도할 때는 이미 늦었을 때가 많다. 속담에서도 가르치듯 한번 엎질러진 물은 다시 주워 담을 수 없는 법이다. 20세기에도 모든 성별을 포괄하는 일반 대명사 he와 이를 대체할 대명사에 대한 논쟁은 계속되었다. 그러나 이전에는 문법적 옳고 그름에 관해 논쟁했다면 이제는 성 정체성을 드러내는 문제로 바뀌었다. 사회학자 앤 보딘Ann Bodine이 지적한 대로 남성 중심주의가 일반 대명사 he를 지켜내려고 200년간 집중적으로 노력을 퍼부었지만 그럼에도 여전히 단수형 they나 he or she가 살아남은 현실을 보면 사람들은 인구의 절반을 언어의 변방에 버려둘 생각이 없어 보인다.

그렇다고 소위 언어 전문가라는 사람들이 포기하고 가만히 있었던 것은 아니다. 1970년대에는 하버드대학교 신학과 여학생 두 명이 강의실에서 남성형 일반명사를 사용하지 말자고 제안했고 누군가 이를 위반할 때마다 종이 나팔을 불기로 한 일이 있었다. 남성 중심적 언어에 경종을 울리고자 했던 이 학생들의 노력은 대놓고 퇴짜를 맞았다. 하버드대학교의 언어학 교수들은 〈더 크림슨The Crimson〉이라는 신문사에 공개 서한을 보내 언어 표현의 기본에 대해 일장 연설을 늘어놓더니(간단히 말하면 she는 너무 뛴다는 이야기였다) 언어를 제멋대로 쓰겠다는 두 학생에게 남성형 일반 대명사는 '그저 문법적 특징일 뿐'이라고 설명했다. 그에 더해 변화를 갈망하는 사람들에게 건네는 애정 어린 생색도 잊지 않고 "불안해하거나 대명사 하나로 샘낼 필

요 없다"고 덧붙였다.[16]

하버드대학교의 언어학자들이 주장하는 바와는 대조적으로, 남녀 모두를 포괄한다는 일반 대명사 he는 역사적으로 남성의 이해에 부합할 때만 포괄적이었다는 문제가 있다. 언어학자 데니스 배런Dannis Baron은 저서《어떤 대명사를 쓰는가 What's Your Pronoun?》에서 여성 참정권 운동가였던 수전 B. 앤서니Susan B. Anthony의 주장을 예로 들었다.[17] 투표권에 관해 말할 때 he는 남성만 지칭하는데 어째서 세금과 벌금을 내야 할 때는 갑자기 여성도 포함되는가 하는 지적이다. 이렇게 대놓고 이야기하는 바람에 결국 체포되긴 했지만 대명사 he가 모든 사람을 대표한다는 주장 이면의 이중 잣대를 드러내는 데는 성공했다. 하버드대학교 언어학자들의 주장은 오직 남성의 이익에 부합할 때만 유효했다. 예를 들어 여성은 he가 아니라서 변호사 시험에 응시하지 못했으며(메릴랜드주에서 일어난 일이다), 의석도 얻지 못했다(몬태나주에서 있었던 일이다). 하버드대학교 교수들과 마찬가지로 아무리 he가 모든 사람을 대변한다고 달콤하게 속삭여도 대명사 하나 때문에 권리를 짓밟힌 사람들에게는 전혀 소용없는 일이다.

중요한 문서나 법률문에서 대명사의 역할은 결코 작지 않으며 앞의 사례를 그저 과거 일로만 치부할 수도 없다. 예를 들면 헌법에서 국민이 선출한 정부의 구성원을 지칭하는 방식 역시 문제점투성이다. 대통령에서 상·하원 의원에 이르기까지 전부

우리가 이렇게 말하는 데는 다 이유가 있어

he로 되어 있다. 이런 남성 중심적 언어는 우리 문화에 뿌리 깊이 박혀 있는 편견을 드러내며 많은 여성 정치인들이 이 점을 극복하기 위해 애써야 하는 상황이다.[18] 엘리자베스 워런과 힐러리 클린턴, 카멀라 해리스 같은 정치인들이 대통령의 역할을 논의할 때 의도적으로 여성형 대명사를 사용해 언어에 의해 남성 대통령이 '정상'이라는 의식이 강화되는 현상에 대해 유권자의 주의를 환기하기도 했다. 전체 인구의 일부만 지칭하는 대명사는 우리 사회에서 여성만 배척하는 게 아니라 남성과 여성이라는 이분법적 성별 외 정체성을 지닌 사람도 배제한다. 요즘 어디 가서 이런 용어를 사용하면 눈총을 받을 수 있다. 실제로 해리스는 캘리포니아주 법무 장관으로 취임하자마자 정부 직책을 지칭할 때 he라는 호칭을 전부 더 포괄적인 대명사로 바꾸도록 법률을 제정했다. 현대 정치의 새로운 얼굴과 젠더 개념에 맞게 언어를 재정비하려는 시도의 일환이었다.

이렇듯 규범주의에 대항하고 그에 따라 언어를 개혁하려는 시도가 이어지자, 사람들은 남성형 어휘에 내재된 형평성 결여 문제에 주목하기 시작했다. 여기서 한 가지 의문이 든다. 일반 대명사 he를 대신할 강력한 도전자로 they가 오랫동안 대기 중인데, 과연 그 이유는 무엇일까? 이 의문을 푸는 과정에서 일단 바이킹에 감사를 표해야 할 듯하다.

과거에는 어땠을까

지금은 영어에서 대명사 they의 위치가 견고하지만 언제나 그랬던 것은 아니다. 고대 영어에는 me, us, you, it, him 등을 지칭하는 대명사가 여럿 있었지만 them은 존재하지 않았다.[19] they는 우리 북유럽 친구들이 온화한 기후의 섬나라 영국에 놀러 왔을 때 고대 스칸디나비아어에서 전해져 내려왔다. 물론 이 친구들이 오지 않았다면 바이킹의 약탈 없이 잘 살 수도 있었겠지만, 그 점은 따로 논의할 부분이고 일단 집단 전체를 일반적으로 지칭할 수 있는 새로운 방법을 찾게 된 것은 꽤 편리한 일이었다. 고대 영어에는 없던 말이었다. 당연히 앵글로색슨족도 그 자리에 없는 3인칭에 관한 대화를 나누었을 것이다(예를 들면 "바이킹 조심해라Beware the Vikings!" 같은 말이다). 그러나 고대 영어의 3인칭 단수 남성형 대명사 he(여성형은 'heo'다)에서 파생된 단어를 사용했다. 주로 'hi'나 'hie'였던 것으로 보인다. 그러나 12세기부터 단어에 문법적 성별이 사라지고 굴절 어미, 모음과 자음, 발음 등에서 전반적으로 약화 현상이 시작되면서 he, heo, hi 등은 대부분 같은 소리가 되고 만다.[20]

그러므로 당시에는 대명사가 지칭하는 사회적 성별의 정체성은 논의 대상이 아니었다. 그보다는 단어의 발음이 바뀌면서 대명사 간에 문법적 구분을 짓는 문제가 더 중요했다. 런던문헌학회London Philological Society 설립자 에드윈 게스트Edwin

Guest가 1844년에 쓴 편지를 보면, 방언으로 쓰인 옛날 문헌에서 특히 주어의 성별이 특정되지 않은 경우 남성형과 여성형 단수 대명사의 발음이 매우 비슷해서 헷갈린다고 지적하며 에드먼드 스펜서Edmund Spenser의 전원시 〈9월September〉을 예로 들었다. 이 시에서는 he가 있어야 할 자리에 her를 썼는데 당시 웨스트 컨트리West Country(잉글랜드 남서부 지방으로 '콘월어' 방언을 사용한다—옮긴이) 방언의 흔한 특징이었다. 게스트에 따르면 당시 이런 언어 습관을 좋게 보지 않았으며, 특히 새뮤얼 존슨 같은 문법학자들이 싫어했다고 한다. 존슨은 스펜서의 시를 '공부 좀 한 야만인'의 언어라고 칭하기도 했다.[21] 규범주의의 낡은 관점은 그때나 지금이나 크게 다르지 않은 듯하다.

또 he를 일반 대명사로 많이 사용하면서 지칭하는 대상이 여성인지 남성인지 혼동하는 일이 자주 일어났다.[22] 남성들은 이에 대해 크게 개의치 않았겠지만 그래도 사랑 이야기를 할 때는 혼란스러운 경우가 종종 있었을 것이다. 언어학자 토머스 파일스Thomas Pyles와 존 알제오John Algeo는 13세기 말 또는 14세기 초 사랑에 번뇌하던 한 익명의 시인이 쓴 서정시 〈앨리슨Alysoun〉을 예로 든다.

Bote he me wolle to hir take.

시에는 이와 같은 구절이 나오는데 현대어로 번역하면 "그녀가 나를 자신에게 데려갈 것이 아니라면Unless she will take me to her"이라는 뜻인데 주어는 he로 되어 있다. 글에서도 이렇게 변형이 있으니 말할 때는 그 혼란이 더욱 두드러졌을 가능성이 크다. 고대 영어에서 he와 heo의 발음이 이렇듯 겹치는 바람에 식별하기 더 쉬운 여성형 대명사 she의 필요성이 대두되었다는 가설이 있다.[23] 그뿐만 아니라 기존 대명사와 구분되는 새로운 3인칭 복수 대명사도 함께 필요해졌다. 이렇게 대명사의 문이 활짝 열렸고 이후 영국 북부 지역 방언으로 적힌 13세기 문헌에 'þei'라는 단어가 처음으로 등장한다. 바로 현대적 they의 초기 형태이며 고대 스칸디나비아어의 영향을 크게 받았다. þei의 'þ'는 'thorn' 또는 'þorn'이라는 이름의 고대 알파벳으로 고대 영어에서 /th/로 발음되었다.

처음에는 지칭하고자 하는 3인칭이 실제로 복수일 때, 즉 he 나 she가 두 명 이상일 때만 þei를 사용했다.[24] 그러나 14세기 무렵에는 누군지 모르는 사람을 지칭할 때도 단수형 they를 쓰기 시작했다. they를 이런 식으로 처음 쓴 예는 시 〈팔레른의 윌리엄〉에서 찾아볼 수 있다.

þei neyȝþed so neiȝh.

중세 영어에 능통하지 않은 사람을 위해 번역하자면 "그들이 가까이 다가올 때까지till they grew near"라는 뜻으로 여기서 they

는 이 구절 앞에 나오는 단수 주어 'each man(각각의 남자)'을 지칭한다.

이 시점부터 세기가 지날수록 단수형 they가 점점 더 눈에 띈다. 제프리 초서의 걸작 《캔터베리 이야기》의 초기 원고에서 〈면죄부를 판매하는 사제 이야기〉 편을 보면 단수형 'whoso'라는 단어가 나오는데 'whoever(누구든지)'라는 뜻으로 다음 줄에서는 이를 they로 지칭한다. 초서는 〈기사 이야기〉 편에서도 'euery wight'을 지칭할 때 he가 아닌 they를 사용한다. 대략 번역하면 'every person(모든 사람)'이라는 뜻이다(뜻은 '모든 사람'이지만 영어에서 'every person'은 단수형이다―옮긴이)[25]

Made euery wight to been in swich plesaunce
That al that Monday iusten they and daunce.[26]
(Made every person to be in such delight,
That all the Monday they joust and dance.)

초서는 whoever(누구나), anybody(아무나), everyone(모두), anyone(누군가), each(각각의) 등의 부정대명사를 다시 지칭할 새로운 방법을 찾고자 했다. 이런 초서도 규범주의자의 비판 대상이 될까? 물론 요즘은 '기사'라든지 whosos 같은 말은 잘 안 쓰지만 somebody(누군가)와 everyone(누구나)을 지칭해야 할 때는 여전히 비슷한 방식을 취한다. 초서의 시도는 시작에 불과했다.

이후에도 문학작품에서 단수형 they를 사용하는 전통은 계속되었다.

월터 스콧 경Sir Walter Scott과 바이런 경Lord Byron도 마찬가지였다. 제인 오스틴은 매우 적극적으로 단수형 they를 글쓰기에 활용했는데, 이 부분만 따로 파헤치는 웹사이트가 있을 정도다.[27] 이런 짓을 하다니 시간이 남아도나 싶을 수 있지만 어쨌든 이 웹사이트를 통해 저명한 작가들도 널리 존경받는 작품에서 단수형 they를 많이 사용했다는 사실을 알 수 있으니 되었다. 여기서 끝이 아니다. 에밀리 디킨슨, 조너선 스위프트, 대니얼 디포, 윌리엄 셰익스피어의 위대한 작품에도 단수형 they가 등장한다. 대화 속 대상의 성별을 드러내지 않고 이야기할 필요가 있을 때마다 진작부터 단수형 they를 사용했다. 아니, 킹 제임스 성경King James Bible(성경의 영어 번역본 중 하나—옮긴이)은 말할 것도 없고 셰익스피어도 괜찮다는데 대체 우리가 뭐라고 they를 가로막는다는 말인가?

아예 새로 만들까?

하지만 여러 문법학자의 분노 어린 제안대로 아예 새로운 대명사를 만들면 어떨까? 기존 규칙을 위반하지 않는 걸로 말이다. she나 Ms.(혼인 여부의 구별 없는 여성 존칭—옮긴이)도 별문제

없이 정착한 듯하고, 루이스 캐럴Lewis Carroll이 'chuckle(키득대며 웃다)'과 'snort(들이마시다)'를 합쳐 'chortle(깔깔 웃다)'을 만들고 조너선 스위프트는 'Yahoo(그때 신조어였던 이 단어가 지금 어떻게 되었는지 보자!)'를 만들었으니 조그마한 대명사 하나를 새로 만든다고 해서 문제 될 건 없지 않은가? 뭐, 사실 다 해봤지만 큰 성과가 없었다. 데니스 배런('대명사 박사'라고 불린다)[28]은 18세기부터 거론된 새 단어 후보의 목록을 작성 중인데, 그에 따르면 지금까지 성별 구분 없는 3인칭 단수 대명사로 제안된 단어는 200개가 넘는다고 한다.[29] 그럼에도 단수형 they만큼 영향력 있고 수명이 긴 단어는 없었다.

하지만 확실히 다양한 시도가 있긴 했다. 1912년 〈시카고 데일리 트리뷴The Chicago Daily Tribune〉에 새로운 '공동 성별' 대명사가 탄생했다는 기사가 실렸다.[30] 《표준 영어 사전Standard Dictionary of English Language》으로 유명한 펑크 박사Dr. Funk가 이를 보고 신문사에 편지를 보내 열렬한 지지와 응원을 보내기도 했다. 새로운 대명사(he'er, him'er, his'er)는 엘라 플래그 영Ella Flagg Young이 만들었다고 알려져 있다. 시카고 공립학교의 최고 책임자로 있던 영은 일반 대명사가 충분치 않다고 느껴 새로운 대명사를 만들기로 결정했다. 〈시카고 데일리 트리뷴〉 기사에 따르면 영이 he/his/him과 여성형 대명사 her를 창의적으로 결합한 'his'er'를 내놓자 "교장들이 모두 놀란 나머지 숨이 멎을 지경이었다"고 한다. 두 성별을 혼합한 형태의 이 대명사는 결국 널리 퍼지지는 못했지만 그래도 단어 하나로 두 성별 모두를 표현할 수 있다는 점에서 깊은 인상을 남겼다. 1890년에 〈트리뷴Tribune〉지 기자가 공동 성별 대명사로 제안했던 'hor'보다는 분명히 발전된 형태였다.[31] 맞다, 지금 생각하는 그 발음이다(매춘부를 뜻하는 'whore'과 발음이 같다—옮긴이). 무려 이 발음으로도 왜 인기가 없었는지 이해되지 않는다.

배런 박사에 따르면 1850년 무렵 처음으로 남녀 공용 대명사에 대한 제안이 있었는데 'ne, nis, nim'이 최초의 기록이다.[32] 프랑스어 부정형 말고는 ne라는 단어를 들어본 적이 없는 걸 보면 이 대명사들 역시 수명이 길지는 않았던 모양이다. 변호사면서 언어와 문법에도 지대한 관심을 가졌던 찰스 컨버스Charles Converse 역시 새로운 단수형 대명사를 만들었다. 이 대명사는 다른 것보다 조금 오래가긴 했다. 법률 용어뿐만 아니라 찬송가 작곡에도 재능이 있던 컨버스는 1858년 기존 단어를 조합해 'thon'이라는 대명사를 만들었다. "영어의 아름다운 대칭과 어원의 일관성에 대한" 존경을 담아 'that'과 'one'을 조합했다.[33] 비록 단수형 they처럼 널리 퍼지지는 못했지만 3인칭 대명사에 대한 논의가 있을 때마다 여기저기서 언급한 기록이 있다. 실제로 thon은 19세기 후반과 20세기 초반 일시적이나마 어느 정도 세력을 확장하기도 했던 것으로 보인다.《웹스터 사전》을 비롯한 몇몇 사전에도 등재되고 여러 저명한 학자의 환대를 받았을 뿐만 아니라 지압요법 창시자 대니얼 팔머Daniel

Palmer와 바틀릿 팔머Bartlett Palmer가 쓴 의학 문서에도 등장한다.[34] 구어에서뿐만 아니라 정식 언어로서, 특히 실제 환자의 척추(환자의 성별을 모르므로 영어로는 'thon's back'이라고 할 수 있다)를 바로잡을 때도 사용되었다는 뜻이다.

이후로도 각계각층에서 네오로지스트neologist(신조어를 만드는 사람을 근사하게 부르는 말이다)들은 되풀이되는 실패에도 굴하지 않고 대명사 전쟁에 뛰어들었다. 과거에 한번 등장한 대명사 패러다임을 다시 갖고 나온 경우도 있었다. 1976년 〈포브스〉지에서 (농담으로) 했던 공용 대명사 'h'orsh'it'도 기억에 남는다. 기존 대명사 he, she, it을 전부 합쳤다고 한다. 조금 더 최근의 예로, 존스홉킨스대학교에서 글쓰기를 가르치는 D. N. 델루나D. N. DeLuna는 지금까지와 조금 다른 방식으로 이 문제에 접근해 대명사 'hu(발음은 /huh/로 난다)'를 창안했다. 새로운 대명사를 세상에 퍼뜨리기 위해 아켄걸 재단Archangul Foundation도 설립했고 대명사 hu를 사용해 여러 학술 에세이 모음집을 편찬하기도 했다(그중에는 부제가 '사이보그가 왜 가슴이 필요할까Why cyborgs have boobs'인 글도 있어 누구나 읽고 싶어 하지는 않을 수 있다).[35] 그러나 이 대명사도 썩 널리 쓰이지는 못했다. 한 학술지에 델루나의 에세이 모음집에 관한 비평문이 실렸는데 hu를 보고는 "본문에 이상하게 잘못 적은 철자가 계속 나온다"고 지적했다.

외계인이나 대안 세계가 등장하는 공상 과학 작품은 작가가 성별에 구애받지 않고 독창적인 용어를 사용해볼 수 있는 훌륭한 도화지가 된다. 마지 피어시Marge Piercy의 1976년 소설《시간의 경계에 선 여자Woman on the Edge of Time》는 성별을 구분하지 않는 미래 세상을 그린다. 이 작품에서는 'ze/hir' 또는 'per(사람이라는 뜻의 'person'에서 따왔다)'라는 대명사를 사용하는데 상대적으로 인기를 얻어 다른 공상 과학 작품에 다시 사용되기도 했다. 그리고 인터넷 역시 당연히 크게 공헌했다. 한 예로 1990년대에 수학자 마이클 스피박Michael Spivak이《텍의 즐거움The Joy of TeX》이라는 조판 언어 교재에서 대명사 'ey'와 파생어('em', 'eir')를 사용했는데 인터넷에서 퍼져나가 꽤 인기를 얻었다. 그러나 무척 아쉽게도 이렇게 만든 대명사 중에 원래 속해 있던 문화 밖까지 명망이 이어진 것은 없다. 인위적으로 만든 언어는 자연스럽게 진화한 언어만큼 성공적으로 안착하기 어렵다는 점이 문제다. 요즘 에스페란토(1887년 자멘호프Zamenhof가 창안해 발표한 국제 공용어이자 보조어―옮긴이)를 사용하는 사람은 없지 않은가? 같은 맥락으로, 잘 쓰고 있는 대안 언어가 있는 상황에서 새로 만든 단어가 널리 퍼지기도 매우 어렵다.

더 자연스러운 해결책도 있긴 하다. 중고등학생들이 대명사 자리에 자주 쓰는 'yo'라는 단어다. 교실에서 선생님을 yo로 지칭하고(예를 들면 'Yo handin' out the paper[선생님이 자료를 나눠준다]'라고 하는 식이다), 'Peep yo!'라고도 하는데 나이 든 사람 말로 번역하면 'Look at him(저 남자 좀 봐)!'이라는 뜻이다. 이런 현상을 보고 중고등학교 교사들이 새로운 대명사로 yo를 쓰는 용법을 모아 조사한 연구도 있다.[36, 37] yo는 누군가 따로 발명한 것이 아니라 어린아이들의 입에서 의식적 노력 없이 튀어나와 생겨난 대명사다. 앞에서와 마찬가지로 이 역시 젊은 층이 주도하는 언어 변화의 양상이며 hu와 ey, he'er보다 더 널리 퍼져 사용되고 있다. they와 마찬가지로 yo는 구어에서 이미 사용하던 단어인데 용례가 바뀌었을 뿐이라서 사용자가 훨씬 쉽게 받아들인다.[38] 그러나 오랫동안 속어로 사용했다는 점과 젊은 층의 문화를 지나치게 강하게 반영한다는 면 때문에 단수형 they의 자리를 빼앗기에는 역부족일 듯하다.

이처럼 ne, his'er, thon의 시대를 지나 세월이 흐르는 동안 여러 대명사가 새로 생겼다 사라졌지만, 그보다 가장 많은 변화가 있었던 부분은 이런 대명사가 필요해진 사회·문화적 분위기라고 할 수 있다. 처음에는 문법적인 이유로 새로운 대명사를 만들었다면(남성이 주도한 변화였다), 나중에는 다른 이유로 새로운 단어를 만들게 되었다. he를 일반 대명사로 사용할 경우 남성 이외의 성별을 배제하는 것으로 보일 수 있다는 이유 때문이었다. 그러다 1960년대 후반과 1970년대에는 여성운동이 활발하게 일어나며 남녀 공용 대명사에 관한 논쟁에 다시 불이 붙었다. 이때는 단순히 대명사에 관한 논쟁만 불거진 게 아니라 남성을 뜻하는 man을 person(사람)으로 바꾸고 성씨 앞에 Mrs.(~부인)라고 붙이던 것을 혼인 여부와 관계없이 Ms.로 바꿔

'~씨'라고 부르는 등 더 방대한 개혁 운동의 일환이었다. 이런 노력으로 Ta(중국어에서 유래), heris, ve, co, na, tey, em, shem에서 zie에 이르기까지 수많은 아이디어가 등장했다. 그중 몇 가지(ze/zir, hir) 대체어는 특히 트랜스, 젠더 플루이드(상황에 따라 성별을 바꿀 수 있는 비고정 성 정체성─옮긴이), 젠더퀴어, 논바이너리 성향의 소셜 미디어 담론에서 여전히 꽤 빈번하게 볼 수 있다.

이렇듯 혁신을 위한 활동이 꾸준히 이어지긴 했지만 그래도 문법의 빗장을 걸어 잠그고 문지기 역할을 자처하는 사람들을 뿌리치고 여전히 사용하는 성별 공용 대명사는 단수형 they가 유일한 것 같다. 그렇게 많은 대명사가 새로 생겨났다 없어지는 와중에 they만 유일하게 성공적으로 살아남은 이유는 무엇일까? 자신이 ze나 thon, yo로 지칭되는 장면을 상상하기는 어렵지만 누구나 한 번쯤은 they에 속해본 적이 있다. 성별을 통칭해 '누군가'를 의미하는 they가 있고 학교에서 말썽꾸러기 '걔네들'로 불릴 때 들었던 they도 있다. 이분법적 성별을 초월하는 they라고 해도 어쨌든 그전부터 쓰던 they와 같은 말이다. 그저 깔창을 갈아 끼우고 깨끗이 닦았을 뿐, 우리가 오랫동안 신은 정든 신발 같은 존재다. 처음에는 조금 다른 느낌일 수 있겠지만 어쨌든 처음 신어 발에 물집이 잡히는 새 구두보다 훨씬 편안하다.

오늘날 우리가 말하는 방식은 수 세기에 걸쳐 깊이 뿌리내린

후 진화한 언어 특징인 경우가 많다. 이와 마찬가지로 they 역시 자연스러운 진화 과정을 거쳤다. 기존에 다른 맥락에서 이미 사용하던 말이므로 수백 년에 걸쳐 획득한 유연성을 바탕으로 진정한 성별 공용 대명사로 확장될 수 있었다. 역사를 통틀어 발전해온 다양한 대명사를 살펴보면 언어가 얼마나 유연하게 변화하는지 알 수 있다. 그동안 우리 사회는 다양한 성별을 인정하고 포용하는 방향으로 문화적 지각변동을 겪고 그들의 권리를 법제화하고자 노력해왔다. 그 결과 단수형 they는 이제 주류 대명사로 자리 잡아 더욱 많은 사람들이 활발하게 사용하는 중이다.

처음 있는 일도 아니다

영어의 대명사가 돌판에 새겨진 십계명처럼 태곳적부터 내려온 불변의 법칙처럼 보일 수 있지만 사실 사회·문화적 상황에 맞춰 계속 변화해왔다. 요즘 일어나는 변화 역시 대명사에 처음 닥친 일이 아니다. 영화 〈십계〉에서 모세(찰턴 헤스턴Charlton Heston이 연기했다)가 십계명을 읊는 장면이 있다. 살인하지 말고 도둑질하지 말며 남의 것을 탐내지 말라는 선포를 할 때 현대 영어와는 뭔가 다르다는 것을 알아챘을 것이다. 십계명이 적힌 석판에는 요즘 쓰는 you나 your 대신 대명사 thou와

thy가 새겨져 있다. 오랜 시간에 걸쳐 진화한 대명사가 they만 있는 게 아니라는 말이다. 오늘날 단수형 they를 두고도 이러쿵저러쿵 소란스러운 걸 보면 그 옛날 thou가 you로 변한 일은 결코 작은 변화라고 할 수 없으며 분명 의미론적으로나 사회적으로도 여러 충돌이 있었을 법하다. 그러므로 대명사 they를 둘러싼 쟁점을 더 잘 이해하기 위해 조금 돌아가 you의 역사를 살펴보는 것도 나쁘지 않다. 말 그대로 '당신'의 역사이기도 하다 (중의적 표현으로 써보았다).

중세 영어부터 초기 근대에 이르기까지 2인칭 대명사 패러다임은 그야말로 선택지가 넘쳐나 가히 풍요롭다 해도 과언이 아니었다. 그때는 지금처럼 그냥 "Hey you(거기 당신)" 하고 말지 않았다. 우선 수와 격을 정해야 했고 그다음은 상대방에게 어느 정도 예의를 차릴지도 정해야 했다. 1300년에 제대로 된 대명사를 쓰려면 일단 주어(thou/ye)와 목적어(thee/you)의 차이를 알아야 했다.[39] 현대 영어에서도 파티에 참석할 사람이 'Zoe and I(조이와 내가)'인지 아니면 'Zoe and me(조이와 나)'라고 해야 할지 결정하지 못하는 일이 많은데 13세기에 이 모든 걸 다 결정하고 나면 하려던 말은 잊어버리지 않았을까? 그러므로 17세기 무렵에는 사람을 부를 때 현명하게 그냥 you로만 말하기로 했고 그대로 굳었다. 어딘지 점잔 빼는 듯한 thou/thee/ye/you 세트는 역사의 뒤안길로 사라졌다. 2인칭 대명사가 점차 단순하게 변화한 시점은 13세기로 거슬러 올라간다.

우리가 이렇게 말하는 데는 다 이유가 있어

이 무렵부터 you가 단수형 2인칭 대명사 thou의 영역에 발을 들여놓았고 18세기에 이르러 you가 thou를 대체하는 작업이 대부분 마무리되었다(you는 원래 복수형 대명사에만 사용되었다─옮긴이). 사회적 배경 없이 언어가 변화하는 일은 거의 없다. 당시 사회적으로 평등한 세상을 위한 방향에 대해 고민하기 시작했고, 전체적 인식에 변화가 생기면서 thou가 사라지게 되었다고 볼 수 있다. 그렇다면 이들 대명사의 세상에 민주주의를 꽃피운 기폭제는 무엇이었을까?

고대 영어 thou/thee와 you/ye 세트에는 분명한 차이가 있었는데, 문장 안에서 가리키는 2인칭 대상이 단수인지 복수인지에 따라 단수일 때는 thou/thee를 쓰고 복수일 때는 you/ye를 사용했다. 그러다 노르만족의 프랑스어와 함께 새로운 정치·문화적 풍토가 유입된다. 프랑스어에도 단수형과 복수형(tu/vous)의 구분이 존재했지만 지칭하는 대상의 권력 역학에 따라서도 달라졌기 때문에 더욱 복잡했다. 마치 이혼 과정이나 상원 인준 청문회에서나 볼 법한 일처럼 들릴 수 있지만 프랑스어는 화자 간 위계 관계가 중요하다. 사회적으로 윗사람에게 말할 때는 복수형 you를 사용하는 것이 예의 바른 표현이었다. 계층이 낮거나 어린아이에게 말할 때는 단수형 thou를 썼다. you는 주로 권력층의 전유물이라고 보면 되었고 우리 같은 보통 사람들은 thou로 지칭했다. 그러다 시간이 지나 구성원 간 연대와 결속이 중요해지면서 서로를 you로 높여 부르는 것을 공손하고 예의 바른 태도로 여기게 되었고, 반대로 누군가를 업신여기거나 현대적 용어로 하면 '까야 하는' 상황에서는 thou를 사용했다.[40]

이렇듯 사회의 권력 구조가 재배치되고 서로에게 친절하게 대하는 문화가 꽃피우면서 you는 전보다 훨씬 많은 맥락으로 확장되었고 특히 이전과 달리 단수형으로도 쓸 수 있게 되었다. 상대방을 어떻게 불러야 할지 잘 모를 때 괜히 격식을 차리지 않은 thou를 썼다가 상대방을 모욕하는 위험을 감수하느니 공경의 의미를 담은 you를 사용하는 편이 훨씬 안전했다. 일부러 상대방을 깎아내리고자 하는 의도가 있는 게 아니라면 말이다. 예를 들어 셰익스피어는 작품에서 you와 thou를 구분해 사용하며 등장인물의 태도와 관계의 변화를 미세하게 표현한다. 《십이야》에서는 thou를 통해 인물 간 위아래 권력관계를 노골적으로 드러낸다. 앤드루 에이규치크 경은 결투에서 세자리오를 thou로 지칭해 품위를 떨어뜨리라는 조언을 받는다.[41]

If thou thou'st him some thrice, it shall not be amiss.
그 사람을 thou로 여러 번 부르면 제대로 모욕을 줄 수 있을 겁니다.

그러나 시간이 지나며 thou는 일상 대화에서 점차 사라져갔다. 셰익스피어의 작품에서도 드물게 보이다 17세기 중반 무렵에는 거의 쓰이지 않았다.

우리가 이렇게 말하는 데는 다 이유가 있어

thou/thee 대명사는 프렌드파派, 일명 퀘이커교에서 채택해 교도들이 사용하면서 더욱 내리막길을 걸었다. 퀘이커교 창시자 조지 폭스George Fox는 사악한 교만 때문에 you가 퍼져나가고 있다고 주장하며 '바보 멍청이들'만 사용하는 말이라고 규정했다. 대신 교도들에게 '단순하고 꾸밈없는 말'을 쓰라고 지시했다. 그렇게 해서 thou는 퀘이커교가 추구하는 모든 사람이 평등하고 허영 없는 세상을 위한 겸손한 언어의 상징이 되었다.[42]

thou는 대의 자체는 숭고했으나 퀘이커교도의 말이라는 인식 때문에 인기를 끌지 못하고 결국 사장되었다. 17세기 언어 개혁을 주장하던 퀘이커교도는 20세기에 비슷한 주장을 하는 하버드대학교 페미니스트 신학생만큼이나 인기가 없었던 모양이다.

오늘날 단수형 they를 두고 나오는 이런저런 불평과 마찬가지로, thou에서 you로 바뀔 때도 당시 언어를 수호하고자 했던 세력은 비판과 우려의 목소리를 높였다. 조지 폭스와 동료 친구들(퀘이커교도는 서로를 '친구'라고 불렀다—옮긴이)은 you가 널리 퍼지는 현상이 사회의 도덕적 몰락을 예고한다며 두려워했고 이는 하나님과 그리스도의 뜻에 반한다고 경고했다.[43] 오늘날 they를 반대하는 이유와는 다르지 않냐고? 문법적 올바름이라는 면에서 살펴봐도 비슷하다. 로버트 로스와 린들리 머리 같은 18세기 문법학자들 역시 thou가 있어야 할 자리에 you를 사용하는 천박한 행태를 비난했다. 당시 관점에서는 영적 파멸과 언어의 쇠퇴가 동시에 일어난 셈이다. 그러나 지금은 어떤가? 결국 you는 살아남았고 thou는 머나먼 기억 저편에 남아 있을 뿐이다. 그렇다고 지금의 영어가 썩 엉망으로 보이지는 않는다.

생각할 게 많아 헷갈린다?

이 장을 읽으며 일상생활에서 성별 공용 대명사 they를 구체적으로 어떻게 사용할지 모르겠다면 걱정할 필요 없다. 다른 사람들도 많이 하는 고민이다. 언어로 먹고산다는 우리 언어학자들도 여전히 새로운 방식의 they를 어떻게 사용해야 할지 고민한다. 나 역시 몇 년 전 대학원생들을 지도할 때 처음으로 성별 구분 없는 단수형 they의 용례를 접했다. 그때 나는 예비 학생을 모집하고 유치하는 업무도 맡고 있었는데, 지원자 중 소설 출판 계약을 맺은 학생이 있었다. 어느 대학에서나 탐낼 만한 학생이었고, 다시 말하면 내가 좋은 인상을 남겨야 했다. 대학원 프로그램을 소개하는 자리였는데, 강의실로 들어가기 직전에 동료 교수가 나를 불러 세우더니 우리가 주목하던 그 학생이 자신을 they로 지칭해달라고 요청했다는 말을 전했다. 나는 처음 접하는 대명사 형태에 당황했다. they를 어떤 식으로 써야 할지, 그리고 이 상황을 어떻게 이해해야 할지 막막했다. 그 학생은 실제로 성별 구분 없는 성 정체성을 지니고 있는 걸까? 아니면 전통적인 성별 이데올로기에 묶여 정의되고 싶지 않다는 뜻일까?[44] 동사는 단수형으로 써야 할까, 복수형으로 써야 할까? 또 이 학생을 다른 학생들이나 교수들에게 소개하면서 나도 모르게 잘못된 대명사가 튀어나오면 어떻게 해야 할까? 내가 정식 교육을 받은 언어학자이긴 하지만 그렇다고 이런 미지의 영역에 떨어졌을 때 남들보다 더 잘 헤쳐나가리라는 보장은 없다.

솔직히 이야기하자면 처음 단수형 they를 말하면서는 거의 반사적으로 거부감이 들었다. 어찌 되었든 문법적으로 틀렸다는 생각에 내 안의 까탈스러운 언어학자가 자꾸 튀어나왔다는 점을 인정한다. 그러나 나중에는 he를 일반 대명사로 쓰지 않고 능숙하게 부정대명사 they를 사용할 수 있게 되었다. 예를 들면 'Everyone loves their mother(누구나 자신의 어머니를 사랑한다)' 같은 식이다. 그럼에도 전과는 달랐다. 내가 알던 they가 아닌 것 같은 느낌이었다. 그래도 이 역시 극복하고 결국은 괜찮아졌다. 자연스럽게 일어난 일이라 깨닫지 못했을 뿐이었다. 이 글을 읽는 독자들도 그렇게 되리라고 생각한다.

제3자에 대해 이야기할 때 성별을 몰라 곤란했던 적이나 성별을 빼고 이야기해야 했던 경험이 누구에게나 있을 것이다. 이때 단수형 they가 문법에 위배된다는 점 때문에 골치가 아프다면 이 점을 상기해보자. 비단 they가 아니어도 우리는 단수형 대명사와 복수형 동사를 함께 쓰고 있다. 바로 2인칭 대명사 you다.

지금 문제가 되는 they와 비슷한 수수께끼를 풀어야 했던 단어가 하나 더 있다는 말이다. 2인칭 대명사가 thou에서 you로 바뀌었던 초기 과정을 생각해보자. 원래 you는 복수형 문맥에서만(두 명 이상의 2인칭을 지칭할 때) 사용하다 나중에는 단수형으로도 쓰이게 되었다. 오늘날 they와 매우 흡사한 경우다. 이미 그렇게 쓰고 있는데 당연하지 않냐고? 그러나 대명사 they를 사용할 때 동사를 어떻게 일치시켜야 할지는 아직 의견이 정리되지 않은 듯하니 생각해봐야 할 문제다. 여기서 과거 대명사가 걸어온 길을 되짚어보면 사람들이 유독 they에 대해서만 지나치게 깊이 고민한다는 것을 알 수 있다.

오늘날 you를 사용하면서 말하다 말고 멈춰서 지칭하는 대상이 한 사람인데 복수형 동사를 써도 될지 고민한 적이 있는지 묻고 싶다. 쉽게 말해, 마리아와 이야기할 때는 'you is'라고 하다 갑자기 타미카가 들어와 두 사람이 되면 'you are'로 바꾸지는 않는다. 그런다고 누가 주어와 동사가 일치하지 않는다며 뭐라 하는 사람도 없다. 단수형 they도 마찬가지다. 다만 지금 우리 시대에 그 변화가 일어나는 중이라는 점만 다를 뿐이다. you는 우리가 태어나 옹알이로 첫음절을 뱉어내기도 훨씬 전에 이미 할 일을 다 끝내고 복수 동사까지 받아들인 상태였기 때문에 아무도 거기에 대해서는 말이 없다. 그렇다면 you는 되고 they는 안 될 이유가 있을까? 자연스럽게 말하도록 연습만 조금 더 하면 된다.

대명사 사용법

언어학자다 보니 공용 대명사 they를 어떻게, 그리고 언제 사용해야 하는지 질문을 많이 받는다. 처음 이 용법을 접했을 때 나 자신도 가졌던 의문이다. 여기서 내가 여러 해 동안 수집한 방법을 공유하니 도움이 되길 바란다.[45]

우선 확실하지 않다면 물어보길 추천한다. he와 she를 사용하던 기존 시스템에 익숙한 사람에게 단수형 they는 당연히 새로운 영역이다. 그리고 they를 사용하는 사람들은 대부분 이 사실을 잘 알고 있다. 예를 들어 나는 새 학기가 시작할 때 학생들에게 내가 사용하는 대명사를 알려주고 원하는 대명사가 있으면 말해달라고 요청한다. 말하기 싫으면 안 해도 되고, 원하면 수업 구성원 전체에 공표해도 되며 나에게만 따로 이야기해도 된다. 그리고 만일 틀렸다 싶으면 재빨리 사과하고 다음으로 넘어가라. 앞에서 언급한 샌프란시스코에 사는 대니얼이라는 지인은 업무 회의에서 자신을 they라고 지칭해달라고 설명한 직후 자기가 먼저 틀린 대명사를 말하기도 했다고 한다. 상대방에 대한 공감이 핵심이다. 설사 문법적으로 쉽게 받아들여지지 않더라도 상대방이 요청한 대명사를 사용하려는 노력을 기울이는 것 자체가 의미 있는 일이다.

사람마다 대명사 they를 쓰는 이유는 다르다. 스스로를 he나 she로 정의할 수 없다고 느끼는 사람부터 전통적으로 기대하는 성 역할을 거부하고자 하는 사람까지 다양하다. they를 사용하는 한 가지 정해진 부류가 있는 게 아니라는 점을 알아야 한다. 마지막으로 앞에서 말했듯 단수형 they라 할지라도 복수형 동사를 쓸 수 있으니 망설일 필요 없다. 'They is a good friend to me'보다는 'They are a good friend to me(그 사람은 내 좋은 친구예요)'가 맞다. 지금까지 복수형이던 대명사에 단수형 동사를 사용함으로써 발생하는 문법적 '오류'도 해결할 수 있고 그 편이 자연스럽기도 하다. 사실 지난 몇 년간 남녀 공용 대명사로 they를 사용해왔을 텐데(예를 들어 'If anyone has a preference, they are welcome to share[특별히 원하는 게 있으면 말씀해주셔도 됩니다]') 그때는 주어-동사 일치에 대해 크게 고민하지 않았을 것이다. 모든 성별을 포괄하며 이분법적 성별 구조에 얽매이지 않는 대명사 they는 대명사 you가 그랬듯 시간이 지나고 사람들이 익숙해지면 분명 매우 유용하게 쓰일 수 있다. 지금까지와는 다른 맥락에서 사용되는 듯하지만 일단 여기에 익숙해지면 thou가 you로 바뀌었을 때처럼 이 용법이 표준이 되는 날이 오고 더 이상 어색하지도 않을 것이다.

새로운 시대가 열린다

규범주의자와 보수적인 사회가 보내는 경멸의 시선은 여전히 따라다니지만 그래도 they의 시대가 활짝 열린 듯하다. 새로운 언어 형태가 등장했을 때 비록 사전이나 언어 용례집에서 문법적 권위를 내세워 제지한다 해도 여러 사람이 널리 받아들이고 사용한다면 진정한 의미로 시험에 통과했다고 봐야 한다. 그러려면 제한된 용법이 아니라 연령과 성별, 사회계층에 구애받지 않아야 한다. 이런 의미에서 they는 유리 천장을 깬 듯 보인다. 월스트리트 강자 골드먼삭스는 2019년 대명사에 적극적으로 주의를 기울이겠다는 계획을 발표했다. 논바이너리 정체성을 지닌 사람들뿐만 아니라 모든 사람이 이에 동참할 수 있도록 하겠다고 선언했다. '진짜 모습으로 출근하세요: 대명사'라는 슬로건 아래 직장에서 다양한 대명사를 사용할 수 있는 분위기를 만들고 어떤 성 정체성을 지니고 있든 지지를 보내는 긍정적인 업무 환경을 조성하기 위해 노력했다.[46] 또 사내에서 이 주제에 관해 자유롭게 대화할 수 있도록 교육하고, 전통적 대명사 he/she는 물론 단수형 they와 신조어 ze/hir 등에 이르기까지 다양한 대명사 목록을 작성해 배포했다. 그뿐 아니라 유동적 성별을 지니거나 기존 성별 시스템에 동의하지 않는 직원이라도 공식적으로 자신의 신원을 문서화할 수 있게 장치를 마련했다. '친절한 하늘friendly skies'이라는 광고 카피가 무색하지 않게 아메리칸 항공이나 유나이티드 항공에서 비행기표를 예매하면 다양한 성별을 표기할 수 있어 승객이 자신의 정체성을 있는 그대로 드러낼 수 있다. 신분증에도 성별 표기를 다양한 방식으로 할 수 있도록 허가하는 주가 많다. 샌프란시스코와 워싱턴 D. C., 뉴욕주 등이다.

영어에만 이런 변화의 바람이 부는 것은 아니다. 스웨덴에서는 기존 여성형 대명사 'hon'과 남성형 대명사 'han'에 더해 3인칭 공용 대명사 'hen'을 새로 만들어 사용한다. 스웨덴에서도 처음에는 이 신조어를 두고 반대의 목소리가 있었지만 시간이 지나며 점차 잠잠해져 지금은 새로 만든 대명사가 일반적으로 사용되고 있다. 보수적이며 전통적 언어 형태를 고수한다고 알려진 프랑스조차 최근 새로운 대명사 'iel'을 주요 사전에 등재했다. 남성형 대명사 'il'과 여성형 대명사 'elle'을 조합한 형태로 성별 구분 없이 사용할 수 있다. 이처럼 논바이너리 대명사가 성공적으로 안착하는 데는 집단 구성원으로 인정받고 받아들여지고자 하는 우리의 욕구가 결정적 역할을 한다. 문법적 오류를 둘러싼 논쟁이 벌어지는 것은 사실 사회 변화 자체에 대한 거부감과 언어 변화를 주도하는 사회집단에 대한 불편함 때문일 때가 많다. 이 점은 지금까지 여러 언어 특징을 살펴보면서도 확인했다. 3인칭 대명사의 확장은 지금까지 무려 700여 년간의 진화를 거쳐 앞으로도 계속될 모양이니 이에 익숙해지는 편이 좋다. 성별 구분 없는 형태로 갑작스럽게 변화한 듯 보일 수 있지만 사실 언어는 오랜 기간에 걸쳐 계속 다듬어져왔고, 지금 우리는 그 오랜 역사의 정점에 서 있을 뿐이다.

9

우리는 언어가 변형되면 절대 안 된다는 듯 행동해왔다. 이런 새로움이야말로 우리의 적응력과 혁신성, 창의력을 보여주는 증거다.

언젠가 학회에 참석했을 때 있었던 일이다. 동료 몇 명과 함께 엘리베이터를 타고 로비로 내려가던 중이었다. 우리는 모두 '미국언어학협회 Linguistic Society of America'라고 쓰인 번쩍이는 이름표를 달고 있었다. 어느 층에서인가 문이 열리더니 한 부부가 엘리베이터에 올랐다. 부인은 우리가 달고 있던 학회 배지를 보더니 이렇게 말했다.

어머, 여러 나라 말을 하시겠네요.

잠시 정적이 흐르다가 이내 엘리베이터에 타고 있던 언어학자들이 웃음을 터뜨리고 말았다. 그 부인의 말이 틀려서가 아니라(실제로 그 엘리베이터 안에는 여러 언어를 구사하는 사람들이 많기는 했을 것이다), 언어학자들이 자주 마주하는 오해 때문이었다. 언어학자는 여러 언어를 구사하는 사람이 아니라 언어를 구사하는 사람들에 대해 연구하는 사람이다. 언어학은 언어 사용자와 그들의 사회적 삶을 기반으로 한다. 지금까지 이 책에서 살펴본 대로, 진정으로 언어를 이해하는 것은 문장을 구성하는 방식을 아는 것이나 외국어를 구사하는 것보다 훨씬 큰 의미를 지닌다. 이는 언어의 작은 단면을 통해 정체성과 공동체를 구축할 수 있다는 사실을 이해한다는 뜻이다. 또 다른 사람의 말투가 마음에 들지 않아 불평하지만 실제 언어적 사실에 근거한 경멸은 아니라는 점을 깨닫기도 한다.

이제 애증의 언어 습관에 대해 알아보는 여정을 마치기 전에 마지막 질문을 던져보고 싶다. 만약 신데렐라 이야기처럼 언어의 요정이 나타나 소원 하나를 들어준다고 하면 무슨 소원을 빌까?[1] 세상을 이롭게 하는 사람이 되게 해달라고 말할까? 물론 이 세상의 수많은 문제를 해결할 수 있길 염원하는 사람도 분명 있을 것이다. 언어의 다양성을 없애달라는 소원도 매력적이다. 언어적 편견과 문화 차이로 발생하는 오해를 없앨 수 있기 때문이다. 어느 날 아침 모든 사람이 한 가지 언어를 사용하고 아무도 -in'이라고 하는 사람 없이 누구나 정확히 -ing이라고 발음하고 완벽한 목소리로 말한다. 아무도 like나 '음'을 중얼대지 않는 세상이라면 더욱 마음이 흔들린다. 그리고 마법같이 모두에게 맞춤인 듯 고유하면서도 보편적인 대명사도 있다. 참으로 훌륭하지 않은가?

그러나 이 소원에는 근본적인 문제점이 있다. 각 언어에 존재하는 여러 변형과 차이점이 사실은 우리의 가장 큰 무기라는 것이다. 남과 다르다고 그 부분을 도려내버리면 다양성이 사라지고 창의력에 제한이 생기며, 사람들이 서로를 알아보고 각자의 경험을 공유할 수 있게 하는 중요한 무언가가 없어진다. 모든 사람이 전부 똑같다면 어떤 대화를 할 수 있을까? 정치적, 교육적 측면에서나 여러 언어 간 관점에서 본다면 변형이 없는 공통 언어를 사용하면 세상 일이 지금보다 훨씬 쉬워질지 모르지만, 특히 다양성이 사라지는 데 만족하는 사람이 있을지는 의문이다. 모두의 언어가 다르므로 다양한 사회적 표현이 가능하다. 서로의 차이점뿐만 아니라 비슷한 점도 이를 통해 드러낼 수 있다. 이렇듯 중요한 요소가 없어진다면 얻는 것보다 잃는 것이 훨씬 많다.

현대 영어는 격렬한 변화의 소용돌이를 거쳐 지금의 형태에 이르렀다. 그럼에도 우리는 지난 수 세기 동안 언어가 변형되면 절대 안 된다는 듯 행동해왔다. 그야말로 역설적이다. 기존에 알던 언어와 다른 새로운 형태를 보면 언어의 미래에 위협이 된다고 여겨 부정적으로 대하고 급기야 분열을 일으키는 원흉으로 취급한다. 그러나 이런 새로움이야말로 우리의 적응력과 혁신성, 창의력을 보여주는 확실한 증거다.

아는 만큼 보인다

언어는 보편적이다. 맞는 말이다. 그러나 동시에 무척 개별적이면서 사회적이기도 하다. 언어를 사용해 혁명을 선도하고 자기를 드러내며 신념을 공유하고 다른 사람과 대화한다. 언어로 사랑도 선언하고, 전쟁도 선포한다. 학창 시절 문법 시간에 배운 내용이 언어의 전부가 아니다. 언어는 우리의 가장 깊은 생각을 드러내고 가장 강력한 감정을 표현할 수 있게 하는 도구다. 그럼에도 이 엄청난 능력에 대해 자세히 알려고 하지 않는다면 이상한 일이다.

이 책의 각 장에서는 사소해 보일 수 있는 질문(예를 들어 보컬 프라이를 쓰는 이유, 어떤 상황에서 like를 사용하는지, 대명사 they가 어떻게 you의 전철을 밟고 있는지 등)을 통해 더 큰 담론(왜 언어가 변하는지, 영어가 어떻게 오늘날의 형태를 갖추게 되었는지 등)의 문을 연다. 지금까지 새롭지만 '짜증 나는' 언어 특징으로 다른 사람을 평가하거나 우리가 평가받는 상황에 대해 살펴보았다. 언어 특징의 기원을 잘못 알고 있거나 그 말을 주로 사용하는 부류의 사회적 지위에 관해 잘못된 편견을 갖고 있는 경우가 많았다. 어떤 언어를 사용하는지에 따라 세상이 우리를 보는 방식이 달라지며 우리 자신 또한 이를 바탕으로 다른 사람을 판단한다. 이런 상황을 인식하면 어떤 언어를 사용할지 의식적으로 선택할 수 있다. 상황에 따라 말하는 방식을 바꿔볼 수도 있다. 또 언어는 자연스럽게 변화하고 진화하는 존재이며, 다양한 면모를 지닌 사회적 동물인 인간에게 꼭 필요한 부분이라는 사실도 이해할 수 있다.

지금 표준이 되는 언어를 사용한다고 자부심을 가질지 모르지만, 이런 언어 특징 역시 역사의 어느 한 시점에서는 당시 언어 사용에서 주류를 이루던 이들에게 눈총을 받았을 가능성이 크다. 어떤 언어 특징이 각광받을지, 비웃음을 살지는 사회의 권력 역학과 밀접한 관련이 있다. 또 조롱은 설사 무의식적일지라도 언어적 우수성이나 순수성을 내세워 위장한 경우가 많다. 18세기와 19세기에 정통 영국 영어를 사용하던 사람들의 귀에는 기존 질서에 대항하며 갑자기 부흥한 미국인의 언어가 영어의 종말처럼 들렸다.[2] 미국인들이 "발음을 되는대로 하고 부주의한 단어 선택과 구문으로 표준 수도 언어의 아름다움과 규범을 망치고 있다"고 우려했다. 어디서 많이 들어본 말 같지 않은가?

미국인이 말끝마다 '-ass'를 붙이는 걸 두고 국제적으로 평판이 좋지 않지만 그렇다고 그것 때문에 미국이 영어를 완전히 망쳤다고 볼 수는 없다.[3] 그런데 언어를 둘러싼 편견은 이상한 특징이 있다. 한때 취약한 언어적 기반 때문에 곤욕을 치른 사람들을 감염시켜 똑같이 행동하게 만든다는 것이다. 범인 취급을 받던 사람들이 이제는 배심원 역할을 하는 것과 마찬가지다.

유행은 돌고 돈다

여러 해 전에 우리 학부에서 영어학과 교수를 고용하는데 지원자들과 회식 자리를 가진 적이 있다. 칵테일파티에서 동료 교수 한 명이 헝가리 부다페스트에서 열린 학회에 다녀왔다고 가볍게 이야기를 꺼냈다. 그런데 지원자 중 한 명이 "그건 헝가리어라서 '부다페쉬트'라고 발음하는 게 맞지 않나요?" 하고 동료의 발음을 정정하는 게 아닌가. 사회생활을 해본 적 없는 사람임이 분명했다. 말할 것도 없이 고용은 불발되었다. 그래도 '탱크톱을 입지 말 것'과 함께 구직 면접에서 하지 말아야 할 행동목록에 한 줄을 올리는 데는 성공했다. 참고로 탱크톱 사건도 실제로 있었던 일이다. 이 일을 통해 말하고자 하는 바는 이렇다. 그 지원자가 말한 대로 '부다페스트'보다 '부다페쉬트'가 현지인 발음에 더 가까울 수도 있다. 그러나 상대방의 발음이 틀렸다고 지적해도 그 사람이 그 말을 듣고 실제로 발음을 고칠 확률은 희박하다. 좋은 인상을 남길 확률도 마찬가지로 희박해진다.

지금까지 여러 언어 특징의 역사를 살펴보면서 알게 된 사실이 있다. 무엇이 살아남고 사라질지는 아무도 알 수 없으며 제어할 수도 없다는 점이다. 그러나 종내 인기를 얻어 언젠가 문법책에까지 실리게 될 특징은 그중에서도 가장 많은 비판과 욕을 들은 사람들이 쓰는 말이라고 단언한다. 소외된 이들, 나이가 어린 사람, 그리고 여성이다. 지금 주위에서 자주 들리는 이 상한 말투와 말버릇은 틱톡처럼 스쳐 지나가는 유행일 수도 있 다. 그러나 그중 몇몇은 꽤 오래 살아남아 나중에 우리 손주들 이 너무 고리타분한 말투라며 반항할지도 모른다. 문장을 전 치사로 끝내는 습관이 한 예다. 셰익스피어도 전치사를 문장 끝에 자주 두곤 했으니 지금도 그렇게 하는 사람들이 있다는 걸 알면 뿌듯해할 것이다. 사실 엘리자베스 여왕 시절(1558~ 1603년—옮긴이)에는 이런 '불필요한' 언어 특징을 자유롭게 활 용했다.[4] 그러다 17~18세기 언어 전문가들과 존 드라이든John Dryden 같은 작가들이 문장이 무질서하고 제멋대로라며 제동을 걸기 시작했다. 다시 말하지만 지금 우리가 문법적으로 아주 틀 렸다고 여기는 방식이 있더라도 그건 객관적 사실보다 주관적 관습의 문제에 가깝다. 앞에서도 말했듯 무엇이 살아남고 사라 질지는 누군가가 제어할 수 없는 일이고, 대중은 변덕이 죽 끓 듯 한다.

누구나 어느 정도는 과거에 대한 그리움을 간직하고 산다. 어릴 때 좋아했던 사탕('톡톡이' 기억나는가)을 떠올리고 〈티파니 에서 아침을〉을 열 번째 돌려보기도 한다. 언어도 크게 다르지 않다. 한 예로 'rather(오히려)'나 'aunt(이모/고모)'를 발음할 때 /ah/ 모음을 살려 /rah-ther/, /ahhnt/라고 발음하는 경우를 보 자. 뉴잉글랜드 출신인 사람을 만나 낸터킷Nantucket 섬에서 여 름을 보낸 이야기를 듣다 보면 꼭 '엘리자베스 이모님Ahhntie

Elizabeth'이 등장한다. 전 재산이라도 걸 수 있다. 그런데 이 이모는 뒷마당에서 파리채로 모기를 잡으며 함께 뛰놀던 우리들의 '베스 이모Ant Bess'하고는 영 다른 사람 같다. 미국에서 이모를 /ahhnt/라고 발음하던 사람들이 그래도 20세기 초반까지는 어느 정도 남아 있었다. 그러나 요즘에 누가 'half(반)', 'after (~후에)', 'glass(유리잔)' 등의 단어에서 a를 /ah/라고 발음한다면 필시 동부 해안 지역 출신으로 영국인과 나중까지 교류했던 사람들의 후손임을 뜻한다. 이렇게 발음하면 더 격식 있고 세련된 느낌을 주어 주목받는다.

그런데 갑자기 왜 이 이야기를 할까? 영어의 저모음low vowels 발달사를 살펴보면 /æ/ 모음ash vowel('ask(묻다)', 'bath(목욕)', 'glass(유리잔)'를 미국식으로 발음할 때 나는 소리)이 영국에서 고급스러운 발음으로 여겨지고 /ah/ 발음은 세련되지 않게 여겨지던 때가 있었다. 1791년 발성 및 연설법 전문가 존 워커에게 제대로 된 발음에 대해 조언을 부탁하자 'after'나 'answer(답변하다)' 같은 단어를 /ah/로 발음하는 새로운 풍조에 대해 "천박한 느낌이 든다"고 평했다.[5] 그러나 100년 후에는 어떻게 되었는가? 이제는 판도가 아예 바뀌어 다들 /ah/에 열광한다. 누군가에게는 쓰레기지만 또 다른 누군가에게는 보물이 되기도 하는, 언어 변화가 갖는 특징이다.

미국이 독립 전쟁에서 승리하면서 전반적으로 영국식 말투에 대한 호감이 식었다. 그러나 현대 영국 영어를 지속적으로 접했던 보스턴이나 버지니아주의 항구도시 같은 지역은 여전히 런던발發 언어 변화의 추세를 빠르게 따라잡고 있었다. 그때까지도 영국에 단단히 묶여 있던 영연방 캐나다는 말할 것도 없다. 그런 데다 노아 웹스터Noah Webster(미국의 사전 및 교과서 편찬가—옮긴이)가 미국식 어법에 대한 인식을 바로잡으려 무수히 노력했음에도 아직까지 문법적으로 깊은 인상을 남기지는 못한 시기였다. 미국식 영어는 나온 지 얼마 안 된 따끈따끈한 새 언어였을 뿐이다. 그러다 보니 계속해서 영국식 규범이 교양 있고 세련된 방식이라고 생각하는 사람이 많았고, 오늘날까지도 tomato나 ant, rather 같은 단어를 /tomahto/, /ahnt/, /rahther/로 발음하면 어딘가 거만하고 고상해 보인다.

이렇게 어떤 계기로 영국식 /ah/가 품격 있는 정식 발음이 되고, 또 언젠가부터 미국식 영어가 전 세계인의 언어로 발돋움하는 것을 보면 우리가 오늘날 애증을 품고 있는 다른 언어 특징에 대해서도 조금은 여유를 갖고 지켜봐도 괜찮지 않을까 생각한다.

유연한 마음

누군가의 말투를 듣고 느끼는 감정은 그 말투를 사용하는 집단(국적과 민족, 계층, 성별 등)에 대한 뿌리 깊은 편견에 기반하며 이 둘을 분리하기는 쉽지 않다. 하지만 말투와 말하는 방식은 예전부터 언제나 여러 형태로 존재해왔다. 우리는 이 사실을 쉽게 잊어버리곤 한다. 귀족과 하인의 말투가 달랐고 노르만족의 프랑스어와 영어가 달랐다. 그리고 이런 차이 덕분에 현재 우리가 사용하는 언어가 더욱 풍요로워졌다.

규범주의자들은 문법책과 용례집에 집착하지만 거기 담긴 내용은 절대적으로 이어져 내려온 유산이라 할 수 없고 대부분은 권력을 가진 쪽의 규범을 성문화한 것이라고 볼 수 있다. 당시 상류층 언어 규범을 정리한 새뮤얼 존슨이나 신세계(아메리카 대륙과 오세아니아 지역—옮긴이)의 새로운 단어를 집대성해 최초의 미국 영어 사전을 편찬한 노아 웹스터, 언어의 현대적 용례를 조사해 사전에 반영하는 전문가들 모두 자신이 현재 발딛고 서 있는 세상의 시각과 관점에서 언어를 바라본다. 그런데 이렇게 언어 형태를 결정하는 과정에서 사회적 약자와 소외 계층은 발언권이 없다시피 하다 보니 이들이 사용하는 언어가 시대의 표준 규범이 되는 일은 거의 없고 오히려 배척당하기 일쑤다. 그러나 우리가 지금 인정하지 않는다고 해서 새로운 언어 특징이 미래에도 계속 비주류로 머물지는 않는다. 문장 내에서 감정을 끌어올려 전달할 수 있는 새로운 강화어부터 연대감을 갖게 해주는 dude, 모든 사람을 포괄해 지칭할 수 있는 대명사 등이 좋은 예다. 오늘날 언어의 권위자라는 사람들조차 의심의 여지없이 인정하는 언어 특징도 한때는 수백 년 동안 변화

우리가 이렇게 말하는 데는 다 이유가 있어

와 재창조의 소용돌이를 겪고 그 끝에 남은 것들이다.

이 책에서 우리가 주변에서 쉽게 접할 수 있는 언어 특징이 생명을 얻고 살아남게 된 이야기를 나눠보고 싶었다. 그리고 최근의 연구를 통해 그 언어 특징이 오늘날 그렇게 유용하게 쓰이고 널리 퍼진 이유에 대해서도 알아보았다. 또 과거에도 현재와 비슷한 일이 있었다는 사실을 이해하면 지금 선봉에 서서 언어 변화를 주도하는 이들의 마음도 헤아릴 수 있으리라 생각한다. 지금은 널리 쓰이는 말하기 방식도 한때는 거칠고 부적절한 언어 특징으로 치부되었던 적이 있다. 말끝마다 붙이는 like나 보컬 프라이처럼 지금 아무리 욕을 많이 먹는 특징이라 하더라도 일정한 언어적 원리와 유형을 바탕으로 하며, 우리가 이에 대해 갖는 부정적 시각은 사실 언어 변화를 주도하는 이들에 대한 오랜 편견에서 비롯한다. 주로 젊은 층과 여성, 하층민이 그 대상이다.

이 책을 모두 읽고 난 후에도 여전히 보컬 프라이를 들으면 손발이 저리면서 움찔하는 사람이 있으리라 생각한다. 또 성별을 구분 짓지 않는 대명사 they를 입 밖으로 말하기가 아직 편치 않을 수도 있다. 그러나 최소한 이런 특징이 언어 발달에 어떻게 기여하는지는 알게 되었으리라고 믿는다. 우리가 내는 소리와 문장을 구성하는 방식, 사용하는 단어, 이 세 가지가 모여 언어의 초석을 이룬다. 그러나 한 언어를 사용한다고 해도 사람은 모두 다르다. 덕분에 언어가 더욱 풍요로워지며, 그러므로 언어를 통해 저마다의 개성을 드러낼 수 있다. 이 세 가지 요소가 기본 블랙 드레스라면 각자가 만드는 차이점은 그 위에 걸치는 반짝이는 보석이라고 할 수 있다. 충분히 기능과 패션, 두 마리 토끼를 잡을 수 있다.

정말 많은 아이디어가 나왔고 또 이를 위해 많은 연구를 했으며 오랜 시간의 교열을 거쳐 이 책이 탄생했다. 이 책이 나오기까지 도움을 준 분들이 너무 많아 어디서부터 시작해야 할지 모르겠다. 다만 한 가지는 확실하다. 학계 밖에서는 잘 알려지지 않은 여러 훌륭한 언어학자들의 연구가 없었다면 한 단원도 시작할 수 없었을 것이다. 실제로 어디 가서 언어학자라고 말하면 대부분은 여러 언어를 구사할 거라고 생각한다. 그러나 현실에서 언어학자가 하는 일은 시리와의 대화부터 어린이와 성인의 언어장애에 대한 이해, 언어 관련 정책 및 계획에 이르기까지 훨씬 광범위하며, 이 책에서도 다루었듯 시간에 따라 언어가 변화하는 방식을 이해하는 것 역시 언어학자의 기본적인 역할이다. 이름 없이 조용히 참호에 묻혀 연구를 이어가는 언어학자들에게 이 책을 바친다. 각 장에 위대한 학자들의 연구를 인용하며 모두에게 큰 신세를 졌지만 그중에서도 훌륭한 업적으로 귀감이 되었을 뿐 아니라 이 책의 초안을 읽고 의견을 보태준 이들에게 특별한 감사를 전한다. 타일러 켄들, 커크 헤이즌, 샐리 태글리아몬티, 알렉산드라 다시, 마리사 브룩, 샬럿 본, 데니스 크로넌, 나탈리 실링, 이언 클레이턴, 미농 포가티. 우리 연구가 이 책에 잘 담길 수 있도록 시간 내 도와준 점, 이루 말할 수 없이 감사한 마음을 전한다. 미국 국립인문학기금National Endowment for the Humanities에서 받은 도움 역시 언급하고 싶다. 국립인문학기금 펠로십상이 아니었다면 책을 쓸 시간을 내기가 무척 어려웠을 것이다. 또 원고 교정을 도와준 대학원생 루스 실베스터도 빼놓을 수 없다. 학생 이야기가 나왔으니 내 강의를 수강한 학생 모두에게도 감사를 전한다. 우리말에 대한 학생들의 탐구심에서 이 책이 시작되었다. 학생들 입에서 직접 나온 언어 특징과 그들이 던진 질문, 그리고 강의실에서 보여준 지칠 줄 모르는 호기심이 모든 것의 원천이 되었다.

소중한 친구이자 동료 작가인 마이클 브랜치와 마크 허시버그에게도 인사를 전한다. 이 책이 세상에 나올 수 있게 이끌어주어 내가 얼마나 고맙게 생각하는지 알아주길 바란다. 바이킹북스Viking Books 편집자 테레지아 시슬Terezia Cicel 역시 원고가 나올 때마다 숙고하며 읽어주고 더 좋아질 수 있도록 늘 훌

룸한 조언을 아끼지 않았다. 처음부터 이 책과 주제를 믿어주었고 언어와 그 복잡함에 대해서도 깊은 애정을 보여주었다. 출판 에이전트 베키 스워런Becky Sweren은 어떻게 해야 글을 조금이라도 교수처럼 쓰지 않을 수 있을지 방법을 알려주었고 덕분에 좀 더 진짜 작가처럼 책을 쓸 수 있었다. 여기저기 그어진 베키의 빨간 펜이 두렵기도 했지만 결국 큰 도움이 되었고 원고를 철저히 읽고 비평해준 덕분에 마침내 책이 빛을 볼 수 있었다.

우리 가족도 빼놓을 수 없다. 부모님 덕분에 언어가 주는 풍요로움을 마음껏 누리며 자랐고, 그래서 여기까지 올 수 있었다. 엄마 아빠, 고마워요. 언어학을 전공해서 어쩌려는 건지 의아해했던 것 알아요. 그래도 늘 저를 지지해주었고 결국 나쁘지 않게 잘 풀린 것 같아요. 누구보다 내 아들 콜과 딸 테일러에게 가장 큰 신세를 졌다. 둘은 책에 나온 여러 일화의 주인공이었고, 혁신적 언어 사용으로 내 관심을 한 몸에 받았다. 본인들은 달갑지 않았겠지만. 엄마가 사회언어학자인 게 늘 좋지만은 않았을 텐데, 그래도 내가 너희 말투를 하나하나 분석하고 용례에 대해 질문을 퍼부을 때마다(항상 그랬던 것 같다) 군말 없이 그저 눈만 굴려준 점 고맙게 생각한다. 그리고 모든 dude 여러분, 언젠가 아이가 생기면 지금 우리가 사춘기 아이들 말버릇의 진가를 알게 된 게 얼마나 다행인지 이해할 거예요. 마지막으로 내 원고를 처음으로 봐준 멋지고 훌륭한 남편 크레이그에게 나와 이 여정을, 그리고 인생을 함께해주어 고맙다는 말을 전한다.

주

들어가며

1   의무 서법deontic modality이라고 하며 간단히 말하면 의무나 허가, 가능성 등
    을 표현하고자 할 때 사용하는 언어를 의미한다.

2   형태론Morphology은 단어를 구성하는 방식을 다루는 언어학 부문이다. 통
    사론Syntax은 문장의 구조 방식에 초점을 맞추는 언어학 분야다. 통사 형태
    론Morphosyntax은 단어가 문장 안에 들어갈 때와 같이 통사론과 형태론 간
    의 상호작용을 연구하는 학문이다. 예를 들면 영어에서 대명사가 문장에서
    주어로 사용되는지 목적어로 사용되는지에 따라 격格이 달라지는 것 등을
    말한다.

3   영어에도 우리에게는 한 가지 소리로 여겨지지만 또 다른 언어에서는 다른
    소리로 기능하는 소리의 변형이 많다. 예를 들어 영어에는 'pit'이라는 단어
    와 'spit'이라는 단어에서 나는 /p/ 소리에 아주 미묘한 차이가 있지만 대부
    분 이 사실을 인지하지 못한 채 아무런 거리낌 없이 발음한다. 이것을 기식
    음氣息音, aspiration이라고 하는데, 첫 번째 단어의 'p'는 공기를 더 내뿜으며

우리가 이렇게 말하는 데는 다 이유가 있어

발음한다. 영어에서는 큰 차이가 없게 느껴지지만 태국어나 힌두어에서는 이 작은 차이가 소리를 구분하는 데 중요한 역할을 한다. 즉 이들 언어에서 그냥 p와 기식음 p는 영어로 치면 p와 b만큼이나 완전히 다른 소리다.

4   이렇게 한 가지 음을 여러 방식으로 소리 내는 것(앞의 각주에서 언급한 조금씩 다른 p 소리처럼)을 언어학자들은 이음異音, allophone(의미 차이는 나지 않지만 위치에 따라 약간 다르게 들리는 동일한 음소의 음—옮긴이)이라고 부른다.

5   메리 부콜츠Mary Bucholtz는 2011년 저서 《하얀색의 아이들White Kids: Language, Race, and Styles of Youth Identity》에서 '모범생'을 비롯해 고등학생 사회집단에서 사용하는 언어의 용례와 이들 용어가 사회·문화적 양상뿐 아니라 인종적으로도 어떻게 정체성을 형성하는지 연구했다. Mary Bucholtz, 2011, *White Kids: Language, Race, and Styles of Youth Identity*, Cambridge: Cambridge University Press.

6   't'를 이런 식으로 사용하는 용례는 세라 부닌 베너Sarah Bunin Benor의 연구에서 살펴볼 수 있다. 캘리포니아주에 있는 차바드Chabad 유대교 집단을 대상으로 하며 2001년에 출판되었다. Sarah Bunin Benor, "The Learned /T/: Phonological Variation in Orthodox Jewish English", University of Pennsylvania, *Penn Working Papers in Linguistics 7*, no 3 (2011): 1-16.

7   아, 'b'와 'v' 소리가 직관적으로 자주 헷갈리는 이유는 두 가지 소리 모두 입술을 사용해 발음하기 때문이다. b 소리를 내려면 위아래 입술을 모두 사용하고(양순음), v 소리는 입술과 치아를 사용해(순치음) 발음한다. 하지만 모두 입술을 사용한다는 공통점 때문에 빨리 발음하면 비슷한 소리가 나기도 한다. 일상생활에서 '모음 변형vowel movement'이라는 말을 많이 하는 우리 같은 사람에게는 치명적이다(bowel movement는 '배변'이라는 뜻이다—옮긴이).

8   사용하는 방언에 따라 더 많거나(영국식 발음에는 'father'에 /f-ah-ther/라는 모음이 들어간다) 적을 수도 있다(미국 서부 해안 지방의 언어 변형). 세월이 흐르며 발음에 변화가 생기기 때문이다. 'bought'과 'bot'의 발음이 똑같이 들리는 사람이 있다면 언어학 용어로 후설 저모음low-back vowel을 통합해 쓰기 때문이다. 역사적으로 이 두 단어는 모음이 다르며 현대에서도 구분해서 쓰는 사람이 많다.

9   앞의 각주에서 언급했듯 어떤 음소(소리)가 갖는 의미는 각 언어마다 다르
    다. 영어의 경우 모음의 목록이 유난히 방대하다. 영어 사용자에게는 /i/(한
    국어로는 '이' 발음이다—옮긴이) 소리를 길게 발음하는지(/i/) 짧게 발음하는지
    (/I/)에 따라 완전히 다른 의미가 된다(예: beat/bit). 'sheet'과 'shit'이 영어 사
    용자에게만 뚜렷하게 다른 단어로 들리는 이유이기도 하다. 이탈리아어나
    스페인어 등 다른 언어에서는 모음의 이 정도 장음과 단음의 차이(더 정확히
    는 긴장음과 이완음이라고 한다)에는 큰 의미를 두지 않는 경우가 많다. 영어 사
    용자는 집요하리만큼 말장난을 좋아한다. 그러다 보니 영어 사용자는 대부
    분의 미국인보다 여러 언어를 구사하는 사람들이 '똥과 종이(shit/sheet)', '해
    변과 나쁜 년(beach/bitch)'을 헷갈려하는 모습을 보며 농담을 해대곤 한다.

10 단위(예를 들어 소리, '-ing'나 '-ed' 같은 '받침', 명사, 동사 등의 통사 범주)와 이런
    단위를 어떻게 조합할지 정하는 규칙과 원리를 화자의 (언어적) 문법이라고
    한다.

11 다음 장에서 다시 이야기하겠지만 언어가 우리 뇌 안에서 배열되는 방식과
    개인적 경험을 처리하고 부호화하는 방식, 그리고 성대 구조를 이용해 소리
    를 내는 방식에 따라 언어의 규칙과 제한이 생겨난다.

12 《걸리버 여행기》로 널리 알려진 18세기 작가 조너선 스위프트는 영어가 파
    괴되는 것을 막기 위해 언어 개편이 필요하다고 굳게 믿었다.

13 《옥스퍼드 영어 사전》(또는 OED)은 '영어에 관한 가장 확실한 기록'이라고
    자부한다. 이 책을 쓸 때 초기 영어의 형태와 여러 용어 및 표현의 문헌 역
    사에 관해 더할 수 없이 귀중한 자료가 되었다. 《옥스퍼드 영어 사전》의 위
    대함을 아직 모르는 사람을 위해 말하자면, 수십만 개 영 단어의 의미와 발
    음, 어원과 역사에 관해 온라인에서 검색할 수 있다.

14 17세기에 들어서며 그리스어 'arctos(원래 뜻은 '곰'이다)'와 비슷한 스펠링으
    로 바뀌었는데, 이는 영어 스펠링에 정통 고전 언어의 이미지를 입히고자
    한 노력의 일환이었다. 그 당시 사람들이 실수로 c를 발음하면서 발음이 바
    뀌었고 요즘은 아예 철자에 c가 들어간다. 자세한 내용은 'Language Log' 웹
    사이트에서 아널드 츠비키Arnold Zwicky의 〈북극Ar(c)tic〉을 읽어보면 알 수
    있다(languagelog.ldc.upenn.edu/nll/?p=342).

15 bro나 bruh는 아프리카계 미국인이 쓰던 영어에서 유래했고 finna는 미국 남부 지방에서 쓰던 fixing to(~할 예정이다)에서 왔다. zoom bombing은 주로 온라인에서 사용하던 말이다.

16 페일린의 억양에 미네소타주 지역 비음이 강하다고들 한다. 실제로 페일린의 고향인 마타누스카-수시트나 밸리Matanuska-Susitna Valley와 와실라Wasilla는 미국 중서부 상류 정착자 역사가 있긴 하지만 고향 사람같이 친근한 페일린의 말투가 여기서 비롯되었는지는 확실하지 않다. 페일린이 쓰는 마타누스카-수시트나 밸리 사투리 말고도 틀링기트Tlingit 영어 등 유명한 알래스카 억양이 여럿 있다. 그러나 이 방언들은 페일린의 억양이 주는 따뜻하고 포근한 느낌과는 반대로 이 지역 원주민과 관련된 기원 때문에 부정적으로 들리곤 한다.

1. 언어의 패셔니스타

1 영어와 아이슬란드어 모두 게르만어파지만 사실 자매라기보다 사촌에 가까운 관계다. 아이슬란드어는 노르웨이어와 덴마크어, 페로Faroe어와 함께 북北게르만어군에 속한다. 영어와 독일어는 서西게르만어군이다.

2 영어의 '불평하는 전통'이 여기서 시작되었다고 보기도 한다. 제임스 밀로이James Milroy와 레슬리 밀로이Lesley Milroy의 고전《언어의 권위: 표준 영어 조사Authority in Language: Investigation Standard English》에서 예를 찾아볼 수 있다(1490년 윌리엄 캑스턴William Caxton이 언어가 너무 쉽게 변한다고 불평한 것을 '불평하는 전통'의 시작이라고 썼다—옮긴이).

3 월터 스콧의 고전《아이반호Ivanhoe》는 노르만족이 침입한 이후의 영국 정치와 언어를 잘 보여주며 앵글로색슨족과 프랑스인 사이의 불평등한 관계 때문에 동물과 음식 이름이 둘로 나뉜 배경을 설명한다(영어에서 동물 이름은 중세 영어에서 내려온 경우가 많고 음식 이름은 라틴어나 프랑스어를 기원으로 하는 경우가 많다—옮긴이). 이는 오늘날까지도 이어지는데 예를 들면 동물 돼지는 'swine(pig)'이지만 돼지고기는 'pork'거나, 소는 'cow'지만 소고기는 'beef'인 점 등이다.

4 'ox(소)'의 복수형이 왜 'oxes'가 아니라 'oxen'인지 생각해본 적 있는가? 게

르만어 기원 때문으로 고대 영어에서는 복수형을 위해 끝에 '-s'를 붙이기도 했지만 복수 접미사 '-an'이나 '-en'를 함께 사용했다. 그러다 14세기 무렵이 되어서는 거의 -s만 붙이는 일이 많았고 -en은 몇몇 단어에만 남고 사라졌다. oxen과 'children('child[어린이]'의 복수형)'을 예로 들 수 있다. 프랑스어가 직접적으로 이런 변화를 일으키지는 않았지만 초반에 앵글로 노르만족이 -s를 채택한 것으로 보아 -an이나 -en이 없어지고 -s만 남게 된 데는 프랑스어의 영향이 있었다고 봐야 한다(이 시기 영어 발달에 관한 내용은 앨버트 C. 바우Albert C. Baugh와 토머스 케이블Thomas Cable의 《영어 발달사A History of the English Language》 7장에 잘 설명되어 있다).

5 이 문구(better brought up sort)는 시인이자 작가 조지 퍼튼햄George Puttenham 이 1589년에 쓴 안내서 《영시의 기법Arte of English Poesie》에서 런던 지역에 거주하던 사람들을 묘사하는 데 사용한 표현이다. 이 표현과 함께 당시 런던에서 사용하던 영어에 대한 인식이 높아졌다. 다음 문헌에 인용되기도 했다. Terttu Nevalainen, "Process of Supralocalisation and the Rise of Standard English in the Early Modern Period", *Generative Theory and Corpus Studies*, ed. R. Bermúdez-Otero, D. Denison, R. M. Hogg, and C. B. McCully (Berlin: De Gruyter Mouton, 2000), 329-372.

6 단어가 다양한 문법 절차를 거치며 여러 개의 자음이 군집하는 경우가 자주 있다. 접미사가 추가될 때도 있고, 원래 있던 모음이 삭제되어 자음이 모음 없이 혼자 남게 되는 경우 등이다(모음 없이 연달아 붙을 수 있는 자음 수가 영어와 다른 언어에서 차용된 경우도 있다).

7 자음을 생략하는 경향에 휩쓸리지 않으려 해도 자음 생략에 관한 모든 연구가 한 가지 결론으로 귀결한다. 이에 대해 언어학자 그레고리 가이Gregory Guy는 "연구에 참여한 모든 사람이 가끔이라도 자음을 생략한다"고 했다. S. Tagliamonte and R. Temple, "New Perspectives on an Ol' Variable: (t, d) in British English", *Language Variation and Change* 17, no. 3 (2005): 281-302.

8 셰익스피어는 《로미오와 줄리엣》에서 film을 philome이라고 썼다. 발음이 비슷하기 때문이다(작품 속에서는 오늘날의 film[영화]과는 다른 의미로 쓰이긴 한다).

9 영국 남동부(런던도 포함된다―옮긴이)에서 온 이주자들과 달리 아일랜드나 스코틀랜드에서 온 이주자들은 이 시기에도 r-음화음을 강하게 전파했다.

10 이 점은 우리엘 바인라이히Uriel Weinreigh, 윌리엄 라보브William Labov, 마빈 I. 헤어초크Marvin I. Herzog의 논문에서 처음 제기되었다. Uriel Weinreich, William Labov, Marvin I. (1968). Empirical Foundations for a Theory of Language Change.

또 라보브는 사회적 맥락에서의 언어를 연구했는데, 이것이 바로 사회언어학이다. 저서 《사회언어학적 양상Sociolinguistic Patterns》을 펴냈으며 이후에는 언어 변화에 사회적 요소가 어떤 역할을 하는지 자세히 연구했다. 초기 사회언어학자 피터 트러드길Peter Trudgill, 월트 울프램Walt Wolfram, 레슬리 밀로이와 이후의 페니 에커트Penny Eckert의 연구 역시 사회언어학에 공헌한 바가 크다. 이 장(그리고 이 책 전반에서)에서 내가 말하고자 하는 바 또한 이들 연구를 바탕으로 한다.

11 사회적 거리로 언어에 차이가 생기는 현상 중 지리적 측면이 가장 익숙하다. 남부풍의 느린 말투나 뉴욕 억양을 따라 해보지 않은 사람은 없을 것이다. 하지만 보통 '틀린' 말씨라고 여기는 특징은 인종이나 계층에 의한 분리 때문인 경우가 많다. 남부와 북부의 언어가 다르게 발달한 것 역시 이런 이유에서다. 즉 서로 다른 언어 형태는 사회적 분리로 생겨났다고 볼 수 있다.

12 카스트 계급별로 구사하는 언어가 다르다는 예는 영국의 사회언어학자 피터 트러드길의 연구를 찾아보면 매우 쉽게 설명되어 있다. 오래되었지만 여전히 훌륭한 연구다. *Sociolinguistics: An Introduction to Language and Society* (New York: Penguin Books, 1974).

13 영어의 의무 서법 체계에 일어난 변화를 알고 싶다면 샐리 태글리아몬티Sali Tagliamonte와 제니퍼 스미스Jennifer Smith의 다음 연구를 찾아보길 권한다. Sali Tagliamonte and Jennifer Smith, "Layering, Competition and a Twist of Fate: Deontic Modality in Dialects of English," *Diachronica 23*, no.2 (2006): 341-380.

14 나라나 지역마다 사용하는 영어의 모음이 변화하는 방식이 다르긴 하지만 젊은 세대에서 특히 변화가 많이 일어난다는 공통점이 있다.

15 결정적 시기 가설Critical Period Hyothesis 또는 CPH는 어릴 때 더 쉽게 언어를 습득할 수 있다는 개념으로, 이 분야의 고전인 에릭 H. 르네버그Eric H. Lenneberg의 1967년《언어의 생물학적 기초Biological Foundations of Language》에서 처음 소개되었다.

16 여전히 은퇴하고도 이탈리아에 가서 살며 현지인처럼 프리모 피아티primo piatti와 세컨디 피아티secondi piatti(전자는 첫 번째, 후자는 두 번째로 나오는 음식이라는 뜻의 이탈리아어—옮긴이)를 주문하고 싶어 하는 사람이 있다면 용기를 내볼 만하다. 최근 연구에 따르면 새로운 언어를 습득할 수 있는 시기에 대한 기준은 예전 연구 결과만큼 엄격하지는 않다고 한다. 그러나 유창함이나 복잡한 문법 규칙을 습득하는 부분에서는 어린아이들이 더 높은 수준에 다다를 가능성이 크다.

17 여기서 복잡한 언어 구조란 시간이 지나며 언어 구조가 달라지는 것을 의미한다(예를 들어 격을 나타내는 활용어미가 사라지고 어순에 더 의존하는 현상 등이 그렇다).

18 스탠퍼드대학교 언어학자 페니 에커트는 1년 동안 디트로이트 소재 고등학교에 상주하며 각기 다른 사회집단(예: 학교를 대표하는 운동부 대 반항아 집단)에 따라 언어 변화가 일어나고 이후 새로운 규범으로 자리 잡는 방식을 관찰하고 자료를 수집했다. 에커트의《인기 있는 운동선수와 소진Jocks and Burnouts: Social Categories and Identity in the High School》과《사회 관행으로서의 언어 변화Linguistic Variation as Social Practice: The Linguistic Construction of Identity in Belten High》는 내용이 조금 전문적이긴 하지만 청소년기 사회구조에서 새로운 언어 형태가 등장하는 방식을 가장 종합적으로 조명한 연구다.

19 식민지 시절 사용하던 말이 변화한 양상을 찾아보면 오래된 영국식 발음이 북아메리카 지역에서 사라져간 흔적을 볼 수 있다. 잭 체임버스Jack Chambers의 〈식민 지배 이후 캐나다의 '토마토' 발음Saying 'Tomato' in Postcolonial Canada〉이라는 흥미로운 글에는 오래된 논쟁 중 하나인 토마토 발음, 즉, /to-mah-to/와 /to-may-to/ 중 무엇이 맞는지에 대한 답변이 나온다 (아니, 당연히 /to-may-to/가 맞지). *Variation and Change in Postcolonial Contexts*, ed. R. Calabrese, J. K. Chambers, and G. Leitner (Newcastle-upon-Tyne, UK:

Cambridge Scholars Publishing, 2015). 이렇듯 발음에 차이가 나는 이유가 무엇일까? 체임버스에 따르면 스페인 탐험가들이 처음 토마토를 유럽에 들여올 때는 간단하게 /ah/ 모음을 사용했지만 미국에서는 'potato(감자)' 발음과 비슷하게 길게 빼는 모음으로 변형되었을 거라고 한다. 이런 부분은 젊은 세대를 탓하기가 좀 어렵다.

20 〈마이 페어 레이디〉의 음성학자 헨리 히긴스 교수를 떠올려보자. 히긴스는 한 여자의 사회적 가치를 높이는 데 언어가 얼마나 강력한 힘을 발휘하는지 잘 알고 있었다.

2. 음…

1 사실 일본어에는 여기서 언급한 두 가지 외에도 공백 채움말이 더 있다. 예를 들면 'eto'와 'sono'인데, 영어의 단순한 '어'와 '음'보다 많은 기능을 한다. 일본어와 중국어 등 여러 언어에서 공백 채움말을 지시대명사와 공백 채움말, 두 가지 용도로 사용하거나(예: 중국어의 'nà'와 'nàge'['그/그것'이라는 지시대명사로도 쓰인다—옮긴이]), 원래 있던 말을 공백 채움말로 사용한다(예: 스페인어의 'este'['이/이것'이라는 지시대명사다—옮긴이]). 그렇지만 기본적으로는 '음'이나 '어' 같은 발성이 여러 언어 사이에서 공통적으로 사용된다.

2 망설임 표지 er를 잘못 알고 있는 미국인이 많아 영국식 er 발음을 잘 아는 사람들의 웃음거리가 되곤 한다. 언어학자 거널 토티Gunnel Tottie는 2019년에 발표한 공백 채움말에 대한 논문에 다음과 같이 적었다. "미국인들이 생각하는 er 발음은 이해가 가지 않는다. er과 her(그녀)로 운을 맞추는 사람은 본 적이 없다." 뭐, 그래도 우리는 color(색깔)와 flavor(맛)의 철자는 알지 않는가(영국 영어에서 color를 colour로, flavor를 flavour로 쓰는 것을 빗댄 말—옮긴이)!

3 마이클 에라드Michael Erard는 《음 Um》에서 말실수와 공백 채움말에 대해 이야기한다. 이 중 "'음'의 짧은 역사A Brief History of Um' 장을 보면 고대 그리스와 로마의 위대한 수사학자들이 분석한 내용이 있다. 이들 기록을 살펴보면 대중을 상대로 대담하고 자신 있게 연설하는 법에 대해 다루지만 현대의 공백 채움말에 해당하는 특징에 대해서는 아무런 언급이나 비판이 없다. 이를 통해 예전에는 이런 식의 망설임이 없었거나, 아니면 이를 거슬린다고

생각지 않았으리라고 추측할 수 있다. 후자가 더 그럴듯하다.

여기서는 말하다 자연스럽게 나온 것이 아니라 글에서 감정을 드러내기 위해 따로 삽입된 것이므로 철자도 다양하다. 하지만 오늘날 대화에서 쓰이는 것과 마찬가지로 망설임을 표현하기 위한 의도를 담아 넣은 것으로 보인다.

프로이트는 《매일의 정신병리학 The Psychopathology of Everyday Life》에서 말실수와 비유창성이 우리 안에 내재한 불안과 감정 상태를 반영한다고 제안했다.

말 Mahl의 1959년 연구를 예로 들 수 있다. George Mahl, "Measuring the Patient's Anxiety During Interviews from 'Expressive' Aspects of His Speech", *Transactions of the New York Academy of Sciences* 21, no.3 (1959): 249 - 257

심리언어학자가 하는 일에 대해 히치콕식으로 답하고 싶은 유혹이 들지만 이 분야를 연구하는 언어학자는 샤워와 새(히치콕은 서스펜스의 대가로 불리며 샤워실 살해 장면은 대표작 〈싸이코〉의 유명한 장면이다. 〈새〉는 히치콕의 1963년 영화다―옮긴이)보다는 언어를 사용하고 이해하는 현상의 바탕에 깔린 정신적 과정에 더 관심을 갖는다.

Frieda Goldman-Eisler, *Psycholinguistics: Experiments in Spontaneous Speech* (London: Academic Press, 1968).

다음 논문에서 연구 결과를 찾을 수 있다. S. Schachter, N. Christenfeld, B. Ravina, and F. Bilous, "Speech Disfluency and the Structure of Knowledge", *Journal of Personality and Social Psychology* 60, no. 3 (1991): 362 - 367.

사회심리학자 스탠리 샥터 Stanley Schachter는 과학 및 인문학 분야 전문 출판물과 신문 기사, 강의를 비교 분석한 후 같은 결론을 내렸다. "과학자들은 대부분 인문학자에 비해 쓰는 어휘가 다양하지 않다." 자연과학자들이 아무래도 말문이 막힌 것 같다는 나의 오래된 의심을 확인하는 결과다. 샥터와 연구진은 이 연구에서 얼마나 다양한 단어를 사용하는지가 강의 중 나오는 '어'의 횟수와 상관관계가 있다는 사실도 발견했다. S. Schachter, F. Rauscher, N. Christenfeld, and K. Crone, "The Vocabularies of Academia", *Psychological Science* 5, no. 1 (1994): 37 - 41.

11 '음'에 관한 최근 연구에서는 이 같은 해석을 쉽게 찾아볼 수 있지만, '음' 을 통해 대화의 주도권을 유지할 수 있다는 개념은 하워드 매클레이Howard Maclay와 찰스 오스굿Charles Osgood이 1959년 발표한 논문에 처음 소개되었 다. H. Maclay, C. Osgood, "Hesitation Phenomena in Spontaneous English Speech", *Word*, (1959).

12 이야기가 끝나갈 무렵 억양이 낮아진다든가 상대방이 끼어들어도 되는 시 점에 눈을 마주친다든가 하는 신호를 잘 파악하면 대화가 부드럽게 이어진 다. 잠시 망설이는 순간에 말을 멈추고 침묵하면 이 역시 자신의 차례가 끝 났다는 신호로 해석할 수 있다.

13 1970년대에도 공백 채움말을 언어로 인정한 학자가 있긴 했지만 매우 피 상적인 단계였고, 본격적으로 이 관점이 널리 확대된 것은 허버트 클라크와 진 폭스 트리의 2002년 논문 이후다. H. Clark, J. Fox Tree, "Using Um and Uh in Spontaneous Speaking", *Journal of Cognition* 84 (2002), 73-111.

14 '음'에 대해 매우 유익하지만 다소 전문적인 내용의 연구 한 편을 소개한 다. 공백 채움말을 단어로 간주해야 한다는 관점에 대해서도 찾아볼 수 있 다. M. Corley and O. W. Stewart, "Hesitation Disfluencies in Spontaneous Speech: The Meaning of Um", *Language and Linguistics Compass* 2, no. 4 (2008): 589-602.

15 공백 채움말도 단어라는 가정을 둘러싼 많은 논쟁이 있다. 공백 채움말이 단지 비유창성에서 비롯된 것이 아니라는 근거가 많긴 하지만 그래도 여전 히 인지적 부산물이라는 주장과 단어로서 인정받기에 충분하다는 주장 사 이 간극이 크다. 주로 문학작품에 많이 등장하기 때문에 구문상에서의 역할 과 기능이 분명하지 않다. 예를 들면 연설문의 일부로도 들어갈 수 있는지 는 아직 의문이다. 결국 '단어'라는 것의 정의에 따라 어느 쪽에 설지 달라질 수 있다.

16 다음 논문에서 이 연구의 전편을 확인할 수 있다. J. E. Arnold, M. K. Tanenhaus, R. Altmann, and M. Fagnano, "The Old and Thee, uh, New", *Psychological Science* 15, no. 9 (2004): 578-581.

17 ERP 기술은 두피에 비침습적 방법으로 전극을 부착해 자극에 반응할 때 뇌

에서 일어나는 전압의 변화를 측정한다. 정보처리 과정에서의 심리생리학적 상관관계를 들여다볼 수 있다.

18 이 현상은 다음 논문에 보고되었다. M. Corley, L. J. MacGregor, and D. I. Donaldson, "It's the Way That You, er, Say It: Hesitations in Speech Affect Language Comprehension," *Cognition* 105, no. 3 (2007): 658-668.

19 다음 논문에서 자세한 사항을 확인할 수 있다. J. E. Arnold, C. L. Hudson Kam, and M. K. Tanenhaus, "If You Say Thee Uh You Are Describing Something Hard: The On-Line Attribution of Disfluency During Reference Comprehension", *Journal of Experimental Psychology, Learning, Memory, and Cognition* 33, no. 5 (2007): 914-930.

20 자주 쓰지 않는 단어를 들을 때 화자의 언어 유창성이 어떤 영향을 미치는지 비교하는 연구가 있다. 막스 플랑크 심리언어학 연구소Max Planck Institute for Psycholinguistics에 따르면 똑같이 유창하지 않더라도 화자가 비원어민인지 원어민인지에 따라 시선 예측 결과가 달라지는 것을 볼 수 있다. H. R. Bosker, H. Quené., T. Sanders, and N. H. De Jong, "Native 'Um's Elicit Prediction of Low-Frequency Referents, but Non-Native 'Um's Do Not", *Journal of Memory and Language* 75 (2014): 104-116.

21 Corley, MacGregor, and Donaldson, "It's the Way That You, er, Say It", 658-668

22 심리언어학자 진 폭스 트리의 연구에 따르면 '어' 뒤에 나오는 단어에만 반응속도가 더 빨라진다고 한다. '음'은 단어 인식에 도움도, 방해가 되지도 않았다. 비슷한 맥락에서 '음'보다 '어'를 들었을 때 전체 문장을 더 잘 이해한다는 연구도 있다. '어'보다 '음'을 들었을 때 말이 더 지연될 것이라고 예상하기 때문에 대화 자체보다 화자가 놓친 단어를 찾는 데 주의를 빼앗긴다는 내용이다. 또는 말이 길게 지연되면서 대화 자체에 집중하지 못하는 것일 수도 있다. Jean Fox Tree, "Listeners' Uses of Um and Uh in Speech Comprehension", *Memory and Cognition* 29, no. 2 (2001): 320-326.

23 S. H. Fraundorf and D. G. Watson, "The Disfluent Discourse: Effects of Filled Pauses on Recall", *Journal of Memory and Language* 65, no. 2 (2011):

161–175.

24 이런 대화 녹음본은 보통 공개된 정보이거나 학술적 목적으로 열람할 수 있다. 말하기의 종류(대중 연설인지 사적인 대화인지)에 따라 공백 채움말 사용 횟수가 달라진다는 점이 흥미롭다. 사적인 대화를 할 때는 업무에 대한 이야기(예를 들어 직장 내 대화)를 할 때보다 공백 채움말을 적게 쓴다. 무슨 말을 할지 정리가 필요한 상황에서 '음'과 '어'를 더 많이 사용한다고 하면 말이 된다.

25 나이가 들면서 기억력이 감소하는 현상과도 어느 정도 관련이 있을 수 있긴 하다.

26 조세프 프로이발트Josef Fruehwald는 남성이 뒤처진 기간을 추정해 2016년 논문에 발표했다. Josef Fruehwald, "Filled Pause Choice as a Sociolinguistic Variable", University of Pennsylvania, *Penn Working Papers n Linguistics* 22 (2016), no. 2.

27 이에 대해 아직 깊이 있는 연구를 찾아볼 수 없지만, 말하면서 '음'을 넣는 횟수에 영향을 미치는 요인이 성별과 나이만은 아니다. 사회계층이나 교육 수준이 높을수록 '음'을 빈번히 사용한다는 연구도 여럿 있다. 글로 된 텍스트에서 '음'을 자주 사용하는 추세와도 관련 있어 보인다.

28 여러 언어와 사회적 범주에서 언어가 발전해온 전체적인 모습을 알고 싶다면 다음 논문을 참고하면 좋다. M. Wieling et al., "Variation and Change in the Use of Hesitation Markers in Germanic Languages", *Language Dynamics and Change* 6, no. 2 (2016): 199–234.

29 '어'보다 '음'이 말을 더 오랫동안 지연시킨다는 허버트 클라크와 진 폭스 트리의 가설 역시 사실로 증명되었다.

30 연령과 성별에 따라 선호하는 공백 채움말에 관한 연구는 대부분 집단 간 '음'과 '어'의 사용 횟수를 비교하는 일이 많다. 보통 '어'보다 '음'을 훨씬 많이 사용한다.

31 언어학자 거널 토티는 구어 및 문어 코퍼스에서 '음'과 '어'의 기능을 연구해 여러 논문에 게재한 바 있다. 2017년 논문 〈망설임에서 단어로From Pause to Word: Uh, Um and Er in written American English〉에서 이 두 가지 경우에 해당하

는 예시를 찾을 수 있다. 토티는 이 같은 용법으로 '음'과 '어'를 사용하는 이들을 '믿을 수 없는 사람들slippery customers'이라고 일컬으며 이 두 공백 채움말은 이제 구어체에서 '망설임'을 표시하는 데 그치지 않고 다양한 목적으로 활용된다고 이야기한다. 결론은 무엇일까? "이는 거의 예외 없이 전달하고자 하는 메시지에 대한 글쓴이의 태도를 보여준다. (⋯) 이는 독자에게 보내는 신호다"(120쪽).

32 편지나 일기처럼 일상적인 글은 언어의 특징이 진화하고 변화한 양상을 파악하는 데 더욱 유용하다.

33 마크 데이비스Mark Davies가 집대성한 COHA에는 1810년 이후 미국 영어로 쓰인 자료와 신문 및 잡지가 수록되어 있다. 초기 미국 영어의 문헌 자료에 관심이 있다면 훌륭한 자료이니 참고하길 바란다.

34 안드레아스 유커Andreas Jucker와 거널 토티가 각자 '음'과 '어'의 사용에 관한 연구를 진행했지만 두 사람 모두 1950년대와 1960년대에 이르기까지 문헌에 공백 채움말이 쓰인 경우는 거의 찾지 못했다.

35 질문했으니 답을 알려주겠다. 〈위험한 청춘〉이다. 기억났는가? 아니면 내가 '음' 하는 사이 구글로 찾아본 건 아니고?

36 두 가지 예시 모두 거널 토티의 2017년 논문 〈망설임에서 단어로From Pause to Word: Uh, Um and Er in Written American English〉에서 발췌했다. 첫 번째 예는 미국 일간지 〈유에스에이 투데이USA Today〉에서 헤비급 복싱 챔피언 이밴더 홀리필드Evander Holyfield가 춤 솜씨가 없다며 한 말이고, 두 번째 예는 곰이 침입해서 캠핑을 망친 일을 보도한 1997년 〈타임〉지 기사다.

3. like

1 7학년(한국의 중학교 1학년 나이에 해당한다—옮긴이) 학생들과 '올바른 말' 게임을 했다고 한다. 팀을 나누어 한 팀에서 '그러니까'나 '음', 그 밖에 문법에 위반한다고 생각하는 단어를 말하면 다른 팀에서 어떤 부분이 위반인지 맞히는 게임이다. 게임 이름이 무엇일까? '틀리게 말해도 되는 게임'이다.

2 그리고 또 실제로, 이 '실제로in fact'라는 담화 표지 역시 문장에서 매우 유용하다. 대화의 흐름을 원활하게 하고 문장 앞뒤를 조화롭게 만들며 듣는

사람에게 방향을 제시하는 역할이다.

3 언어학자 로럴 브링턴Laurel Brington은 고대 영어와 중세 영어 문헌에서 담화 표지 역할을 한 것으로 보이는 초기 영어의 '신비한 특징'에 대해 분석했다. 브링턴이 쓴《영어의 실용적 표식Pragmatic Markers in English: Grammaticalization and Discourse Functions》(Berlin: De Gruyter, 1996)에서 이를 확인할 수 있다.

4 논란이 적다고 해서 아예 없지는 않다. hwæt이 현대 담화 표지 you know의 전신이라는 의견이 있다. '우리가 공통으로 아는 그 사실 말이야'라는 느낌을 전달한다는 것이다. 물론 〈베오울프〉 첫 부분의 기존 번역은 '보아라Be hold!'인데 이렇게 '어이, 내가 무슨 말 하는지 다들 알지!'라고 해석하면 다소 급진적이긴 하다. 하긴, 좀 더 '에지 있는' 현대식 번역에서는 '형님Bro!' 이라고 시작하기도 한다.

5 1789년 윌리엄 워드William Ward의 중앙 형사재판소 재판 결과문에서 like 가 담화 표지로 사용된 초창기 예시를 찾았다. "원래 두 사람이 같이 쓰러져 있었는데 여기 있는 이 젊은 남자가 따로 떨어뜨려놓았습니다. '그러니까' 한 사람은 수레 한쪽에 두고 다른 사람은 반대쪽에 있던 것처럼요."

6 오래전부터 like를 담화 표지로 써왔다는 사실을 알 수 있는 대목이다. 다시의 저서에서 앞(미주 5)에 언급한 영국 중앙 형사재판소 판결문을 비롯해, 여러 예시를 찾아볼 수 있다. Alexandra D'Arcy, *Discourse-Pragmatic Variation in Context: Eight Hundred Years of LIKE* (Amsterdam: John Benjamins Publishing, 2017).

7 여기서 든 예는 남부 캘리포니아주 샌 페르난도 밸리San Fernando Valley와는 거리가 멀다. 언어학자이자 like 전문가 알렉산드라 다시는 영국 시골 마을에서 당시 89세이던 여성 한 명과 이야기를 나누었다. 영국에 사는 80대 노인도 like를 사용하고 20세기 중반 뉴질랜드 사람들의 음성 녹음에도 like가 나온다는 사실로 보아 이 담화 표지의 기원은 꽤나 오래전으로 거슬러 올라간다는 것을 알 수 있다. 이에 대한 논의와 관련 자료는 다음 논문에서 찾아볼 수 있다. Alexandra D'Arcy, "Like and Language Ideology: Disentangling Fact from Fiction", *American Speech* 82, no. 4 (2007): 386-419.

8   like의 문법화에 대해 상세하게 다룬 연구가 있다. S. Romaine, D. Lange, "The Use of Like as a Marker of Reported Speech and Thought: A Case of Grammaticalization in Progress", *American Speech* 66 (1991), no. 3: 227-279.

9   언어학자 마리사 브룩은 보문 표지(문장의 절이 보어임을 나타내는 표지—옮긴이)로서의 like 연구에서 like가 as if나 as though(마치 ~인 것처럼)를 대체하는 일이 점점 많아지는 현상을 발견했다. 영어에서 이런 용례로 사용된 기록을 추적해보면 초기에는 사회적으로 소외되었거나 지역 방언을 사용하는 사람들의 대화에서 주로 나타났다. M. Brook, "Comparative Complementizers in Canadian English: Insights from Early Fiction", University of Pennsylvania, *Penn Working Papers in Linguistics* 20, no. 2 (2014).

10   이 용법에 관한 연구와 예시는 다음 논문에서 자세히 찾아볼 수 있다. J. Fox Tree, "Placing Like in Telling Stories", *Discourse Studies* 8, no. 6 (2006): 723-743.

11   이 실험에서는 말문이 막혔을 때 공백을 '채우기' 위해 like를 사용하는지 알아보기 위해 비유창성의 표식이기도 한 공백 채움말 '음'이나 '어'의 용례를 비교해보았다. 그런데 공백 채움말은 말을 더듬거나 여러 번 반복할 때도(할 말을 정리하고 계획하는 데 문제가 있다는 의미) 자주 쓰인 반면, like는 그렇지 않았다. 또 공백 채움말을 많이 사용하는 사람이 like를 많이 사용한다든가 하는 패턴도 찾아볼 수 없었다(공백 채움말을 적게 쓰면 그 대신 like를 많이 쓸 것이라는 가정도 성립하지 않았다). 그러므로 공백 채움말과 like는 기능적으로나 배치 패턴 면에서나 연관성이 없다고 풀이된다. 이 실험을 진행한 진 폭스 트리의 말마따나 like는 '음'의 현신이 아니다.

12   언어학자 알렉산드라 다시는 2017년 《문맥의 담화-실용적 변형 Discourse-Pragmatic Variation in Context》에서 비트 문화와 like의 상관관계에 대해 논했으며 언어학자 존 맥호터 John McWhorter 역시 2016년 〈애틀랜틱〉지에 실린 'like'의 진화 The Evolution of 'Like'에서 비슷한 주장을 펼쳤다.

13   언어학자이자 유명한 작가이기도 한 데버라 태넌 Deborah Tannen은 내부 대화를 소개하는 인용어를 연구했다. 태넌은 내부 대화를 담화 내에서 '구성된 대화'라고 본다. 태넌의 연구에 따르면 'be 동사 + like'는 다른 사람의 말

을 문자 그대로 전달하기보다 전체적인 요점을 이야기할 때 쓰인다.

14 샐리 태글리아몬티와 알렉산드라 다시의 논문에서 구체적인 정보를 확인할
수 있다. like가 부상하는 현상에 대한 내용으로 다소 전문적이긴 하지만 매
우 훌륭한 논문이다.

S. Tagliamonte and A. D'Arcy, "Frequency and Variation in the Community
Grammar: Tracking a New Change Through the Generations", *Language
Variation and Change* 19, no. 2: 199–217.

자주 언급되는 것으로 미루어 알고 있겠지만, 태글리아몬티와 다시는 like의
확산과 기능에 대한 최근 연구 대부분을 주도해왔다.

15 다음 논문에서 인용했다. S. A. Tagliamonte, A. D'Arcy, and C. R. Louro,
"Outliers, Impact, and Rationalization in Linguistic Change", *Language* 92,
no. 4 (2016): 824–849. 이 연구에서 태글리아몬티와 로우로Louro는 영어의
인용 체계에 일어나는 근본적이고도 신속한 변화로 like를 꼽는다. 또 이런
현상은 북미에서 호주에 이르는 다양한 영어 방언에서 비슷하게 찾아볼 수
있다.

16 인용의 like를 통해 이야기에 어떤 전환이 있음을 알 수 있다. S. Romaine
and D. Lange, "The Use of Like as a Marker of Reported Speech and
Thought: A Case of Grammaticalization in Progress", *American Speech* 66
(1991), no. 3: 227–279.

17 구어체 대화 형식에서 이런 변화를 찾아볼 수 있었으며 (1인칭) 화자의 생
각을 전달할 때 'be like'를 사용했다. 그러다 나중에는 3인칭 주어에까
지 'be like'를 사용하게 된다. S. Tagliamonte et al., "Outliers, Impact, and
Rationalization in Linguistic Change."

18 say를 이용해 말을 전달하는 것과 like를 사용하는 것의 차이를 살펴보자.
"Then I said, 'Hello there!(그때 내가 '안녕!' 하고 말했다)'" 대 "Then I was like,
'Hello there!(그때 내가 막 '안녕!' 이런 거야)'"

say를 쓰면 당시에 했던 말을 정확히 인용한다는 인상을 주고 like로 시작하
는 문장은 '그런 비슷한 일이 있었다'는 정서를 전달하며 실제로 말했던 내
용보다는 그 말을 듣고 생각했던 바를 묘사하기도 한다.

19 물론 be 동사를 생략하기도 하므로 이럴 때는 'he is like' 대신 그냥 인용문 앞에 'he like'나 'they like'로 쓸 수 있지만 이때는 원래 있는 be 동사를 생략한 것이라서 어차피 마찬가지다.

20 연령에 관한 연구를 포괄적으로 살펴보고자 한다면 알렉산드라 다시의《문맥의 담화-실용적 변형 Discourse-Pragmatic Variation in Context》를 참고하면 좋다.

21 언어학계에서는 이를 빈도 기반 변이 frequency-based variation(어떤 현상이나 패턴이 발생 빈도에 따라 변화하는 것—옮긴이)라고 한다. 범주적 변이 categorial variation와 대조되는 개념이며, 범주적 변이는 말 그대로 특정한 집단 내에서만 범주적으로 발생하는 특징을 말한다.

22 언어에서 드러나는 남성 중심적 편견에 대해 더 깊이 알아보고자 한다면 제니퍼 코츠 Jennifer Coates의 저서《여성, 남성 그리고 언어 Women, Men and Language: A Sociolinguistic Account of Gender Differences in Language》를 읽어보길 권한다(Abingdon-on-Thames, UK: Routledge, 2016).

23 알렉산드라 다시는 2007년《아메리칸 스피치 American Speech》에 게재한 like 와 언어적 이데올로기에 관한 논문에서 인용문의 경우 여성이 남성보다 like 를 더 많이 사용하지만 부사 용법으로 쓸 때는 성별 간 차이가 거의 없다는 사실을 발견했다. 비슷한 맥락으로 제니퍼 데일리오케인 Jennifer Dailey-O'Cain's의 초기 연구에서도 like 사용에 있어 성별 간 차이가 크지 않으며 강조의 역할을 하는 like는 남성이 미세하게 더 많이 쓴다는 주장을 볼 수 있다. J. Dailey-O'Cain, "The Sociolinguistic Distribution of and Attitudes toward Focuser Like and Quotative Like", *Journal of Sociolinguistics* 4, no. 1 (2000): 60-80.

24 덴마크 언어학자 오토 예스페르센 Otto Jespersen은 1922년 언어의 본질과 구조에 관해 한 획을 그었다고 평가되는 저서를 집필했는데 마치 여성이 최소한 언어학적으로 남성과 다른 (열등한) 종이라도 되는 듯, 책의 한 장 전체를 할애해 '여성 The Woman'이라는 제목을 붙였다. 예스페르센은 20세기 초반 여성과 남성이 말하는 방식에 많은 차이가 있다고 지적하며 남성보다 여성의 언어 형태가 발달이 늦고 지적으로 뒤떨어진다는 남성 중심적 노선에 합

류했다.

4. dude

1 비속어와 청소년 하위문화, 미국적 남성성이라는 더 커다란 주제에 대한 다양한 이론과 배경지식을 활용해 이 장을 구성할 수 있었다. 비속어를 대항문화 또는 저항적 언어로 보고 강력한 주장을 펼치는 책을 소개한다. 비 오는 오후에 읽기에도 매우 좋은 책이다. Jonathon Green, *Green's Dictionary of Slang*, (Oxford: Oxford University Press, 2006).
특정 비속어의 역사에 관심이 있다면 이 책도 추천한다. Jonathan Lighter, *Historical Dictionary American Slang*, (New York: Random House, 1994).
남성성과 문화, 언어에 대한 훌륭한 논문 한 편을 소개한다. 나 역시 이 장을 쓰는 데 여러 방면에서 참고했다. Scott Kiesling, "Men, Masculinities, and Language", *Language and Linguistics Compass* 1, no.6 (2007): 653-673.
마지막으로, 청소년 하위문화와 비속어의 관계에 대해 전체적으로 알고 싶은 사람들을 위해 부담 없이 읽을 수 있는 논문 한 편을 소개한다. Teresa Labov's "Social and Language Boundaries among Adolescents", *American Speech* 67, no. 4 (1992): 339-366.

2 다음 책에서 인용했다. A. Metcalf, *From Skedaddle to Selfie: Words of the Generations* (Oxford: Oxford University Press, 2016).

3 "Is 'Dude' Defamatory?", *New York Times*, 1883. 7. 18, timesmachine. nytimes.com/timesmachine/1883/07/28/103440384.html?pageNumber=4.

4 "Is 'Dude' Defamatory?"

5 정치 풍자에서 dude가 쓰인 방식을 알고 싶다면 다음 논문을 참고하면 좋다. Harlen Makemson, "A 'Dude and Pharisee'", *Journalism History* 29, no. 4 (2004): 179-189.

6 19세기 후반 사회적 상황이 변화한 모습에 대해 자세히 알고자 한다면 일레인 쇼월터 Elaine Showalter의 책을 추천한다. Elaine Showalter, *Sexual Anarchy: Gender and Culture at the Fin de Siècle* (New York: Viking, 1990).

7 Robert Knoll, "The Meanings and Suggested Etymologies of 'Dude'",

American Speech 27, no. 1 (1952): 20-22.

8 Richard Hill, "You've Come a Long Way, Dude: A History", *American Speech* 69, no. 3 (1994): 321-327.

9 Hill, "You've Come a Long Way, Dude", 323.

10 L. Alvarez, *The Power of the Zoot: Youth Culture and Resistance During World War* (Berkeley: University of California Press, 2008).

11 Hill, "You've Come a Long Way, Dude", 321-327.

12 Barry Popik and Gerald Cohen, "More Materials for the Study of Dude", *Comments on Etymology* 26, no. 7 (1997). (*Clothier and Furnisher*, 1883 vol. 13, no. 10 인용.)

13 cowabunga는 〈하우디 두디〉 프로그램에서 'kowabonga!'로 처음 등장했다. 점차 인기를 얻어 서퍼들 사이에서뿐만 아니라 베트남전쟁에서 미군들이 사용했다는 주장도 있다.

14 Hill, "You've Come a Long Way, Dude".

15 Scott Kiesling, "Dude", *American Speech* 79, no. 3 (2004): 281-305.

16 벤 램프턴Ben Rampton은 '언어 교차crossing' 또는 인종 표지의 도용 개념에 대해 포괄적으로 연구했다. 영국 영어와 관련해 이 주제에 대해 자세히 알고 싶다면 다음 논문을 참고하면 좋다. Ben Rampton, "Crossing into Class: Language, Ethnicities and Class Sensibility in England", *Language and Identities* (2010), ed. Carmen Llamas and Dominic Watt (Edinburgh: Edinburgh University Press, 2009), 134-143.

17 요즘 런던에서 활발히 사용되는 MLE는 1980년대 코크니 방언의 영향과 다양한 이민자 억양이 섞여 생성되었다. 1인칭 단수 대명사 'I' 대신 'man'을 사용하고 인용할 때 새로운 형태로 "This is me [saying X](X라고 내가 그랬거든)"라고 말하는 특징이 두드러진다.

18 이런 현상은 남성이 주도하는 언어 특정에서 자주 나타나는 양상이지만 크게는 특정 문화에서 남성과 여성 모두가 생각하는 사회적, 생태학적 역할에 달려 있다. 예를 들어 여성이 교육과 고용의 기회를 갖지 못하는 문화권에서는 남성이 공식적 규범에 맞는 언어 변화를 주도하는 경우가 많고 여성은

연대와 결속을 위한 언어 형태를 모색하는 일이 많다.

19 이 부분 역시 키슬링의 논문에서 인용했다. Scott Kiesling, "Dude", *American Speech* 79, no. 3 (2004): 288.

20 소수민족의 방언으로 시작했지만 현대 dude의 삶 역시 계층화되어 있고 인종별로 나뉜다. 중산층 백인 소년들은 (또는 제프 브리지스가 영화 〈위대한 레보스키〉에서 그런 대로 소년이 자라 남성이 되면) 사교 클럽에 다니면서 dude의 삶을 영위할 수 있지만, dude로 살 수 있는 사회적 힘이나 경제적 여유가 없거나 안전한 환경에 놓이지 못한 사람도 많다.

5. ing 대 in'

이 장의 표기법 안내: 실제 발음과 상관없이 일반적인 접미사를 칭할 때는 대문자 ING로 표기한다. 소문자 -ing는 표준 발음이나 21세기에 선호하는 '온전한' 발음을, -in'은 구어체에서 주로 쓰는 마지막 'g'를 뺀 발음을 의미한다.

1 사회언어학에서는 이렇게 **새롭게** 변형된 형태가 기존 형태를 잠식하지 않을 때 '안정적 변형stable variation'이라고 하며 아직 진행 중인 변화와 반대되는 개념이다. 여기서 각 형태는 뉘앙스에 차이가 있거나 상황에 따라 활용이 달라진다.

2 '-ung'는 -ing의 여성형으로 고대 영어에서는 널리 쓰이는 형태였지만 12세기나 13세기에는 모두 남성형 -ing로 대체되었다.

3 고대 영어에 동사의 형태가 존재했는지에 대해서는 이 책에서 인용한 여러 학자들 간에 분분한 논의가 있지만, 20세기 문법학자 조지 컴George Curme의 논문에서 초기 연구를 살펴볼 수 있다. G. Curme, "History of the English Gerund", *Englischen Studien* XLV (1912): 349-380.

4 고대 영어에는 명사와 동사 뒤에 붙는 말이 많았는데 이를 통해 문장에서 단어 간의 관계를 알 수 있었다(예를 들어 3인칭 남성 대명사는 주어일 때는 he, 목적어일 때는 him이 된다). 현대 영어에서는 주어가 제일 앞에 오고 동사 뒤에 목적어가 오는 방식으로 이런 기능을 충족해 어순의 패턴이 일관되기만 하면 누가 무엇을 누구에게 했는지 이해하는 데 문제가 없어 사실 이런 형태

주

론적 굴절형은 필요치 않다.

5 고대 영어에서는 단어 끝의 'e'로 수와 격을 표시했다. 예를 들면 'tale'은 단수 대격(직접 목적어 자리에 들어가는 격―옮긴이)인 반면 'tala'는 복수 대격으로 하나가 아닌 여러 이야기를 의미한다.

6 초기 영어에서 -ing 형태의 명사는 주로 행위를 표현하는 명사였다(한 예로 'plundering[약탈]'을 들 수 있는데 누가 봐도 행위를 표현한다). 고대 영어에서 'hergiung'이라는 단어는 현대 영어에서 'raid(침입하다)'로 번역되곤 한다.

7 고대 영어에서는 일부 동사에만 뒤에 -ing를 붙일 수 있었다가 시간이 지나며 범위가 넓어졌다. 또 후기 기록에서는 같은 발음에 'i' 대신 'y'가 쓰인 것을 볼 수 있다(예: sinnynge).

8 영어 문법에서 진행의 의미를 더하기 위해 접미사 -ing를 사용한 것은 비교적 최근의 일이다. 오늘날 우리가 사용하는 분사 형태 중 일부는 19세기까지도 어딘가 이상하고 저속한 형태로 여겨졌다. 한 예로 수동 진행형을 들 수 있다. 'The house was being built(그 집은 지어지는 중이었다)' 같은 문장은 이전이라면 'The house was building'이라고 썼을 것이다.

9 'He wæs on huntinge'라는 문장은 'he was a-hunting'이라는 예전 표현의 기원이기도 하다. 여기서 접두사 'a'는 'on'이나 'of'의 축약형이다.

10 이런 변화는 영어에 훨씬 일관된 어순을 정립하는 원동력이 되었다. 주어가 제일 앞에 오고 목적어는 마지막에 오며 전치사는 이들 주어와 목적어의 방향을 알려주는 식이다.

11 베티 어윈Betty Irwin은 1967년 박사 학위 논문에서 세기별로 단어의 철자가 변화한 양상을 조사해 고대와 중세 영어 시기 문헌 기록에서 단어의 끝부분이 어떻게 변화했는지 연구했다. B. Irwin, 1967, "The Development of the -ing Ending of the Verbal Noun and the Present Participle from c. 700 to c. 1400."

12 15세기 패스턴 가문에서 주고받은 편지 모음집, 《패스턴가의 편지The Paston Letters》를 보면 여러 자음이 탈락한 예를 찾을 수 있다(예: "Att the makyn of this letter.").

13 ING 접미사의 발달과 사용에 관해 정리한 자료 중 최고라고 할 수 있으

며 이 장을 쓰는 데도 큰 도움이 된 논문이 있다. 출판되지는 않았다. Anne Celeste Houston, 1985, "Continuity and Change in English Morphology: The Variable (ING)."

14 미주 11번 어원의 같은 논문에서 확인할 수 있다. "The Development of the -ing Ending".

15 -in'과 -ing가 동사와 명사를 나타낸다는 개념 역시 앞의 논문에서 찾을 수 있으며 윌리엄 라보브 역시 1989년 논문에서 같은 주장을 펼쳤다. W. Labov, "The Child as Linguistic Historian", *Language Variation and Change* 1, no. 1 (1989): 85-97.
마지막으로 샐리 태글리아몬티 또한 in'과 -ing의 문법적 제약에 관해 동일한 주장을 펼치며 앞의 내용을 뒷받침한다. S. Tagliamonte, 2004, "Somethi[ŋ]'s Goi[n] On! Variable (ING) at Ground Zero."

16 다음 논문에서 ING 사용에 관한 피셔의 초기 연구를 찾아볼 수 있다. 이 문단의 마지막 부분에 소개한 인용구는 이 논문 484쪽에서 발췌했다. J. Fischer, "Social Influences on the Choices of a Linguistic Variant", *Word* 14 (1958).

17 와일드의 《현대 구어체 영어의 역사A History of Modern Colloquial English》에 서 논의한 내용이다. 특히 162~165쪽을 보면 '버니 회고록Verney Memoirs' 을 비롯해 17, 18세기의 서신 기록을 자세히 연구한 부분이 있다.

18 여기 나온 예 역시 와일드의 저서에서 찾아볼 수 있다. Wyld, 1920, *A History of Modern Colloquial English* (London: T. F. Unwin Ltd.), 290.

19 오토 예스페르센은 《역사적 원리에 따른 현대 영문법, 제1권: 소리와 철 자A Modern English Grammar on Historical Principles, Part 1: Sounds and Spellings》 (London & Copenhagen: George Allan & Unwin/Ejnar Munksgaard, 1961)에서 1700년대 후반부터 혼자라 외롭고 까다로운 사람들이 -in'을 불완전한 발 음이라며 무시했다고 전한다. 그러나 예스페르센과 와일드 모두 귀족(예스 페르센은 이들을 '말 좋아하는 부류'라고 일컬었다)의 글에서도 이 형태를 흔히 볼 수 있다고 말했다. 교육 수준이 낮거나 교양 없는 사람들이 사용하는 말이 아니라는 뜻이다.

20　1920년 영국에서 인기를 끈 〈펀치Punch〉 잡지에 실린 편지로, 워커 드롤름Walker Delolme이 썼다. Houston, "Continuity and Change in English Morphology", 338.

21　와일드에 따르면 엘리자베스 여왕이 스코틀랜드 왕 제임스 6세에게 보낸 서신에서 -ing 대신 -en을 쓴 경우('beseeching[간청하는]'을 'besichen'으로 썼다)를 찾을 수 있다.

22　와일드는 《현대 구어체 영어의 역사》 289쪽에서 /n/이 /ŋ/을 대체한다고 언급했다.

23　앞에서 언급한 휴스턴의 논문 제8장에 인용되었다. Houston, "Continuity and Change in English Morphology", 346.

24　태글리아몬티("Somethi[ŋ]'s Goi[n] On!", 2004)와 더불어 오토 예스페르센 역시 -in'의 사회적 특징에 관해 언급했다(1961). 예스페르센은 또한 1926년에 쓴 《영문법에서 논쟁할 점On Some Disputed Points in English Grammar》에서 -ing의 용법이 확장되는 방식을 설명하고 다른 저명한 작가들의 작품에서 어떻게 사용되었는지 연구했다. Otto Jespersen, *A Modern English Grammar on Historical Principles: Part I: Sounds and Spellings* (Abingdon, UK: Routledge, 1961), 356.

25　1998년 〈사회언어학 저널Journal of Socoilinguistics〉에 실린 다음 논문을 참고했다. Kiesling, "Men's Identities and Sociolinguistic Variation: The Case of Fraternity Men", *Journal of Sociolinguistics* 2, no. 1, 69-99.

26　Kiesling, "Men's Identities and Sociolinguistic Variation", 70.

27　사용하는 언어 특징에 따라 권력을 인식하는 방식에 관한 훌륭한 연구가 많다. 소위 말하는 '힘 있는' 언어는 기존 체제나 조직이 정한 바를 따르는 경우가 많다(예를 들어 상사가 부하 직원에게 지시할 때 사용하는 명확하고 직설적인 화법). 부가의문문(예를 들어 Isn't it[그렇지 않나요?]?)이나 애매한 발언(예를 들어 I think[그런 것 같아요], perhaps[아마도])은 '유약한' 특징으로 여겨지는 언어 형태다. 그에 반해 비표준어의 권력은 기존 제도에 바탕을 두지 않는다. 특정 계층이나 사회적 집단 간의 연합에서 기인하거나 비순응적 언어 행동을 나타내는 방식에서 힘을 얻는다.

28 계층과 문체, 언어의 여러 변이(ING에서도 볼 수 있다) 간 관계를 처음으로 자세히 논의한 연구가 있다. William Labov, *The Social Stratification of English in New York City* (Washington, D. C.: Center for Applied Linguistics, 1966). 이 연구 이후 ING 용법에 대한 논의가 있을 때마다 ING와 관련된 사회적 양상 중 계층과 격식 유무가 가장 많이 거론되곤 한다. 그러나 이 장에서도 확인했듯 ING 용법이 변화하는 이유는 이 두 가지 말고도 훨씬 많다.

29 -ing와 사회언어적 연구 방법에 관련해 읽기 좋은 논문을 소개한다. Benji Wald and Timothy Shopen, "A Researcher's Guide to the Sociolinguistic Variable (ING)", *Style and Variables in English*, ed. Timothy Shopen and Joseph M. Williams (Cambridge, MA: Winthrop, 1981), 219–249.

30 실험 참가자들은 화자의 입에서 처음 -in'이 나오자마자 전문성 점수를 낮게 매겼다. 이후에 등장하는 -in'에 대해서는 첫 번째 나온 -in'만큼 가혹하지는 않았다. W. Labov et al., 2006, "Listeners' Sensitivity to the Frequency of Sociolinguistic Variables."

31 언어학자 샬럿 본Charlotte Vaughn과 타일러 켄들Tyler Kendall은 일련의 실험에서 청자가 무의식적으로 얼마나 -in'과 -ing를 구별하는지 알아보았다. 실험 참가자들에게 -ing 대신 -in'을 사용하도록 요청했더니 단모음 /ay/를 추가하거나(예: 'tod(양모를 재는 단위)'를 /tied/로 발음) 모음을 길게 빼 발음했다. 이는 기본적으로 모두 남부 지방 억양의 특징으로 알려져 있다. 더욱 흥미로운 사실은 'ceiling(천장)'이나 'duckling(새끼 오리)' 같은 명사를 /ceilin'/ 또는 /ducklin'/으로 발음해 들려주자 동사에 같은 효과를 주었을 때보다 억양이 강하게 들린다고 보고했다. C. Vaughn and T. Kendall, "Stylistically Coherent Variants: Cognitive Representation of Social Meaning", *Revista de Estudos da Linguagem* 27, no. 4 (2019): 1787–1830.

32 Kathryn Campbell-Kibler, "Accent, (ING), and the Social Logic of Listener Perceptions", *American Speech* 82, no. 1 (2007): 32–64. ING에 대한 사회적 인식을 다룬 캠벨키블러의 학위 논문은 이 분야에서 유명하며 이후에도 사회적 표지로서의 ING에 관한 여러 연구를 발표했다.

33 남부인만 -ing 어미 발음으로 놀림받는 것은 아니다. 캘리포니아주 젊은이

들(더 넓게는 서부인)도 -ing 어미를 /een/이라고 발음한다고 힐난받곤 한다. "I went out bik-een(biking) and then run-een(running)(나가서 자전거도 타고 조깅도 했다)"같이 말하곤 하는데 치경비음으로 발음할 뿐 아니라 모음에 더 강세를 두는데, 사실 이 점이 가장 눈에 띄는 특징이다.

34 애팔래치아 방언에는 여전히 접두사 a가 남아 있다. 지금은 유물이 된 이 오래된 특징 때문에 애팔래치아 방언이 과거에 갇힌 촌스러운 사투리라는 고정관념도 존재한다. 영화와 TV 프로그램에서(예: 〈서바이벌 게임〉, 〈베벌리 힐빌리즈〉) 워낙 남부 방언을 부정적으로 묘사하는 이유도 있지만 접두사 a 역시 여러 모욕적인 평가에 한몫한다. 이는 애팔래치아 지역의 진화와 기원, 상태에 관한 오해에서 비롯된 잘못된 생각이다.

35 애팔래치아에 대해 부정적 인식이 있긴 하지만, 언어학자 커크 헤이즌Kirk Hazen이 2017년 논문 〈애팔래치아 방언에 대한 고정관념과 싸우다Combatting Stereotypes about Appalachian Dialects〉에서 강력하게 주장했듯 애팔래치아 영어는 생각보다 훨씬 풍부하고 현대에 일어나는 언어 변화(예: like의 사용) 역시 적극적으로 수용한다.

6. literally

1 2019년 11월 5일 오전 8시 47분 트럼프의 트위터에 올라온 글이다. @real DonaldTrump.

2 "'Covid Will Not Win': Meet the Force Powering Brooklyn Hospital Center", *New York Times*, September, 11, 2020.

3 Michael Israel, "Literally Speaking", *Journal of Pragmatics* 34, no. 4 (2002): 423-432.

4 《옥스퍼드 영어 사전》 223쪽에 인용되었다. 셰익스피어, 《헛소동》, 2막 3장.

5 "Why This East Village Bar Has a Ban on the Word 'Literally'", All Things Considered, NPR, January 26, 2018.

6 Jessie Sheidlower, "The Word We Love to Hate. Literally", *Slate*, November 1, 2005.

7 영국과 캐나다, 그리고 미국 영어에서 사용하는 다양한 강화어에 대한 최근 연구 중 상당수는 토론토대학교 샐리 태글리아몬티와 연구진의 업적이다. 이 장을 쓰면서도 많은 아이디어를 얻었다(앞에 나온 like에 관해서도 마찬가지다). 이에 더해 아나 스텐스트롬Anna Stenström의 연구 또한 강화어의 바다에 빠져 허우적댈 때 '그야말로' 큰 도움이 되었다.

8 중세 영어 시기 강화어에 대한 정보를 찾을 수 있는 책을 소개한다(고대 영어 시기부터 알 수 있다). 구문론의 이모저모에 익숙하지 않은 사람에게는 다소 무미건조할 수 있긴 하다. Tauno Mustanoja's *A Middle English Syntax* (Helsinki: Société néophilologique, 1960).

9 혹시 궁금할까 봐 말하자면 발음은 /swee-the/다.

10 《옥스퍼드 영어 사전》에 인용되었다. *The Bickling Homilies* 27, circa 971.

11 중세 영어에서는 보통 'ful'로 표기했다.

12 James Stratton, "A Diachronic Analysis of the Adjective Intensifier Well from Early Modern English to Present Day English", *Canadian Journal of Linguistics/Revue Canadienne de linguistique* 65, no.2 (2020): 216-245.

13 셰익스피어의 소네트 144에 나오는 구절로 다음 글에 인용한 것을 발췌했다. Jenny Cheshire, "Really, Very/Dead/So Interesting? How to Intensify in Tyneside", Linguistics Research Digest, linguistics-research-digest.blogspot.com/2011/11/reallyverydeadso-interesting-how-to.html.

14 Cornelis Stoffel, *Intensives and Down-toners* (Heidelberg: Carl Winter's Universitätsbunchhandlung, 1901).

15 15세기에는 good(좋은)이나 happy(행복한) 같은 규칙 형용사를 강조할 때 well을 쓰면 시대에 뒤처진 느낌이었고, 강화어 well은 동사에서 파생된 형용사(예: educated[교육받은], experienced[경험이 있는]), 또는 몇몇 특정 형용사(예: well aware[잘 알고 있는], well able[잘할 수 있는]) 앞에만 사용했다. 그러나 현대 영국 영어 구어체에서 원래 용법이 광범위하게 되살아나고 있다. 예를 들면 "She's well happy(그녀는 매우 행복하다)"라고 말하는 식이다.

16 Tyndale Bible, Mark xi. f. lxij. 인용: Tauno Mustanoja, *A Middle English Syntax* (Helsinki: Société Néophilologique, 1960).

17 초서의 《선녀 열전 Legend of Good Women》에서 발췌. 인용: 온라인 《옥스퍼드 영어 사전》 "very, adj., adv., and n.1".

18 예를 들면 디킨스의 첫 번째 소설에는 'very foolish-very'라는 구절이 나온다. Charles Dickens, 1836, *Pickwick Papers*. 인용: 온라인 《옥스퍼드 영어 사전》 "very, adj., adv., and n.1".

19 《옥스퍼드 영어 사전》에 인용. Daniel Defoe's *A Journal of the Plague Year* (1896), 46.

20 *New York Sun*, February, 12, 1916. 인용: merriam-webster.com/words-at-play/the-problems-with-very. 2020년 9월 20일 접속.

21 Rob Asghar, "9 Words You're Literally Beating to Death", *Forbes*, November 6, 2013, forbes.com/sites/robasghar/2013/11/06/9-words-youre-literally-beating-to-death/#3b903edb18ef.

22 "'V' Is for Very", *Atlantic*, January, 14, 2015, theatlantic.com/technology/archive/2015/01/v-ver/384366. 2020년 9월 20일 접속.

23 Sali A. Tagliamonte, "So Who? Like How? Just What? Discourse Markers in the Conversations of Young Canadians", *Journal of Pragmatics* 37, no. 11 (2005): 1896-1915.

24 영국 영어에 강화어가 등장한 상황에 대해 더 알고 싶다면 제임스 스트래턴의 짤막한 논문을 추천한다. 최근에 떠오르는 강화어 'proper'에 대한 글로 재미있게 읽을 수 있다. James Stratton, "'That's Proper Cool': The Emerging Intensifier Proper in British English", *English Today* 37, no. 4 (2005): 1-8.

25 A. B. Stenström, G. Andersen, and I. K. Hasund, *Trends in Teenage Talk: Corpus Compilation, Analysis and Findings*, vol. 8 (Amsterdam: John Benjamins Publishing, 2002).

26 really는 강화어계의 최신 유행어로 어디에서나 부상 중이다. 호주와 뉴질랜드 영어에 관한 연구에서도 really가 강화어로는 단연 1위를 달린다. 반면 very의 사용은 어디서나 감소하는 추세다. 이런 현상을 주도하는 건 누구일까? 맞다, 역시 젊은 여성이다.

우리가 이렇게 말하는 데는 다 이유가 있어

27 Ronald Macaulay, "Adverbs and Social Class Revisited", University of Pennsylvania, *Penn Working Papers in Linguistics* 8, no. 11 (2002).

28 S. Tagliamonte and C. Roberts, "So Weird; So Cool; So Innovative: The Use of Intensifiers in the Television Series Friends", *American Speech* 80, no. 3 (2005): 280–300.

29 Stoffel, *Intensives and Downtoners*.

30 Tagliamonte, "So Who? Like How? Just What?"

31 강화어 세계에서 pretty가 어떻게 세력을 확장했는지 알고 싶다면 태글리아몬티의 논문을 참고하면 좋다. Sali Tagliamonte, "So Different and Pretty Cool! Recycling Intensifiers in Toronto, Canada", *English Language and Linguistics* 12, no. 2 (2008): 361–394.

32 S. Reichelt and M. Durham, "Adjective Intensification as a Means of Characterization: Portraying In-Group Membership and Britishness in Buffy the Vampire Slayer", *Journal of English Linguistics* 45, no. 1 (2016): 60–87.

33 영국에서는 quite를 미국과 다른 상황에서 쓸 때가 많다. 미국에서는 강조하는 의미로만 quite를 사용한다. 영국에서도 같은 방식으로 쓸 때가 있지만 (예: quite brilliant[매우 훌륭한]), 영국에서는 '다소', '어느 정도로' 등의 의미로 문장을 약화하는 완화 부사로 사용하기도 한다. 예를 들면 'The book was quite good, but it was a bit slow at times(그 책은 꽤 괜찮긴 했지만 전개가 조금 느린 편이었다)'같이 쓸 수 있다.

34 James Stratton, "The Use of the Adjective Intensifier 'Well' in British English: A Case Study of the Inbetweeners", *English Studies* 99, no. 8 (2018): 793–816.

35 사회계층에 따라 강화어를 어떻게 사용하는지에 대해 논의한 책을 소개한다. Anna-Brita Stenström, Gisle Andersen, and Ingrid Kristine Hasund, *Trends in Teenage Talk: Corpus Compilation, Analysis, and Findings* (Amsterdam: John Benjamins Publishing, 2002).

36 인용: Otto Jespersen, *Language, Its Nature, Development and Origin* (New York:

Henry Holt, 1922).

37 Stoffel, *Intensives and Downtoners*.

38 Jespersen, *Language, Its Nature, Development and Origin*.

39 체스터필드 경이 1741년 아들에게 쓴 편지 내용 중 일부로, 제니퍼 코츠Jeniffer Coates의 《여성과 남성, 그리고 언어 Women, Men and Language》에 인용되었다. Abingdon-on-Thames, UK: Routledge, 2016, 16.

40 일찍이 코르넬리스 스토펠, 체스터필드 경, 오토 예스페르센 등은 강화어를 사용해 과장을 표현하는 현상에 주목했다. 그러나 강화어가 강조하는 기능을 하는 방식과 이유에 대해 좀 더 과학적이고 중립적으로 논의한 것은 최근 들어서다. M. McCarthy and R. Carter, "'There's Millions of Them': Hyperbole in Everyday Conversation", *Journal of Pragmatics* 36, no. 2 (2004): 149–184.

41 L. A. Hosman and S. A. Siltanen, "The Attributional and Evaluative Consequences of Powerful and Powerless Speech Styles: An Examination of the 'Control over Others' and 'Control of Self' Explanations'", *Language and Communication* 14, no. 3 (1994): 287–298.

42 L. A. Hosman, "The Evaluative Consequences of Hedges, Hesitations, and Intensifiers: Powerful and Powerless Speech Styles", *Human Communication Research* 15, no. 3 (1989): 383–406.

7. 완벽한 목소리

1 인용: N. B. Abdelli-Beruh, L. Wolk, and D. Slavin, "Prevalence of Vocal Fry in Young Adult Male American English Speakers", *Journal of Voice* 28, no. 2 (2014): 185.

2 초기 영국 발음에 대한 여러 음운론적 연구(존 웰스John Wells[1982]와 존 레이버John Laver[1980], 캐럴라인 헨턴Caroline Henton, 앤서니 블레이던Anthony Bladon [1988] 등)를 살펴보면 보컬 프라이는 남성의 언어에서 현저히 많이 발견되며 특정 방언과의 연관성이 높다고 한다. 또 현대에 보컬 프라이를 싫어하는 이들은 이 습관 때문에 경력이 단절될 거라 헐뜯곤 하지만 스코틀랜

드의 이슬링Esling(1978)이나 호주의 피탐Pittam(1987)은 사회계층이 높을 수록 보컬 프라이를 많이 쓴다고 주장했다. J. H. Esling, "Voice Quality in Edinburgh: A Sociolinguistic and Phonetic Study"(에든버러대학교 박사 학위 논문), J. Pittam, "Listeners' Evaluation of Voice Quality in Australian English Speakers", *Language and Speech* 30: 99-113.

3 미국 경제 매체 〈패스트 컴퍼니Fast Company〉 기사에서 인용했다. 이 글의 필자는 지원자가 보컬 프라이를 사용하는 순간 아무리 그 일에 적임자라고 해도 고용할 수 없다고 덧붙였다. 여성 지원자가 그렇다는 언급도 당연히 잊지 않았다.

4 Mary Beard, "The Public Voice of Women", *Women's History Review* 24, no. 5 (2015): 809-818.

5 아리스토텔레스의《정치학Politics》1.5.9에 나오는 구절로 다음 논문에 인용 되었다. Michèle Lardy's "From Silence to 'Civil Converse': Of the Attempts to Control Seventeenth-Century Women's 'Ripe Wit and Ready Tongues'", *Revue de la Société d'Études Anglo-Américaines des XVI | et XVIIle Siècles* 73 (2016).

6 여성의 경우를 포함해 표현의 자유 역사에 관한 전반적인 논의를 보여주는 흥미로운 책이 있다. Douglas M. Fraleigh and Joseph S. Tuman, *Freedom of Expression in the Marketplace of Ideas* (Newbury Park, CA: Sage Publications, 2011). 계층 사회 내에서도 특히 여성의 목소리에 대해 알고 싶다면 영국 박물관 블로그에 고대 여성의 발언에 대한 짧지만 훌륭한 글이 있다. Mary Beard, blog.britishmuseum.org/did-women in-greece-and-rome-speak.

7 혀의 죄에 대해, 그리고 당시 '사회 질서를 어지럽히는' 여성을 침묵시키는 데 이런 죄목이 어떤 방식으로 이용되었는지 자세히 알고 싶다면 다음 책 을 소개한다. Sandra Bardsley, *Venomous Tongues: Speech and Gender in Late Medieval England* (Philadelphia: University of Pennsylvania Press, 2006).

8 Michèle Lardy, "From Silence to 'Civil Converse'", 105-122.

9 레이철 코트Rachel Cote의《너무 과하다Too Much》에서 인용했다. 코트는 이 책에서 빅토리아 시대 관념이 여전히 현대 여성의 행동을 판단하는 잣대로 쓰인다고 주장한다.

10 C. Pemberton, P. McCormack, and A. Russell, "Have Women's Voices Lowered Across Time? A Cross Sectional Study of Australian Women's Voices", *Journal of Voice* 12, no. 2 (1998): 208–213.

11 보컬 프라이는 영어에만 있는 특징이 아니다. 영어 외에도 사회언어적 이유로 갈라지는 듯한 발성을 쓰는 언어(예: 핀란드어, 스웨덴어, 세르보크로아티아어, 베트남 하노이 지방 방언)가 많다. 첼탈족Tzeltal과 자포텍족Zapotec, 살리시족Salish 등의 원주민 부족 언어에서는 보컬 프라이 유무에 따라 단어의 뜻이 달라지기도 하고 이 발성으로 소리를 구분하기도 한다.

12 초창기 방송계에서 여성의 목소리에 대한 부정적 인식이 만연했다는 자료를 쉽게 찾아볼 수 있다(예를 들어 〈라디오방송Radio Broadcast〉 잡지에 실린 '여성의 목소리는 라디오에 부적합한가Are Women Undesirable — Over the Radio'라는 기사에서는 1924년에 이 주제를 다루었다). 당시에는 여성의 목소리가 너무 높고 날카롭기 때문에 방송에 적합하지 않다고 주장했다. 그런데 역설적이게도 요즘에는 보컬 프라이의 목소리 톤이 너무 낮다고 부정적인 평가를 받는다.

13 L. Dilley, S. Shattuck-Hufnagel, and M. Ostendorf, "Glottalization of Word-Initial Vowels as a Function of Prosodic Structure", *Journal of Phonetics* 24, no. 4 (1996): 423–444.

14 L. Redi and S. Shattuck-Hufnagel, "Variations in the Realization of Glottalization in Normal Speakers", *Journal of Phonetics* 29 (2001): 407–429.

15 2015년 1월 23일에 방송된 'Free Fries' 에피소드다.

16 캐럴라인 헨턴과 앤서니 블레이던은 1988년 연구('Creak as a Sociophonetic Marker')에서 남성성의 표현과 보컬 프라이 사이 연관성을 살펴보았다. 이연구에 따르면 영국 영어의 경우 남성이 여성보다 보컬 프라이를 3~10배 더 사용한다. *Language, Speech and Mind: Studies in Honour of Victoria A. Fromkin*, ed. L. M. Hyman and C. N. Li (London: Routledge, 1988), 3–29.

17 I. P. Yuasa, "Creaky Voice: A New Feminine Voice Quality for Young Urban-Oriented Upwardly Mobile American Women?", *American Speech* 85, no. 3 (2010): 315–337.

18　일반적으로 보컬 프라이가 백인 여성의 언어 특징이라고 생각하지만(티아나 슬로브Tyanna Slobe가 〈언어와 사회Language in Society 47 [2018]〉에 발표한 연구 참고) 언어학자 롭 파데스바는 아프리카계 미국인 역시 보컬 프라이를 사용하며 여성이 남성보다 보컬 프라이를 자주 사용한다고 주장한다. 이는 보컬 프라이가 인종적 경계를 넘어 사회·문화적으로 매력적인 특징으로 여겨진다는 점을 시사한다.

19　R. Podesva, "Gender and the Social Meaning of Non-Modal Phonation Types" (2013), in eds. C. Cathcart, I. H. Chen, G. Finley, S. Kang, C. Sandy, and E. Stickles, *Proceedings of the 37th Annual Meeting of the Berkeley Linguistics Society*, Berkeley, CA: Berkeley Linguistics Society.

20　2015년 스코틀랜드 글래스고에서 열린 18회 국제 음성과학학회에서 섀넌 멜빈Shannon Melvin과 신시아 클로퍼Cynthia Clopper가 발표했다.

21　Sarah T. Irons and Jessica Alexander, "Vocal Fry in Realistic Speech: Acoustic Characteristics and Perceptions of Vocal Fry in Spontaneously Produced and Read Speech", *Journal of the Acoustical Society of America* 140, no. 4 (2016): 3397.

22　커뮤니케이션 과학 연구자 나시마 B. 아브델리버루Nassima B. Abdelli-Beruh와 레슬리 올크Lesley Wolk, 다이애나 슬러빈Dianne Slavin은 남성이나 여대생 집단보다 여대생이 아닌 여성이 보컬 프라이를 더 낸다는 것을 발견했다. 그로부터 오래 지나지 않아 아브델리버루는 2016년《음성 저널The Journal of Voice》에 자동 감지 알고리즘을 활용한 연구를 발표했는데 이 연구에서는 성별 차이를 발견하지 못했다.

23　최근 스마트폰이 널리 보급되고 접근성이 높아지면서 이용한 언어분석이 가능해졌다. 이런 데이터 수집뿐 아니라 말할 때 음성에 변화가 생기는 것을 측정해 코로나19 감염 가능성을 진단할 수 있고 우울증이나 파킨슨병 등 여러 질병의 진행 상황을 관찰할 수도 있다.

24　B. Gittelson, A. Leemann, and F. Tomaschek, "Using Crowd-Sourced Speech Data to Study Socially Constrained Variation in Nonmodal Phonation", *Frontiers Artificial Intelligence* (2021): 565-682.

25 배리 페녹스펙Barry Pennock-Speck은 영국인과 미국인 역할을 맡은 여배우(귀네스 펠트로, 리스 위더스푼, 러네이 젤위거)의 목소리 샘플을 비교해 이들이 미국인 역할을 맡았을 때 보컬 프라이가 더 두드러진다는 점을 발견했다. 이 연구의 요약본을 다음에서 찾아볼 수 있다. "The Changing Voice of Women", *Actas XXVIII Congreso Internacional AEDEAN* (2005), 407-415.

26 Gisele Oliveira, Ashira Davidson, Rachelle Holczer, Sara Kaplan, and Adina Paretzky, "A Comparison of the Use of Glottal Fry in the Spontaneous Speech of Young and Middle-Aged American Women", *Journal of Voice* 30, no. 6 (2016): 684-687.

27 자기 전에 읽기 좋은 보컬 프라이에 관한 문헌 연구를 한 편 소개한다. K. Dallaston and G. Docherty, "The Quantitative Prevalence of Creaky Voice (Vocal Fry) in Varieties of English: A Systematic Review of the Literature", *PloS One* 15, no. 3 (2020): e0229960.

28 실제로 평소 목소리와 보컬 프라이 발성의 음조 차이를 조사한 실험이 있다. 새넌 멜빌과 신시아 클로퍼의 2015년 연구에 따르면 남성 실험 참가자에 비해 여성 참가자의 음조 차이가 현저히 컸다.

29 "Gender Variation in Creaky Voice and Fundamental Frequency", in eds. Maria Wolters, Judy Livingstone, Bernie Beattie, Rachel Smith, Mike MacMahon, Jane Stuart-Smith, and James M. Scobbie, *Proceedings of the 18th International Congress of Phonetic Sciences, ICPhS*, Glasgow, UK, 2015. 8. 10-14, University of Glasgow.

30 John Laver, *The Phonetic Description of Voice Quality* (Cambridge: Cambridge University Press, 1980).

31 언어병리학자 클레어 리곤Clare Ligon과 연구 팀은 대학 졸업생들에게 여러 종류의 목소리를 들려주고 떠오르는 형용사를 나열하도록 했다. 보컬 프라이를 듣고는 '여유 있는', '편안한' 등과 함께 '지루한', '허영심 있는', '거리를 두는' 등의 형용사가 함께 언급되었다. '유행을 앞서가는', '전문적인' 등의 단어를 말한 참가자도 있었다.

32 음성학자 C. 고블C. Gobl과 A. 니 차사이드A. Ni Chasaide의 연구에서 실험

참가자들은 '느긋하게 갈라지는' 목소리를 '편안하다', '친밀하다', '만족스럽다' 등의 단어로 묘사했다. 사회적으로 보컬 프라이가 상대적으로 긍정적으로 여겨진다는 점을 시사한다. 또 이 연구에서는 다양한 유형의 보컬 프라이가 존재하며 보컬 프라이라고 모두 '지루한' 분위기를 풍기지는 않는다고 주장한다. C. Gobl and A. Ni Chasaide, The Role of Voice Quality in Communicating Emotion, Mood, and Attitude", *Speech Communication* 40 no. 1-2 (2003): 189-212.

33 C. Ligon, C. Rountrey, N. V. Rank, M. Hull, and A. Khidr, "Perceived Desirability of Vocal Fry among Female Speech Communication Disorders Graduate Students", *Journal of Voice* 33, no. 5 (2019): 805.e21-e35.

34 이렇게 갈라지는 'yeah'에 대한 자료를 찾기는 쉽지 않지만 다음 논문에서 다룬 적이 있다. Tamara Grivičić and Chad Nilep, "When Phonation Matters: The Use and Function of Yeah and Creaky Voice", *Colorado Research in Linguistics* 17.

35 R. C. Anderson, C. A. Klofstad, W. J. Mayew, and M. Venkatachalam, "Vocal Fry May Undermine the Success of Young Women in the Labor Market", *PloS One* 9, no.5 (2014): 1-8.

36 말하는 사람을 평가하는 기준은 이렇게 일차원적이지 않다. 또 다른 연구에 따르면 보컬 프라이 자체로 여성 화자가 불리한 인상을 주지는 않는다. 목소리 톤과 말하는 속도 역시 중요한 평가 요소로 꼽힌다. 예를 들어 목소리가 낮고 천천히 말할 경우에는 보컬 프라이로 지적이라는 인상을 주고 연대감 지수가 올라가는 것으로 나타난다.

37 M. A. Parker and S. A. Borrie, "Judgments of Intelligence and Likability of Young Adult Female Speakers of American English: The Influence of Vocal Fry and the Surrounding Acoustic-Prosodic Context", *Journal of Voice* 32, no. 5 (2018): 538-545.

38 제임스 본드와 BMW, 인공 목소리, 그리고 성별에 따른 고정관념에 관해 더 알고 싶다면 bbc.com에서 '당신의 음성 비서가 성차별주의자일지도 모르는 이유Why Your Voice Assistant Might Be Sexist'라는 기사를 읽어보길 추천

한다. bbc.com/future/article/20220614-why-your-voice-assistant-might-be-sexist

39 P. McAleer, A. Todorov, and P. Belin, "How Do You Say 'Hello'? Personality Impressions from Brief Novel Voices", *PloS One* 9 (2014): e90779.

40 음조를 조정하면 말하는 사람의 특징이나 성격을 다르게 인식한다는 연구는 쉽게 찾아볼 수 있다. 다음 연구에서는 목소리 음조에 따라 주도성이나 신체적 매력의 정도를 다르게 인식한다는 사실에 초점을 맞췄다.

D. R. Feinberg, B. C. Jones, A. C. Little, D. M. Burt, and D. L. Perrett, "Manipulations of Fundamental and Formant Frequencies Influence the Attractiveness of Human Male Voices", *Animal Behavior* 69, no. 3 (2005): 561-568.

또 신뢰도나 다정함, 리더십 등에 음조가 미치는 영향을 연구한 논문도 찾아볼 수 있다. 다음 두 자료를 참고하길 바란다.

Casey Klofstad, Rindy Anderson, and Susan Peters, "Sounds Like a Winner: Voice Pitch Influences Perception of Leadership Capacity in Both Men and Women", *Proceedings of the Royal Society B.* 279, no. 1738: 2698-2704.

M. S. Tsantani, P. Belin, H. M. Paterson, and P. McAleer, "Low Vocal Pitch Preference Drives First Impressions Irrespective of Context in Male Voices but Not in Female Voices", *Perception* 45, no. 8 (2016): 946-963.

41 그러나 여성의 경우 남성보다 지수가 일관되지 않다. 예를 들어 스코틀랜드에서는 목소리 톤이 높은 여성을 더 주도적으로 여긴다는 결과가 나오기도 했다. McAleer et al. (2014)

42 P. McAleer, A. Todorov, and P. Belin, "How Do You Say 'Hello'? Personality Impressions from Brief Novel Voices", *PLoS One* 9, no. 3 (2014): e90779.

43 데이비드 푸츠David Puts와 연구진이 2007년 발표한 매우 긴 제목의 연구가 있다. 신체적, 사회적 우세함과 음조의 관련성을 연구한 대표적인 예로 자주 인용되곤 한다.

D. Puts, "Men's Voices as Dominance Signals: Vocal Fundamental and Formant Frequencies Influence Dominance Attributions among Men",

Evolution and Human Behavior 28, no. 5 (2007): 340-344.

또한 이런 관점은 언어학에서 음운학자 존 오할라John Ohala의 '주파수 부호 frequency code' 개념과도 일맥상통한다. 자세한 내용은 다음 논문에서 찾아볼 수 있다.

J. Ohala, "An Ethological Perspective on Common Cross-Language Utilization of F0 of Voice", *Phonetica* 41, no. 1(1984): 1-16.

44 목소리의 진화 이론에 대해 더 알아보고자 한다면 다음 논문을 추천한 다. 이 연구에서는 인간이 다른 영장류보다 남성과 여성 간 음조 차이가 월등하게 크다는 사실을 발견했다. David Puts et al., "Sexual Selection on Male Vocal Fundamental Frequency in Humans and Other Anthropoids", *Proceedings of the Royal Society B*. 283, no. 1829 (2016): 2830.

45 그러나 이 부분은 문화적 영향이 작용하는 것으로 보인다. 즉 말하는 사람 의 목소리를 듣고 지배성과 매력을 판단하는 것은 사실이지만 그렇다고 모 든 문화에서 동일한 결과가 나타나지는 않는다. 이를 통해 목소리 특징이 특정 사회·문화적 규범의 영향을 크게 받는다는 사실을 알 수 있다.

46 J. T. Cheng, J. L. Tracy, S. Ho, and J. Henrich, "Listen, Follow Me: Dynamic Vocal Signals of Dominance Predict Emergent Social Rank in Humans", *Journal of Experimental Psychology* 145, no. 5 (2016): 536-547.

47 P. Sorokowski, D. Puts, J. Johnson, et al., "Voice of Authority: Professionals Lower Their Vocal Frequencies When Giving Expert Advice", *Journal of Nonverbal Behavior* 43, no. 2 (2019): 257-269.

48 목소리의 매력에 대해 연구한 논문을 몇 편 소개한다.

D. E. Re, J. J. M. O'Connor, P. J. Bennett, and D. R. Feinberg, "Preferences for Very Low and Very High Voice Pitch in Humans", *PLoS One* 7, no. 3 (2012): e32719.

M. Babel, G. McGuire, and J. King, "Towards a More Nuanced View of Vocal Attractiveness", *PLoS One* 9, no. 2 (2014): e88616.

49 C. C. Tigue, D. J. Borak, J. J. O'Connor, C. Schandl, and D. R. Feinberg, "Voice Pitch Influences Voting Behavior", *Evolution and Human Behavior* 33,

no. 3 (2012): 210-216.

50 다음 논문을 참조할 수 있다. B. Banai, L. Laustsen, I. P. Banai, and K. Bovan, "Presidential, but Not Prime Minister, Candidates with Lower-Pitched Voices Stand a Better Chance of Winning the Election in Conservative Countries", *Evolutionary Psychology* 16, no. 2 (2018).

51 윌리엄 J. 메이유 William J. Mayew와 크리스토퍼 A. 파슨스 Christopher A. Parsons, 모한 벤카타찰람 Mohan Venkatachalam이 약 800명의 CEO를 조사한 결과, 목소리 음조가 22헤르츠 낮아질 때마다 '기업의 매출액 규모가 4억 4,000만 달러(약 6,100억 원─옮긴이)씩 커지며 그에 따라 연봉도 18만 7,000 달러(약 2억 6,000만 원─옮긴이)씩 증가한다'. 이만하면 목소리를 조금 낮추기에 충분한 금액이다.

Voice Pitch and the Labor Market Success of Male Chief Executive Officers, Evolution and Human Behaviour 34 (2013)

52 W. J. Mayew, C. A. Parsons, and M. Venkatachalam, "Voice Pitch and the Labor Market Success of Male Chief Executive Officers", *Evolution and Human Behavior* 34, no. 4 (2013): 243-248.

53 여성은 남성과 달리 신체적으로 강해 보여야 한다는 압박이 없어 원래 목소리를 자유롭게 쓸 수 있다. 그러다 보니 다양한 목소리 톤을 내게 되었고 이 때문에 여성이 감정적이라는 고정관념이 양산되었을 가능성이 높다. 여성의 목소리 음조가 다양한 것은 단지 여성이 신경질적이어서가 아니다. 남성은 역사적으로(그리고 최근까지도) 단조로운 저음을 내야 한다는 사회적 압박이 있었지만, 여성은 그에 대한 부담이 덜하기 때문이다. 또 음향 범주에서 높은 음역대를 사용하면(여성의 음역대인 경우가 많다) 음파가 더 촘촘하게 배열되기 때문에 저음으로 말하는 사람과 똑같이 잘 들리게 하려면 주파수 변화의 폭을 넓힐 수밖에 없다.

8. 대명사 선택

1 젠 돌 Jen Dolu은 2013년에 이 사실을 썼지만 이후 트위터에 단수형 they의 문법적 측면에 대한 생각을 바꿨다고 글을 올렸다. 다른 사람들의 말을 들

고 단수형 they에 대한 관점을 확장했다고 한다.

2 물론 성별을 이분법적으로 나누지 않는 단수형 they를 사용한다고 해서 실제로 사회적 정체성을 인정받는지에 관한 문제는 아예 다른 논쟁거리다. 여기서는 언어적, 문법적 측면에서만 이 주제에 접근하려 한다. 언어는 사용자의 필요를 수용하며 발전한다는 것이 이 책의 기본 관점이며 이런 언어의 혁신적 특성을 통해 성별의 다양성을 나타낼 수 있다면 이는 분명 강점이라고 할 수 있다.

3 《옥스퍼드 영어 사전》은 이 용법의 첫 용례를 2009년 @thebutchcaucus의 트위터 게시물 '그렇다면 'they'는 어떨까What about they/them/theirs?'로 든다. 물론 그 전부터 트랜스젠더나 성별을 둘로만 나누지 않는 사람들의 커뮤니티에서는 사용해왔던 말이다. 그래도 이 용법에 익숙해지려면 앞으로도 최대 수십 년 정도 걸릴지도 모른다.

4 단수형 대명사 they가 어떻게 활용·인식되는지에 대해 다음 논문에서 자세히 분석했다. Kirby Conrad, "Pronouns Raising and Emerging"(워싱턴대학교 학위 논문, 2019).

5 작가이자 사회 활동가 레슬리 파인버그Leslie Feinberg의 《트랜스젠더 해방Transgender Liberation》은 젠더퀴어('그'와 '그녀'로 이분된 사회적 개념으로 구분되기를 거부하는 '젠더 무법자'를 지칭한다) 정체성에 관해 영향력 있는 초기 논의다. 파인버그는 이 글에서 다양한 유형의 성별을 인정할 것을 촉구한다.

6 기록 보존 전문가 찰리 맥냅Charlie McNabb은 역사적으로 성 정체성을 이분법적으로 나누지 않은 예와 더불어 논바이너리 성 정체성과 관련한 용어 및 문화에 대해 논한다. Charlie McNabb, *Nonbinary Gender Identities: History, Culture, Resources* (Lanham, MD: Rowman and Littlefield, 2018).

7 성공회 주교였던 로버트 로스는 규범문법의 시조라고 불린다. 로스는 《영어에 대한 간략한 소개Short Introduction of the English Language》라는 유명한 문법서를 저술했는데, 사회역사언어학자 잉그리트 티컨본 판 오스타터Ingrid Tieken-Boon van Ostade에 따르면 로스는 영문법의 규범을 세우기 위해 이 책을 쓴 것이 아니라 그저 라틴어를 공부하는 아들에게 영어의 규칙을 명확히 알려주고자 했을 뿐이라고 한다. 할 수만 있다면 누구나 자식에게 도움

을 주고 싶어 하지 않는가? 물론 《빨간 잠옷의 라마Llama Red Pajama》(아이용 동화—옮긴이)를 두 번 연속으로 읽고 나면 지쳐 떨어지는 우리 같은 보통 부모에게 자식을 위해 한 언어의 문법을 정리하고 집대성하는 일은 조금 부담되긴 한다.

8 규범문법주의와 대명사에 대해 논하는 문헌 자료가 많지만 그중 앤 보딘의 연구를 살펴보길 바란다. Ann Bodine, "Androcentrism in Prescriptive Grammar: Singular 'They', Sex-Indefinite 'He', and 'He or She'", *The Feminist Critique of Language*, ed. D. Cameron (London: Routledge, 1990), 166-186.
조금 더 최근 자료로는 배런의 저서를 추천한다. D. E. Baron, *What's Your Pronoun? Beyond He and She* (New York: W. W. Norton, 2020).

9 역사적으로 단수형 대명사 they가 발달하게 된 내부적 요인에 관한(사회적 쟁점은 제외한다) 유익한 논의가 있다. 마크 볼혼Mark Balhorn은 중세 영어 문헌에 사용한 단수형 대명사 they의 유형과 쓰임에 대해서도 이야기한다. Mark Balhorn, "The Rise of Epicene They", *Journal of English Linguistics* 32, no. 2 (2004): 79-104.

10 또 여기서 his를 사용할 경우 의미론적으로 범위가 모호해진다. 이 문장은 모든 사람이 자신의 어머니를 사랑한다고 읽을 수도 있지만 모든 사람이 특정한 남자의 어머니를 사랑한다는 의미로 해석할 수도 있다.

11 언어적 '순수성'에 대한 개념과 그에 따른 결과를 알고자 한다면 다음을 참고하길 바란다. N. Langer and A. Nesse's 2012 chapter "Linguistic Purism", *The Handbook of Historical Sociolinguistics*, eds. J. M. Hernández-Campoy and J. C. Conde-Sylvestre (Malden, MA: Blackwell, 2012), 607.

12 S. Zuber and A. Reed, "The Politics of Grammar Handbooks: Generic He and Singular They", *College English* 55, no. 5 (1993): 515-530.

13 배런의 저서 《어떤 대명사를 쓰는가What's Your Pronoun?》는 영어의 3인칭 대명사에 관한 정치적 쟁점과 관련 법안, 역사에 대해 서술한 중요한 책이며 읽기에도 어렵지 않다. 대명사의 역사에 관한 배런의 초기 논문과 더불어 이 장을 쓰는 데 큰 도움이 되었다.

14 이 법의 정식 이름은 꽤 재미있는 데다 말할 때 무척 숨이 찬다. '의회법에 서 사용하는 언어를 단축하기 위한 법률An Act for Shortening the Language Used in Acts of Parliament'이라고 한다.

15 D. Baron, "The Epicene Pronoun: The Word That Failed", *American Speech* 56, no. 2 (1981): 83-97.

16 "Pronoun Envy", *The Crimson*, November, 16, 1971, thecrimson.com/article/1971/11/16/pronoun-envy-pto-the-editors-of.

17 여성과 정치, 대명사에 관심이 있다면 앞에 언급한 배런의 저서의 'He의 정치학The Politics of He' 장을 읽어보길 바란다. "The Politics of He", *Whats Your Pronoun?*.

18 언어학자 벤 짐머Ben Zimmer가 〈월스트리트 저널〉에 정치적 불가시성 문제에 대해 훌륭한 글을 기고했다. Ben Zimmer, "Dealing with Gender in the Pronouns of Law and Public Life", July, 31, 2020.

19 Anne Curzan, *Gender Shifts in the History of English* (Cambridge: Cambridge University Press, 2003).

20 대명사에도 격이 있어 다양한 형태로 변형되었지만 he, heo, hi/hie는 모두 주격 대명사의 형태다.

21 Edwin Guest, "On English Pronouns Personal", *Proceedings of the Philological Society* 1 (1844): 277-292.

22 예를 더 보려면 참고하길 바란다. John Algeo and Thomas Pyle, *The Origins and Development of the English Language* (San Diego: Harcourt Brace Jovanovich, 1993).

23 현대적 she가 생겨난 배경은 썩 명확하지 않다. 남성형 대명사 he에서 발전되었다는 말도 있고 여성형 지시대명사 seo에서 비롯되었다는 의견도 있다. 어원학적으로 가능성이 적긴 하지만 아일랜드 영어의 'si(/she/로 발음한다)'에서 유래했다는 설도 있다. 그러나 12세기와 13세기 고대 영어의 3인칭 대명사가 서로 비슷하다 보니 혼란이 야기되어 she가 등장했다는 사실만은 의심의 여지없이 확실하다.

24 "They, pron., adj., adv., and n.", 온라인 《옥스퍼드 영어 사전》, www-oed-

com.unr.idm.oclc.org/view/Entry/200700?redirectedFrom=they.

25 인용: Balhorn, "The Rise of Epicene They", 79-104.

26 〈기사 이야기〉 제4부의 한 장면으로 현대어로 번역하면 다음과 같다. "모든 사람을 그토록 기쁘게 하니, 월요일 내내 말 타고 뛰며 춤춘다."

27 오스틴의 작품에서 단수형 they가 쓰인 예를 찾아볼 수 있다. pemberley. com/janeinfo/austhlis.html#X2.

28 배런은 3인칭 복수형에 관련된 신조어를 추적 조사해왔다.

29 새로 발명되는 대명사를 신新대명사라고도 부른다.

30 "Mrs. Ella Young Invents Pronoun: 'He'er,' 'His'er' and 'Him'er' as Combination of Genders Used in Address", *Chicago Daily Tribune*, January, 7, 1912.

31 A. M. Case, "To Indicate the Common Gender: Thinks Chicago Could Establish the Word Hor as a Handy Pronoun", *Chicago Daily Tribune*, September 27, 1890.

32 Baron, "The Epicene Pronoun".

33 C. C. Converse, "A New Pronoun", *The Critic: A Literary Weekly, Critical and Eclectic* 55 (August 2, 1884), 55.

34 Fred Barge, "Viewpoints from Involvement", *Dynamic Chiropractic* 10, no. 17 (August 14, 1992).

35 Jeff Barg, "The Hu Sells Out. The Angry Grammarian", *Philadelphia Weekly*, November 21-27, 2007.

36 이 연구에서도 언급하지만, 사실 구어체에서는 yo를 여러 용법으로 사용하고 있다. 인사말(예: "Yo! What's hangin'[어떻게 지내]?")이라든가 문장에서 주의를 끄는 담화 표지(예: "Yo, he better watch himself[어, 저 사람 조심해야 할 텐데]") 등이다. 그러나 여기서 말하는 yo는 아예 새로운 용법이며, 일반 대명사로 쓰인다. 예를 들면 'Yo hit the floor(그 사람이 바닥에 넘어졌다)'라는 문장에서 주어로 사용된 yo가 있는데 담화 표지로 쓰인 yo에서 발전되었을 가능성이 있다.

37 Elaine M. Stotko and Margaret Troyer, "A New Gender-Neutral Pronoun

in Baltimore, Maryland: A Preliminary Study", *American Speech* 82, no. 3 (2007): 262-279.

38 기존 단어의 용례가 자연스럽게 변화해 인칭대명사로 쓰이는 또 다른 예가 있다. 4장에서도 잠깐 이야기한 man이다. 여러 문화권의 억양이 섞인 런던 영어 MLE에서 I 대신 man을 쓰며 여러 명의 남성이 모인 집단을 'mandem' 이라고 지칭하기도 한다(특히 화자가 속한 남성 집단을 말할 때 사용한다). 그러나 남성을 뜻하는 man에서 파생된 구어체임이 자명해 성별 구분을 하지 않는 대명사로 사용하기는 어렵다.

39 그뿐만 아니라 'thy' 또는 'thine'이라는 소유격도 있었다.

40 R. Brown and A. Gilman, "The Pronouns of Power and Solidarity", *Style in Language*, ed. T. A. Sebeok (Cambridge, MA: MIT Press, 1960), 253-276.

41 셰익스피어《십이야》, 3막 2장 43행에서 발췌.

42 Teresa Bejan, "What Quakers Can Teach Us About the Politics of Pronouns", *New York Times*, November 16, 2019.

43 퀘이커교도가 you라는 대명사를 어떻게 생각했는지 더 알고 싶다면 마크 리버먼이 '랭귀지 로그' 블로그에 올린 글을 참고하면 좋다. Mark Liberman, October 24, 2010, Language Log, languagelog.ldc.upenn.edu/nll/?p=2732.

44 물론 그 학생이 자신의 성 정체성을 대명사 they로 지칭받길 원하는 상황에서 이런 의문을 가질 필요는 없으며 그 이유가 무엇이든 내가 상관할 바는 아니다. 그러나 내가 처음 이 they를 접했을 때 일을 완전히 공개하기 위해 상황을 전체적으로 설명할 필요가 있다.

45 더 자세한 사항을 알고 싶다면 언어학자이자 they 전문가 커비 콘로드가 미디엄 Medium 웹사이트에 게시한 글을 읽어보면 좋다. 대명사와 그 사용법에 대한 글로, 제목은 '대명사 101 Pronouns 101'과 '대명사 102 Pronouns 102'다.

46 이 캠페인에 관심이 있다면 골드먼삭스 홈페이지를 찾아보길 바란다. goldmansachs.com/careers/blog/posts/bring-your-authentic-self-to-work-pronouns.html.

9. 나쁜 언어

1 이 언어의 요정 이야기는 언어학자 로지나 리피그린Rosina Lippi-Green이 저
서《영어의 억양English with an Accent》(Philadelphia: Taylor and Francis Group,
2011)에서 제안한 사고실험을 보고 생각해냈다. 리피그린의 사고실험은 모
두가 똑같은 몸을 지닌 세상에서는 어떤 일이 일어날지 생각해본다.

2 Manfred Görlach, "Colonial Lag? The Alleged Conservative Character of
American English and Other 'Colonial' Varieties", *African Studies* 46, no. 2
(1987): 179-197.

3 -ass를 강화로 사용하는 현상(또는 단어 뒤에 붙여 합성어처럼[예: bitchass] 사용)
은 아프리카계 미국 영어의 혁신을 보여주는 또 다른 예다. 지금은 처음 이
표현을 사용하던 집단을 넘어 다른 사회집단에까지 널리 퍼지고 있으며 말
하려는 바에 좀 더 확실하게 힘을 실어주는 역할을 한다. 이와 비슷한 역할
을 하는 다른 강화어와 유사한 규칙을 따른다.

4 수 세기에 걸쳐 한자리에 고착되었던 영어의 전치사에 대해 알고자 하는 사
람에게 추천한다. N. Yáñez-Bouza, *Grammar, Rhetoric and Usage in English:
Preposition Placement 1500-1900* (Cambridge: Cambridge University Press, 2014).

5 존 워커는 1791년 출판된《비판적 발음 사전A Critical Pronouncing Dic-
tionary》에서 새로 유행하는 /ah/ 발음이 퍼지는 현상을 비판했다. (London:
G. G. J. and J. Robinson), 10.

우리가 이렇게 말하는 데는 다 이유가 있어